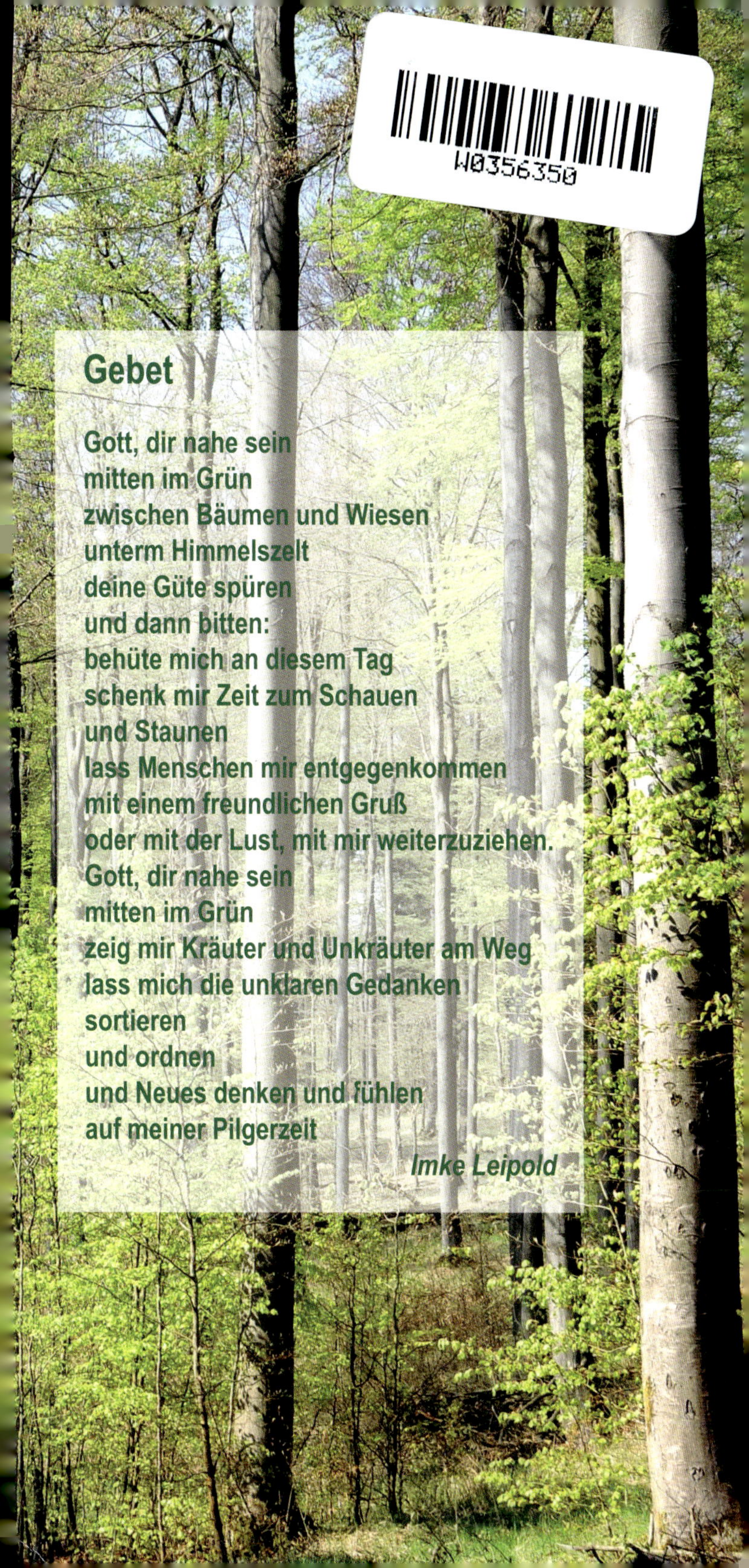

Gebet

Gott, dir nahe sein
mitten im Grün
zwischen Bäumen und Wiesen
unterm Himmelszelt
deine Güte spüren
und dann bitten:
behüte mich an diesem Tag
schenk mir Zeit zum Schauen
und Staunen
lass Menschen mir entgegenkommen
mit einem freundlichen Gruß
oder mit der Lust, mit mir weiterzuziehen.
Gott, dir nahe sein
mitten im Grün
zeig mir Kräuter und Unkräuter am Weg
lass mich die unklaren Gedanken
sortieren
und ordnen
und Neues denken und fühlen
auf meiner Pilgerzeit

Imke Leipold

Vorwort

Dass ein `Hesse amerikanischer Herkunft´ das Vorwort für einen Pilgerführer zum Lutherweg 1521 schreibt, mag auf den ersten Blick verwundern, ist aber letztlich doch nicht so abwegig. Denn der Lutherweg 1521, der den Spuren Martin Luthers zum Reichstag von Worms folgt, erweist sich wohl in der Lage, eine Vielfalt an Menschen zusammenzubringen: Einheimische mit „Zugelaufenen", Zuversichtliche mit Zweifelnden, Redselige mit Ruhesuchenden. Unterwegs werden Gemeinsamkeiten entdeckt, und durch heitere bis tiefgehende Gespräche in Pilgerherbergen wird der eigene Horizont erweitert und der Glaube vertieft.

Der vorliegende Pilgerführer von Reiner Cornelius, der wie kein anderer den Lutherweg kennt und liebt, ist ein Schatz – nicht nur an Wissen und Fakten, sondern genauso an anregenden Anekdoten und inspirierenden Erzählungen, die der Autor aus seinem Buch „Luthers Wormsreise und der Lutherweg 1521" in kompakter Form in den Pilgerführer einbringt. Die Fakten verleihen den Pilgernden Wurzeln, der meditative Charakter schenkt den Wandernden Flügel, der Lutherweg wird zum Segensweg. Der vom Verein Lutherweg in Hessen e.V. herausgegebene Pilgerführer erscheint rechtzeitig am Vorabend des Reformationsjubiläums. 2017 kann man sich – gerade auf dem Lutherweg – Gedanken über gesellschaftliche und kirchliche Reformen machen und vielleicht auch über eine Neuorientierung im eigenen Leben nachdenken.

Im Namen des Vorstands „Lutherweg in Hessen e.V." und seines Vorsitzenden Rudolf Marx wünsche ich viel Freude und stets neue Einsichten und Erkenntnisse beim Lesen und Pilgern. Wir sehen uns auf dem Lutherweg 1521 – in der einen Hand den Wanderstab und den Pilgerführer in der anderen…

Pfarrer Dr. Jeffrey Myers
Projektbüro Reformationsdekade
Evangelische Kirche in Hessen und Nassau
und Vorstandsmitglied des Vereins Lutherweg in Hessen e.V.

Jeffrey Myers auf Pilgertour bei Münzenberg

Inhalt

Ablasshandel, Luthers Thesenanschlag und der Reichstag von Worms

Im Sommer 1517 war der Ablasskrämer Johann Tetzel zwischen Elbe und Havel unterwegs. Sein Slogan: „Wenn das Geld im Kasten klingt, die Seele in den Himmel springt." Ablass hatte die römisch-katholische Kirche Sündern schon immer gewährt. Mit einem Ablass in der Tasche brauchte man nicht so lange im Fegefeuer sitzen. Doch man musste etwas dafür tun, eine Wallfahrt unternehmen, eifrig Gottesdienste besuchen, Gebete sprechen. Auf die Idee, Ablässe zu verkaufen, war Papst Leo X. gekommen. Er brauchte Geld, viel Geld, denn er wollte in Rom einen monumentalen Dom errichten, einen, den die Welt noch nicht gesehen hatte, den Petersdom. Tetzel kam auch in die Nähe von Wittenberg, wo Martin Luther Professor für Bibelauslegung war. Halb Wittenberg unternahm damals eine Wallfahrt in die Nachbarstadt Jüterbog, wo Tetzel sein Ablassfest zelebrierte. Luther wurmte das mächtig, weniger wegen des Geldes, das die Leute für ihr Seelenheil berappen mussten, sondern weil man die Vergebung der Sünden seiner Ansicht nach von der falschen Ecke anging, vom Erlass der Strafe. Für Luther war die Reue das Entscheidende, die innere Umkehr.

Als Martin Luther am 31. Oktober 1517 seine 95 Thesen gegen den Ablasshandel an das Portal der Schlosskirche in Wittenberg schlug, widmete er dementsprechend seine erste These der Rechtfertigung des Sünders vor Gott: „Da unser Herr und Meister Jesus Christus spricht „Tut Buße" … (Matth. 4,17), hat er gewollt, dass das ganze Leben der Gläubigen Buße sein soll." Zugleich kritisierte er aber auch den Papst. „Der Papst kann nur Strafen erlassen, die er selbst auferlegt hat", heißt es in These5/6.

Als der Papst die Thesen las, wollte er Luther in Rom verhören. Ein Gang nach Rom wäre für Luther gefährlich gewesen. Das wusste auch Friedrich der Weise, der Kurfürst von Sachsen und Gründer der Universität Wittenberg. Und da Luther das Aushängeschild seiner Universität war, verhandelte Friedrich mit Leo X. über den Ort des Verhörs. Friedrich der Weise hatte Erfolg. Der Papst willigte ein, Luther auf deutschem Boden verhören zu lassen, in Augsburg, im Haus der Fugger. Das Verhör fand im Oktober 1518 statt. Luther wurde aufgefordert, seine Aussagen zum Ablass zu widerrufen, doch er nahm nichts zurück. Und so beschuldigte man ihn der Ketzerei. Sein Ziehvater von Staupitz, der Generalvikar des sächsischen Augustinerordens, musste Luther daraufhin von seinem Mönchsgelübde entbinden.

Luthers Thesenanschlag nach Lucas Cranach d.Ä. und Ferdinand Pauwels

Eine Zeit lang war auf Seiten Roms Ruhe. Der Papst hatte wegen der in

Luther verbrennt die Bannandrohungsbulle, Karl Aspelin 1885

Deutschland anstehenden Kaiserwahl Wichtigeres zu tun, als sich um das „Mönchsgezänk" im fernen Wittenberg zu kümmern. Doch ein deutscher Theologieprofessor, der rhetorisch brilliante Dr. Eck, suchte die Auseinandersetzung mit Luther. Man einigte sich auf eine Disputation, die im Sommer 1519 in Leipzig stattfand. Man disputierte (diskutierte) vor hochrangigem Publikum, vor dem sächsischen Herzog, Georg dem Bärtigen, vor Bischöfen und den Vertretern der theologischen Fakultät der Universität Leipzig. Beinahe wäre das Streitgespräch Luther – Eck unentschieden ausgegangen. Aber dann tappte Luther in eine Falle. Er ließ sich zu dem Satz hinleiten: „Auch Konzile können irren." Und damit hatte Eck Luther dort, wo er ihn hinhaben wollte. Mit diesem Satz griff Luther die Autorität des Papstes frontal an. Das konnte nicht ohne Folgen bleiben. Doch es sollte noch über ein Jahr dauern, bis der Papst reagierte.

Luther schrieb derweil ein Buch nach dem anderen: "Von der babylonischen Gefangenschaft der Kirche", „Von der Freiheit des Christenmenschen", „An den Adel der deutschen Nation", um nur drei der bekanntesten zu nennen. In all diesen Schriften ging es Luther um die Reform der Kirche, wobei er kein Blatt vor den Mund nahm. Das ging so weit, dass er den Papst als Antichrist bezeichnete. Luther traf damit den Nerv der „Nation". Seine Schriften fanden reißenden Absatz. Als der Papst im Herbst 1520 Luther schriftlich den Kirchenbann androhte, war Luther ein „Promi".

In der Bannandrohungsbulle wurde Luther aufgefordert, die Kernaussagen seiner Schriften innerhalb von 60 Tagen zu widerrufen. Andernfalls würde ihn der Papst exkommunizieren. Um seiner Drohschrift Nachdruck zu verleihen, ließ Leo der X. Luthers Schriften in Rom und in mehreren deutschen Städten öffentlich verbrennen.

Luther reagierte völlig respektlos. Anfang Dezember verbrannte er im Kreis seiner Anhänger vor den Toren Wittenbergs die Bannandrohungsbulle und Schriften zum päpstlichen Recht. Das war offene Auflehnung, das war Ketzerei. Und so wurde Luther am 3. Januar vom Papst aus der Kirche ausgeschlossen. Normalerweise zog dies sofort die Reichsacht nach sich, die Ächtung durch den Kaiser, die

weltliche Exkommunikation. Doch wieder trat Friedrich der Weise in Aktion und er erreichte, dass Luther vor dieser folgenreichen Verurteilung angehört werden sollte. Man einigte sich darauf, dass diese Anhörung im Frühjahr desselben Jahres auf dem Reichstag von Worms stattfinden sollte.

Kurz vor Ostern kam der Reichsherold nach Wittenberg, um Luther vor den Reichstag zu laden. Der Kaiser versprach ihm freies Geleit. Am 2. April machte sich Luther in einem Rollwägelein auf den Weg nach Worms. Es sollte eine folgenschwere Reise sein, denn als Luther sich weigerte, seine Schriften zu widerrufen, gab es kein Zurück mehr. Die Reformation nahm ihren Lauf.

Der Lutherweg 1521

Um im Zuge des Reformationsjubiläums 2017 und darüber hinaus die Bedeutung von Luthers Wormsreise bewusst zu machen, hat der Verein Lutherweg in Hessen e.V. den Lutherweg 1521 geschaffen. Es ist ein Themenweg, der große Teile der Reiseroute Luthers nachzeichnet, von Eisenach nach Worms und zurück auf die Wartburg, ein Weg der durch drei Bundesländer führt, durch Thüringen, Hessen und Rheinland Pfalz. Ein Weg, der einerseits herausragende Reformationsstätten umfasst, wie die Wartburg und den Wormser Dom, der aber zugleich auf das regionale Reformationsgeschehen eingeht, wie auf den Hersfelder Pfaffensturm oder die aufrührerischen Predigten des Luther-Schülers Tilemann Schnabel in Alsfeld. Darüber hinaus vermittelt der Lutherweg 1521 den Kontakt zu Kirchengemeinden und deren Projekten. Und er firmiert als Pilgerweg, auf dem von den Landeskirchen ausgebildete Pilgerleiter Gruppen auf dem Weg führen und mit spiritueller Wegzehrung versorgen.

Der Lutherweg 1521 ist mit einem grünen L in der altertümlichen Schrifttype „Fraktur" auf weißem Grund markiert. Die Markierung findet sich auf Bäumen, Pfosten und Masten als Farbmarkierung, Klebeschild oder Plakette. Auf baum- und pfahllosen Wegabschnitten wurden Markierungspfosten gesetzt. Zudem gibt es Wegweiser, die in beide Richtungen zeigen. Aufgeführt werden jeweils drei Ziele unterschiedlicher Entfernung mit km-Angaben sowie Piktogrammen zu dem am Ziel vorhandenen Service und den Sehenswürdigkeiten. Am Pfosten der Wegweiser befindet sich ein Klebeschild, auf dem der Standortname, die

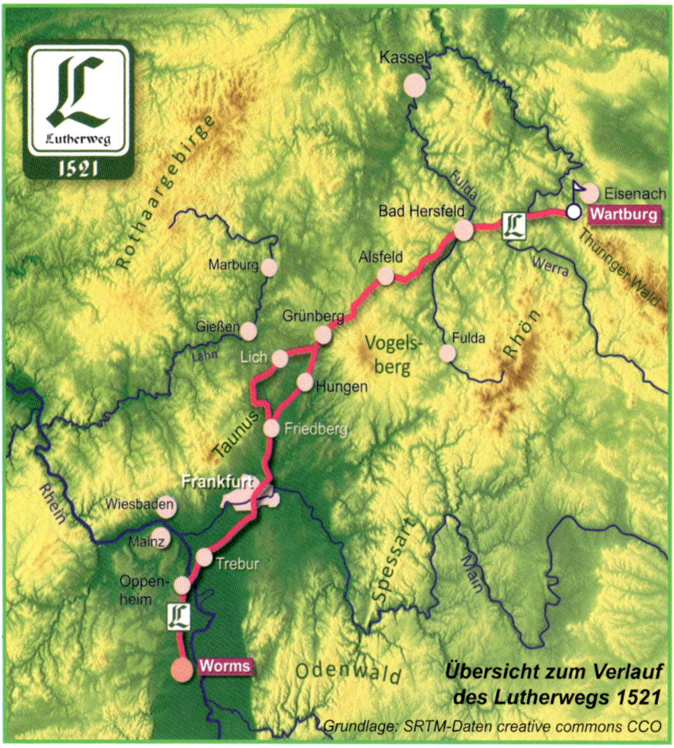

Übersicht zum Verlauf des Lutherwegs 1521

Höhe über NN, die Standortmerkmale für GPS-Geräte und eine Info-Telefonnummer vermerkt sind. Schließlich sind die Zuwege zu Bahnhöfen markiert. Im rheinhessischen Abschnitt (Oppenheim-Worms) folgt der Lutherweg dem Rheinterrassenweg (Markierung siehe S. 73). Die Markierung als Lutherweg stand bis zum Redaktionsschluss des vorliegenden Führers noch aus.

Der Pilgerführer

Auch bei hervorragender Markierung, wie im Fall des Lutherwegs 1521, ist es hilfreich, unterwegs einen handlichen Pilgerführer dabei zu haben. Im vorliegenden Führer wird der Weg lückenlos im Wandermaßstab 1:50.000 dargestellt. Steigungen und Gefällstrecken werden zusätzlich durch Höhenprofile visualisiert. Bei der Wegbeschreibung wird nicht jede Windung und jeder Abzweig beschrieben, zumindest nicht in der freien Landschaft, wo man sich fast überall gut zurechtfindet. Der Text des Führers konzentriert sich hier auf Sehenswertes am Wegesrand. Überall dort, wo der Wegverlauf etwas kompliziert ist, wird er dagegen detailliert dargestellt. Dies gilt vor allem für Städte, zum Teil auch für kleinere Orte.

Herausragende Sehenswürdigkeiten und Luthererlebnispunkte werden in den Karten mit gelb unterlegten Nummern verortet. Der Pilgerführer ist hierbei auf das vom gleichen Autor erschienene Lutherwegbuch „Luthers Wormsreise und der Lutherweg 1521“ abgestimmt. Im Buch werden alle im Pilgerführer verorteten Se-

henswürdigkeiten mit Hintergrundinformationen dargestellt. Seitenhinweise im Pilgerführer leiten zu den vertiefenden Infos. Luther- und Reformations-Erlebnispunkte werden im Pilgerführer durch eine grüne Lutherrose und Rotschrift hervorgehoben, Abstecher zu besonderen Sehenswürdigkeiten erscheinen in Grünschrift. Im Pilgerführer werden zudem Unterkünfte, Einkehr- und Einkaufsmöglichkeiten sowie die Öffnungszeiten der Kirche dargestellt. Diese und andere Tipps sind gelb hinterlegt.

Der Wegverlauf wurde vom Autor in Etappen von gut 20 km unterteilt. Das entspricht der Tageskilometerleistung eines Durchschnittwanderers. Zudem findet sich auf dem Lutherweg 1521 nach ca. 20 km fast immer eine Übernachtungsmöglichkeit. Einige Etappen sind kürzer, z.B. die von Wölfersheim nach Friedberg. Der Grund: In Friedberg gibt es viel zu sehen und da ist es besser, in Friedberg Quartier zu machen und sich die Stadt in Ruhe anzuschauen. Ähnliches gilt für die Strecke Bad Vilbel - Frankfurt. Da Zwischenübernachtungsplätze angegeben werden, kann jeder Pilger oder Wanderer nach seinen Bedürfnissen Etappen zusammenstellen. Die 18 Etappen des Führers sind Vorschläge.

Luther hat sich nach seinem Auftritt in Worms auf den Weg zurück nach Wittenberg gemacht. Der Kaiser hatte Luther dazu 21 Tage freies Geleit gewährt, ihn aber für die Zeit danach mit der Reichsacht belegt. Über kurz oder lang drohte Luther also die Verhaftung. Sein Gönner, der Kurfürst von Sachsen, ließ Luther daher in der Nähe der sächsischen Stadt Eisenach zum Schein überfallen und auf die Wartburg in Sicherheit bringen. Der Pilgerführer beschreibt daher von Eisenach ausgehend beide Reiserichtungen: die nach Worms und die von Worms zurück zur Wartburg, jeweils mit eigenem Kartenteil. Und los geht die Reise wie gesagt in der Wartburgstadt Eisenach, wo Luther am Abend des 9. April 1521 ankam.

Luther in Eisenach (9. April 1521)

Luther kannte Eisenach recht gut, denn hier war er drei Jahre zur Schule gegangen. Doch Luther war nicht danach, alte Freunde zu besuchen. Ihn plagte „ein tückisches Darmübel“, und zwar so heftig, dass er den Arzt aufsuchen musste. Dem gelang es, seinen Patienten so weit wieder herzustellen, dass er am nächsten Morgen weiterziehen konnte. Gott sei Dank, denn die Zeit drängte. Am 17. April wurde Luther in Worms erwartet. Am Morgen des 10. April machte sich Luther auf in Richtung Hersfeld. Die Wartburg ließ Luther im wahren Sinne des Wortes links liegen. Noch wusste er nicht, dass sein Leben auf dieser Burg eine Wende erfahren würde.

Lutherwegwanderer, die in Eisenach Richtung Worms starten, steigen natürlich gleich zur Wartburg hinauf. Zum einen, um einen Blick ins Lutherzimmer zu werfen, zum anderen, um zum Startpunkt des Lutherwegs 1521 zu gelangen, der befindet sich nämlich auf der Burg.

Service-Infos Eisenach
Übernachtung: Vermittlung über Touristinfo, Markt 24, Tel. 03691-79230
Einkaufen: Der Weg vom Hauptbahnhof zum Marktplatz führt mitten durch die Fußgängerzone mit ihren vielfältigen Einkaufsmöglichkeiten
Kirche: Ev. Georgenkirche auf dem Marktplatz, Tel. 03691-732620
Bahnanschluss: ICE , IC und Cantus an der Strecke Erfurt-Fulda/Kassel

Start zur Pilgerfahrt nach Worms

Der Aufstieg zur Wartburg vom Bahnhof (2,5 km)

Luther ist durch das Nikolaitor in die Stadt gefahren. Diesen Weg nehmen auch die Lutherwegpilger, die mit der Bahn nach Eisenach gekommen sind. Hinter dem mittelalterlichen Tor steuert man auf die Karlstraße zu, die zentrale Achse der Fußgängerzone. Über sie gelangt man zum Marktplatz, wo die Georgenkirche steht. Bevor man sich die Kirche anschaut, sollte man einen Abstecher zum Lutherhaus unternehmen (links 200 m, Lutherplatz 8) (1), in dem Luther während seiner Schulzeit untergekommen sein soll. Heute befindet sich in dem Gebäude eine Ausstellung mit dem Titel: Luther und die Bibel. Zurück zum Marktplatz und zur Georgenkirche (2), in der die Heilige Elisabeth getraut und Johann Sebastian Bach getauft wurden.

Hinter der Kirche wendet man sich nach links und folgt der Straße Pfarrberg, um wenig später rechts in die Obere Predigergasse einzubiegen. Diese Straße führt geradewegs auf das ev. Martin-Luther-Gymnasium (3) zu, in dem Luther und Johann Sebastian Bach die Schulbank gedrückt haben.

An der Schule wendet man sich nach links und folgt der Predigerstraße vor die Stadtmauer, wo man auf den mit einem blauen Kreuz markierten Wartburg-Aufstieg stößt. Nun geht es steil bergan, zunächst durch ein Villenviertel, dann, noch steiler, durch Wald. Wer Probleme mit der Puste bekommt, schaut sich am Wegrand Infotafeln zum Leben Luthers an. Die Steigung flacht ab, man erreicht die berühmte Eselsstation. Dann steht der Schlussanstieg bevor, der es noch mal in sich hat.

Die Wartburg

Vor dem Tor der Wartburg (4) lohnen ein paar Schritte nach links, zu einer felsigen Anhöhe, wo man einen schönen Blick auf die Burganlage hat. Nach einer Burgführung mit Besichtigung des Lutherzimmers sollte man auf den Südturm steigen. Von dort blickt man über ein Waldmeer zum Kamm des Thüringer Waldes und hinunter in das Tal, durch das Luther Richtung Hersfeld gefahren ist.

1. Etappe

Länge: 20 km
Wartburg bis Worms 363 km (Westroute)

Wartburg – Berka/Werra

Die Macher des Lutherwegs haben eine Route markiert, die von der Burg über einen Seitenkamm hinauf zum Rennsteig führt. Ein herrlicher Einstieg für die Tour nach Worms. Neben dem Burgtor führt der Weg zunächst durch steiles Gelände gut 40 Höhenmeter bergab. Noch ein felsiger, mit einem Geländer gesicherter Quergang, und schon befindet man sich auf dem Rücken, der sich über die Ausflugsgaststätte Sängerswiese zum Rennsteig hinaufzieht.

Nach gut 3 km erreicht man eine Schutzhütte. Neben der Hütte befindet sich die „Wilde Sau“ (5), ein Sühnekreuz aus dem Jahr 1483, also dem Geburtsjahr Luthers. An der „Wilden Sau“ verzweigt sich

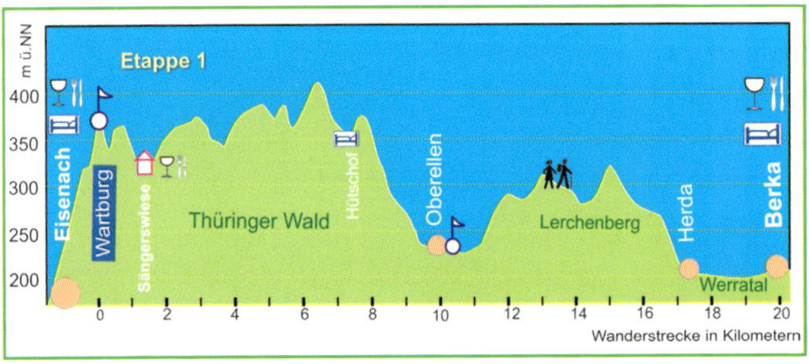

der Lutherweg. Links zieht der thüringische Lutherweg (Westschlaufe) über den Rennsteig Richtung Schmalkalden, rechts strebt der Lutherweg 1521 über den Rennsteig in Richtung Werra. Knapp 4 km folgt der Lutherweg 1521 dem berühmten Fernwanderweg, der sich in Windungen und mehrfachem Auf und Ab über den Kamm des Gebirges zieht. Nachdem der Wanderweg die B 84 gequert hat, folgt er einer Seitenstraße, die hinauf zum Waldrand führt und sich dort verzweigt. Rechts geht es hinüber zum Claushof. Pilger folgen der links zum Hütschhof hinunter führenden Straße, wo man auf die Altstraße „Durch die kurzen Hessen" stößt. Dieser von Eisenach nach Frankfurt führenden Handelsroute ist Luther gefolgt.

Hinter dem Hof geht es zunächst ein kurzes Stück bergauf, sobald man im Wald ist, dafür umso länger bergab. Rechts neben der Gefällstrecke verlaufen mehrere tiefe Rinnen (6). Es sind Geleise der „kurzen Hessen", die die Fuhrwerke mit ihren Bremsstöcken in den Hang gegraben haben. Starke Regenfälle besorgten das Übrige.

Am Ende der Gefällstrecke liegt Oberellen. Mitten im Dorf, direkt hinter der evangelischen Kirche, steht ein Schloss der Herren von Hanstein (7), die im Zuge der Auflösung des Klosters Reinhardsbrunn in den Besitz des Dorfs (1543) kamen.

Ev. Kirche Oberellen: Friedensteinstr. 46, Tel. 036925-27533

Über weite Feldfluren geht es gen Westen, immer dem Verlauf der „kurzen Hessen" nach. Hinter dem breiten Rücken des Lerchenbergs senkt sich der Weg hinunter ins Werratal und steuert auf Herda zu, wo der Lutherweg zwischen dem sehenswerten Pfarrhaus und der Kirche St. Margarethen hindurch führt (8).

Ev. Kirche Herda: Kirchenschlüssel bei Ingrid Sömmer, Hinter der Kirche 2, Tel. 036922-31514

Berka, Grenzstadt am Werraübergang

Ein Radweg leitet die Wanderer nach Berka, einen Marktflecken, der 1847 Stadtrechte verliehen bekam. Der Lutherweg führt durchs Untertor (9) zum Rathaus und dem Gasthof „Zur Post". Unterhalb vom Rathaus, am Markt 8, befindet sich ein schönes Fachwerkhaus, „Storchenbäckerei" genannt, weil früher auf dem Haus ein Storchenpaar brütete (10). Inzwischen sind die Störche auf den gegenüber stehenden Schornstein der ehemaligen Brauerei umgezogen. In dem Haus der Storchenbäckerei residierte zur Zeit Luthers ein Vogt der Hersfelder Abtei. Berka wurde damals von Sachsen und Hersfeld gemeinsam regiert. Die Straße „Markt" geht in die Bahnhofstraße über und die führt zur Werrabrücke. Die Berkaer Werrabrücke existiert seit dem Mittelalter. Über sie verlief die „kurzen Hessen" in Richtung Dankmarshausen und Friedewald.

Der Lutherweg 1521 führt nicht über diese Brücke. Er quert die Werra bei Dankmarshausen. Zunächst geht es aber über die Kirchstraße zur 1439 erbauten Laurentius-Kirche (11), die mit einem wuchtigen Turm auffällt. Im Innern der Kirche gibt es eine bemalte Tonnendecke, eine barocke Kanzel und eine Orgel mit pausbäckigen Engeln zu sehen, eine der ältesten Orgeln Thüringens, dazu den

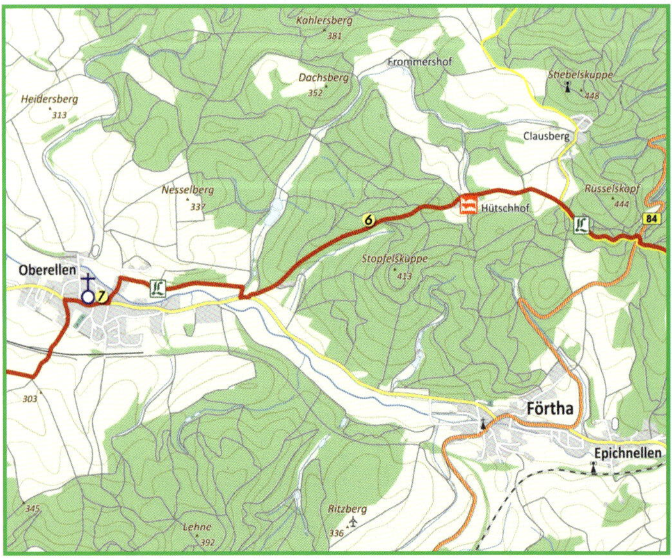

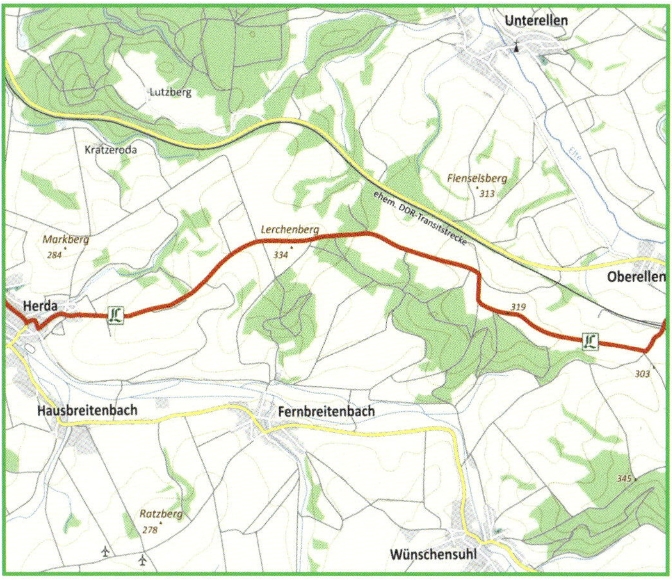

Turmchor, der mit seinem Kreuzgewölbe als eigener Raum erscheint. Der Turm stammt von einer Vorgängerkirche.

Schräg gegenüber der Kirche steht ein spätgotisches Fachwerkhaus, in dem sich einst das „Gasthaus zum Alten Stern" befand (12). Dort hat Luther auf seiner Rückreise von Worms auf Einladung des Kanzlers des Hersfelder Abtes gespeist. Heute befindet sich in dem Haus ein kleines Museum. Weitere Infos bei Walter Hohmann und Ulrich Siegfried Tel. 036922-28345.

Service-Infos Berka
Übernachtung und Einkehr: Gasthof zur Post, Lutherstr. 46, Tel. 036922-28842; Gasthof zum weißen Hirsch mit Pension „Erna", Lutherstr. 43, Tel. 036922-42643
Einkaufen: Bäckerei, Lutherstr. 2; Metzgereien, Werrastr. 4 und Wildecker Str. 15; Supermärkte Wildecker Str. 15 und Werrastr. 4-5; Apotheke Werrastr. 4; VR-Bank, Werrastr. 4
Ev. Laurentius-Kirche, Kirchplatz 3, Tel. 036921-96449.
Bahnanschluss: Cantus im 4 km entfernten Gerstungen (Wanderweg)

Berka/Werra – Friedewald

Von der Laurentiuskirche geht es über die Schwarze Gasse zum Friedhof hinauf und dort links über die Dippacher Straße zu einer Kreuzung oberhalb des Rathauses. Hier hält man sich rechts und folgt der Straße „Am Berg" zum oberen Ortsrand. Man hält sich erneut rechts und folgt einem Wirtschaftsweg, der auf den 323 m hohen Hausberg von Berka, den Hohen Rod, führt. Von dort oben blickt man über das Werratal hinüber zum Monte Kali, einem Berg aus purem Salz, der mit seinen steilen Flanken die Höhenzüge des Seulingswaldes überragt. Das Salz fällt bei der Förderung von Kali an, einem mineralischen Düngemittel, das Untertage gewonnen wird. Vom Hohen Rod geht es steil hinunter nach Dippach: Man kommt am Friedhof vorbei und am ehemaligen Schloss – eigentlich ein Herrenhaus. Linker Hand steht die sehenswerte Buntsandstein-Fachwerkkirche St. Katharinen (1).

Ev. Kirche Dippach: St. Katharinen, Am Liegenberg, Tel. 036921-96449

Weiter geht's durch die Werrawiesen, wo ein Graben gequert wird, in dem Wasser fließt, das so salzig ist wie das der Nordsee. Das Salzwasser kommt aus einem Kiessee, in dem man Salz führende Schichten angeschnitten hat (2). Hinter dem Graben strebt der Lutherweg auf die Werrabrücke von Dankmarshausen zu. Das thüringische Dorf Dankmarshausen liegt auf einer Anhöhe über der Werra, die steil zum Fluss abbricht. Ziegelrot sind die Sandsteinfelsen des Steilabbruchs, weißgrau ist die hessische Kaliabraumhalde, die hinter dem Ort wie eine Mauer aufragt. In Dankmarshausen trifft der Lutherweg wieder auf die „kurzen Hessen", den Weg, den Luther gefahren ist.

Service-Infos Dankmarshausen
Übernachtung: Bürgerhaus-Pension Tel. 0174 471 7587; Hotel „Waldschlösschen", Tel. 036922-437200
Einkehr: Gasthof „Zum Adler", Oberdorf 3; Café Bachmann, Weinbergstraße 2
Einkaufen: Bäckerei Kroeckel, Weinbergstr. 1; Raiffeisenbank, Bahnhofstr. 41
Ev. St.-Kiliankirche im Oberdorf, Tel. 036921- 96449
Bahnanschluss: Cantus im gut 3 km entfernten Obersuhl

Der Seulingswald-Aufstieg

Der Aufstieg vom Werratal zu den Höhen des Seulingswaldes war für die Reisenden auf der „kurzen Hessen" eine Herausforderung, weshalb es fünf verschiedene Trassen gab. Wanderer vertrauen sich der Markierung des Lutherwegs an, der vom Dankmarshäuser „Oberdorf" zunächst hinunter zur Werra führt. Man folgt der Uferpromenade zur Widdershausener Straße, wo man auf ein Denkmal stößt (3),

Der Monte Kali, am Fuß der Abraumhalde das Grüne Band

das daran erinnert, dass hier die innerdeutsche Grenze verlief. Unter dem Damm der Kalibahn hindurch gelangt man auf den ehemaligen DDR-Grenzstreifen, der inzwischen von Gebüsch und Bäumen überwachsen ist und sich zu einem „Grünen Band“ entwickelt hat. Es ist ein Grenzwegabschnitt erster Klasse. Die Lochbetonplatten des Grenzpatrouillenwegs wurden auf einem längeren Stück entfernt und der Weg wird von der Gemeinde frei gehalten. In einer feuchten Senke beginnt ein Abschnitt, auf dem der Lochbetonplattenweg noch erhalten ist. Links vom Plattenweg verliefen der vegetationsfrei gehaltene Todesstreifen und der Grenzzaun. Nach einer kurzen Steigung macht der Lutherweg einen Schlenker nach rechts und führt zum Dankmarshäuser „Waldhaus“ (4). Das Haus ist verschlossen, aber unter dem Vordach lässt es sich mit Blick auf einen Teich gut rasten.

Der weitere Anstieg verläuft auf einem Plattenweg bis kurz vor die ehemalige Grenzlinie. Dort, wo der Grenzpatrouillenweg von Dankmarshausen heraufkommt, wendet sich der Lutherweg nach rechts und führt - entlang der Kalihalde und der hessisch-thüringischen Grenze - durch Wald bergan.

Auf der Hornungskuppe

Der Weg verläuft nun exakt auf einer der Seulingswald-Aufstiegstrassen der „kurzen Hessen“. In einem Steilstück wird aus dem gewöhnlichen Waldweg ein Hohlweg. Am Ende der „hohlen Gasse“ zweigt links ein Weg zur Hornungskuppe (5) ab, auf der einst die Hornsburg stand. Von dort aus haben die Grafen von Hornsberg die „kurzen Hessen“ überwacht. Der Burggraben ist noch gut zu erkennen (siehe Karte S. 17).

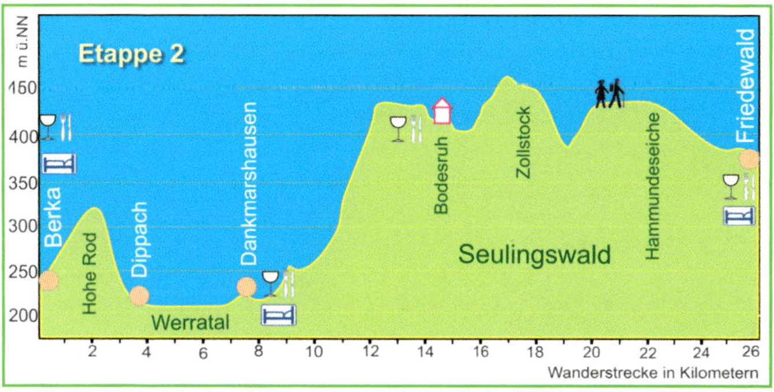

Ein paar Schritte hinter dem Abzweig Hornungskuppe blickt man auf ein ganzes Bündel von Geleisen der „kurzen Hessen". Besser kann man die alte „Straße" kaum präsentiert bekommen. Der Lutherweg folgt nicht den nach rechts schwenkenden Geleisen, sondern zieht sich links am Haldenzaun entlang zum hessischen Haldentor.

Am Tor der Kalihalde

Nach ca. 500 m erreicht man einen Wegweiser, wo sich der Lutherweg im spitzen Winkel nach rechts wendet. Halblinks führt ein ca. 100 m langer Zuweg zum „Hexentanzplatz", wo sich ein Rastplatz und Infotafeln befinden. Von dieser Stelle aus starten sonntags Führungen auf die Kalihalde.

Tipp: Eintrittskarten für die Besteigung des Monte Kali bucht man im Werra-Kalibergbau-Museum in Heringen. Kontakt: Tel. 06624-5127, E-Mail info@kalimuseum.de und per Internet über www.kalimuseum.de. Auch das Kalimuseum ist einen Besuch wert. Es befindet sich in der Ortsmitte von Heringen, in der Dickesstr 1. Vom Hexentanzplatz führt ein Wanderweg- Markierung weißes W auf schwarzem Grund – hinunter nach Heringen.

Bodesruh, Mahnmal und Ausflugslokal

Weiter geht's, nach Bodesruh, ein Name, der für einen Aussichtsturm und eine Ausflugsgaststätte steht. Am 1963 errichteten Turm erinnern Tafeln an das Schicksal der Spätheimkehrer und mahnen zur fried-

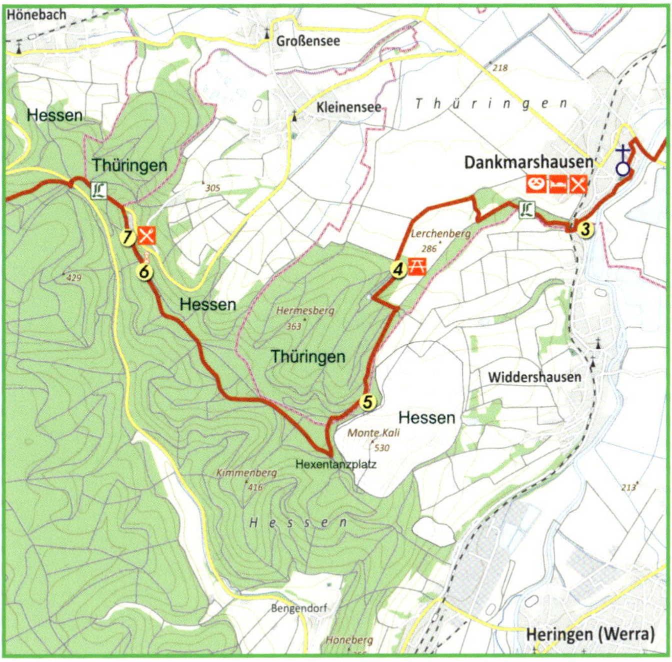

lichen Wiedervereinigung Deutschlands (6). Die Gaststätte Bodesruh, auch „Jagdhaus Bodesruh" genannt (7), liegt „um die Ecke".

Hinter Bodesruh verläuft der Lutherweg ein kurzes Stück auf einer Straße, an deren rechtem Rand sich die DDR-Grenze entlang zog. Nach ca. 500 m quert der Lutherweg die Straße Hönebach-Heringen an der Stelle, wo sich einst der „Malstein" befand, ein sächsischer Grenzpfahl. Von dort geht es zum höchst gelegenen Teil des Seulingswaldes (um 470 ü. N.N.) hinauf, wo sich die hessische Zoll- und Geleitstätte Friedewald befand, der Zollstock. Heute steht dort ein Denkmal, das an die „kurzen Hessen" und die Zollstation erinnert. (8). Ca. 200 m vor dem Zollstock biegt der Lutherweg links ab. Es geht in ein schmales Wiesental hinunter und gleich wieder bergan durch Wald.

Hammundeseiche

Nach gut 4 km erreicht man die Wüstung des bereits im Jahr 1141 erwähnten Dorfs Hamyndech (Hammundeseiche) (9). Die Grundmauern der Kirche und den Dorfbrunnen hat man wieder freigelegt. Unterhalb des Brunnens steht die Eiche, die dem Dorf den Namen gegeben hat, ein Methusalem mit einem Stammumfang von ca. 9 m. Als Martin Luther auf seiner Wormsreise hier durchkam, war das Dorf seit langem verlassen. Nur die Dorfeiche wuchs und gedieh wie eh und je.

Tipp: Knapp einen km oberhalb der Wüstung Hammundeseiche befindet sich das Nadelöhr, eine 1 m hohe Steinpforte aus dem 17. Jh. Wer hindurch kriecht, dem soll Glück beschieden sein.

Friedewald

Weiter geht's durch Wald, dann ein kurzes Stück durch die Feldflur und schließlich auf einer Straße am Rande eines Gewerbegebiets mit potenten Logistikern nach Friedewald hinein. Im ländlichen Ortskern ist das Logistikgewerbe schnell vergessen. Umgehungsstraßen fangen den Schwerlastverkehr ab. Und so gelangt man relativ verkehrsarm zur Kirche und dem gegenüber liegenden landgräflichen Schloss (10).

Eine Tordurchfahrt führt in den geräumigen Schlosshof. Rechts blickt man auf das dreiflügelige Schloss, in das ein Schloss-Hotel eingezogen ist. Der mittlere Flügel musste dazu einem Neubau weichen. Linker Hand befindet sich die Ruine der im 15. Jahrhundert erbauten Wasserburg. Ursprünglich befand sich an dieser Stelle eine Burg der Hersfelder Äbte. Aufgrund der Lage an der „kurzen Hessen", an der sich über Zolleinahmen und Geleitschutz gut verdienen ließ, brachten die hessischen Landgrafen die Burg in ihren Besitz. 1476 errichtete Heinrich III. anstelle der Abtsburg eine Wasserburg.

1528 fand auf der Burg eine Unterredung zwischen Landgraf Philipp und dem Täufer Melchior Rinck statt, wobei es vor allem um die Erwachsenentaufe ging. Dass sich der Landgraf mit Rinck traf, beweist, dass Philipp seinen Beinamen "der Großmütige" zu Recht trug. In Sachsen wurden Täufer für ihr Bekenntnis hingerichtet. Philipp führte später die Konfirmation ein, eine Bestätigung der Taufe. So gelang es, die Täufer in die Landeskirche zu integrieren.

Direkt neben der Wasserburg befindet sich das Heimatmuseum.

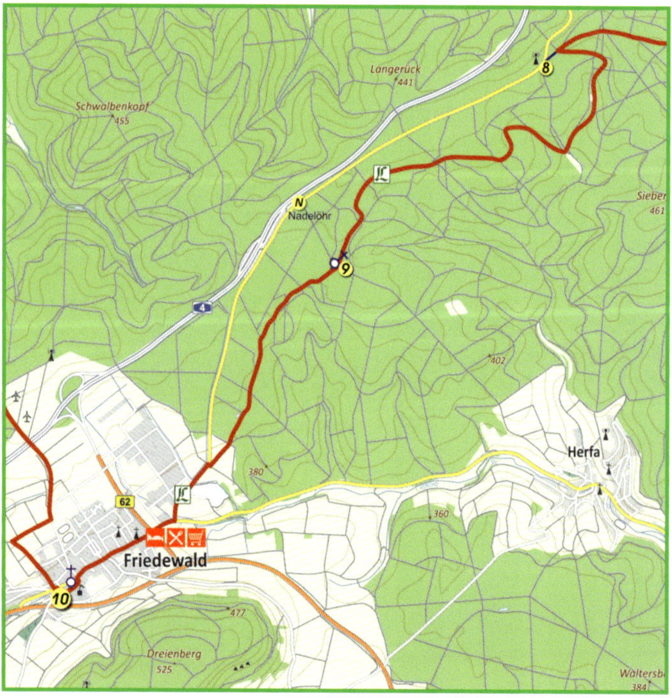

Service-Infos Friedewald
Übernachtung und Einkehr: Gasthaus zum Löwen, Hauptstraße 17, Tel. 06674 -9222-0; Göbel's Schloßhotel Prinz von Hessen, Schloßplatz 1, Tel. 06674 – 92240;
Gasthaus & Hotel am Dreienberg, Hauptstr. 3-5, Tel. 06674 -92270; Rhönhof Lebensart, Am Scheunenrod 1, OT Hillartshausen , Tel.06674-900379 , (holen Pilger ab)
Einkaufen: Brandaus Backstube, Hersfelder Straße 3; Metzgerei Deist, Hauptstraße 15; Filialen der Sparkasse (Hauptstraße 35) und der VR-Bank (Hauptstraße 20)
Ev. Kirche gegenüber dem Wasserschloss, Pfarrerin Julia Niedling, Tel. 06674-266, geöffnet April- Okt von 9-18 Uhr

3. Etappe

Länge 17 km
Friedewald bis Worms 317 km (Westroute)

Friedewald - Bad Hersfeld

Der Weg in Richtung Hersfeld führt über die Schlossstraße und das „Losenholz" in die Feldflur hinaus. Die Autobahn wird gequert, man kommt an Windrädern vorbei, und dann geht es wieder in den Seulingswald hinein. Der Weg führt durch herrlichen Buchenwald, wobei es gut 1 km bergab geht. Bei einer Höhe um die 350 m ändert sich das Waldbild. Im Verlauf der nächsten Stunde wandert man ohne nennenswerte Steigungen und Gefällstrecken auf einer geradlinigen Forststraße durch Nadel- und Mischwald. An einer Wegkreuzung gibt es für Wanderer einen Fixpunkt, das Auerhahnkreuz (1).

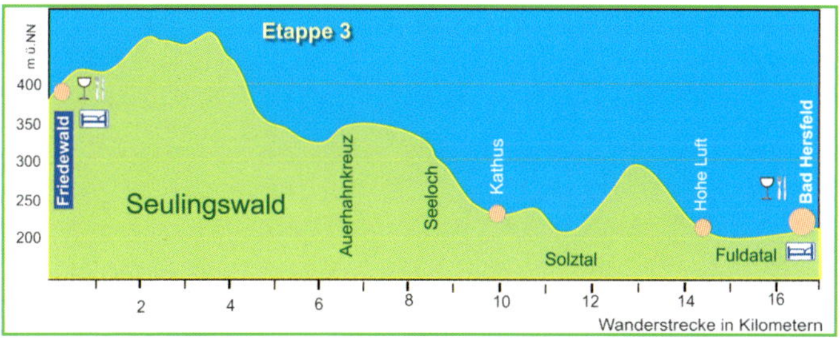

Abstecher zum Metzenkreuz

Biegt man am Auerhahnkreuz rechts ab, so erreicht man nach 700 m einen Gedenkstein der Bürgerinitiative „Rettet den Seulingswald e. V.", der 1988 von den BI-Vorsitzenden Karlheinz Otto und Hermann Cornelius enthüllt wurde. Die Inschrift auf dem Stein lautet: „Bürger schützen ihren Wald vor militärischer Zerstörung". Die in Bad Hersfeld stationierten amerikanischen Truppen hatten den Kathuser Wald seit 1945 als Standortübungsplatz genutzt, was von der Bevölkerung hingenommen wurde. Als aber die Army im Februar 1989 verkündete, dass sie den Wald als regulären Truppenübungsplatz nutzen wollte, gründete sich die BI „Rettet den Seulingswald", die von tausenden Bürgern und zahlreichen Politikern unterstützt wurde. Das Wunder geschah und der Beginn der Bauarbeiten wurde ausgesetzt. Ende 1993 zog die US-Army ihre Einheit aus Bad Hersfeld ab. Die Gefahr für den Seulingswald war gebannt. Weitere Infos erhält man bei Karlheinz Otto, Tel. 06621-63616.

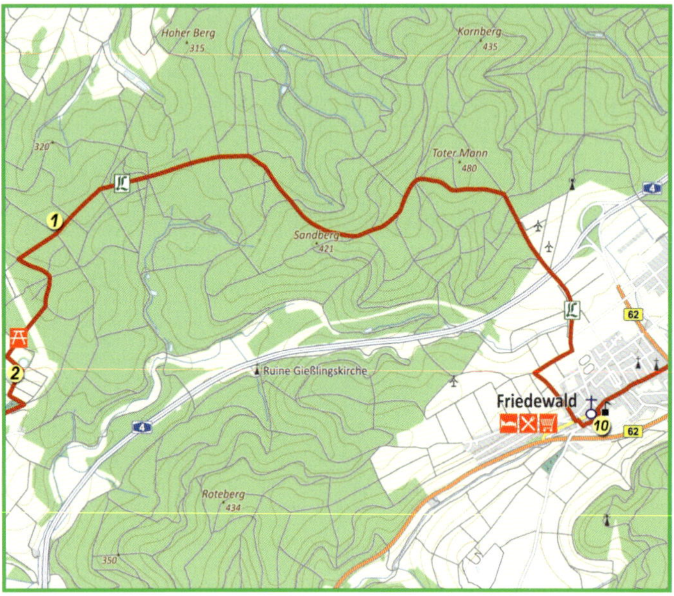

Kathus und das Seeloch

Man hat eben den Wald verlassen, da führt der Lutherweg am Kathuser Seeloch (2) vorbei, einem tiefen, mit Wasser gefüllten Erdfall, der schon seit über 120.000 Jahren besteht. Ursache des Erdfalls sind Auslaugungsprozesse in den Salzlagerstätten unter den Buntsandsteinschichten. Auf der Wasseroberfläche hat sich eine schwimmende Insel aus Torfmoosen entwickelt, auf der Weiden und Birken wachsen.

Vom Seeloch führt der Lutherweg hinunter zum Kathuser Friedhof und von dort aus über die Forsthausstraße in den Ort hinein. Man stößt auf die Chattenstraße, wo schräg gegenüber der in Bronze gegossene Kathuser Wilddieb den Weg zu einem Ziegelbau aus dem 19. Jh. weist (siehe Karte S. 22). In diesem Haus „Am Rehgarten“ wohnte früher der Dorfschullehrer. Der Unterricht fand im benachbarten Bethaus statt, einem kleinen Massivbau mit Dachreiter, auch Alte Kapelle genannt (3). Als man 1972 an der „Alten Straße“ eine neue Kirche errichtet hatte, wurde das Bethaus trotz massiver Proteste abgerissen. Heute würde man so etwas liebevoll restaurieren. Der Grundriss der „Alten Kapelle ist im Pflaster des Platzes vor dem „Lehrerhaus“ nachgezeichnet. Der Lutherweg führt links im Bogen auf die Chattenstraße und auf deren Verlängerung, der „Alten Straße“, zur neuen Kirche (4). Eine Bank und ein „Brunnen“ (Wasserhahn) laden dort mit frischem Wasser zur Rast ein.

Einkaufen in Kathus: Bäckerei Paul, Chattenstr. 8, direkt am Lutherweg
Ev. Kirche Kathus: Alte Straße 21, Pfarrer Christoph Biskamp, Tel. 06621-3328, geöffnet April-Okt. 15-18 Uhr

Am Ortsrand verläuft der Lutherweg am Rande eines zugewachsenen Hohlwegs entlang, einst Trasse der „kurzen Hessen“. Die Hohle und der Lutherweg steuern auf eine Furt der Solz zu (5). Lutherwegwanderer brauchen aber nicht durch das Flüsschen zu waten, denn neben der Furt führt ein Steg über die Solz. Dann geht es auf Feldwegen zum Sattel zwischen Obers- und Petersberg hinauf, in Serpentinen am Rande der Siedlung Hohe Luft auf der alten Straße Sorga – Hersfeld ins Fuldatal hinunter und über die Fuldabrücke Richtung Innenstadt.

Unterhalb der Serpentinen biegt links die Schlosserstraße ab, an deren anderem Ende sich die 1965 geweihte **ev. Kirche der „Hohen Luft"** befindet, Pfarrer Carsten Röhr, Tel. 06621-2485.

Bad Hersfeld

Hinter der Fuldabrücke führt der Lutherweg zunächst durch ein Gewerbegebiet.

Dort befindet sich in der ersten Straße links, der Kleinen Industriestraße, Haus Nr. 11, ein **Gemeindezentrum des Bundes freikirchlicher Pfingstgemeinden** Tel. 06621-969239.

300 m weiter geht es unter einer Hochbrücke und den Gleisen der Fernbahnstrecke Erfurt – Frankfurt hindurch zur Breitenstraße, in der die Fußgängerzone beginnt. Man folgt der Breitenstraße bis zu einer T-Kreuzung. Man hält sich links, ein paar Schritte die Klausstraße hinauf und schon steht man vor dem prächtigen Renaissance-Rathaus, vor dem der Lullusbrunnen plätschert (6). Das Brunnenstandbild stellt den Conditor (Gründer) der über 1250 Jahre alten Stadt dar, den Heiligen Lullus. Über einen Treppendurchgang neben dem Rathaus gelangt man zur Stadtkirche (7), ein gotischer Bau mit einem wuchtigen Turm.

Die Kirche hat bewegte Zeiten hinter sich. 1521 hat der Hersfelder Pfarrer Heinrich Fuchs als erster in Deutschland das Zölibat gebrochen und geheiratet. Zwei Jahre später brach in der Stadtkirche ein Pfaffensturm los. Abt und Magistrat hatten Fuchs und dessen Kaplan, Melchior Rinck, aus dem Amt gejagt. Die beiden hatten das Lotterleben und den Zinswucher der Stiftsherren gegeißelt. Fuchs und Rinck wehrten sich mit einer

H. Georg, S. Wetterau, H. Ziehn
Stadtkirche, Rathaus, Lullusbrunnen

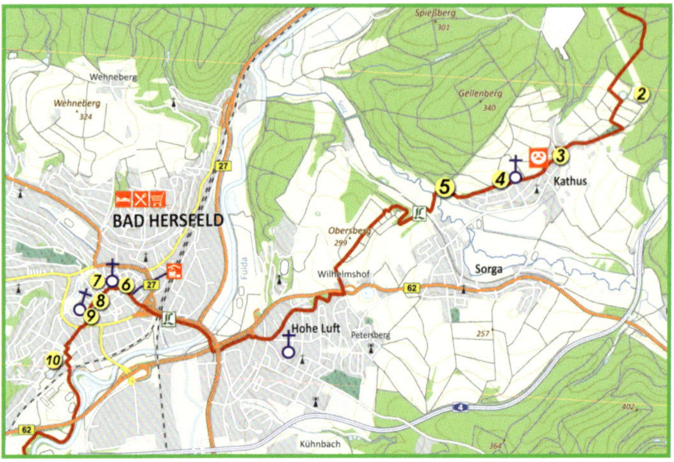

emotionalen Abschiedspredigt, die einen Sturm der Bürgerschaft auf den Stift auslöste. Es kam zu Plünderungen (Lutherwegbuch S. 116-117). Im Jahre 1605 kam es zu einem Bildersturm von „oben". Der zum Calvinismus konvertierte Landgraf Moritz ließ in der Stadtkirche Bildnisse und Statuen entfernen und zwang den Hersfeldern das reformierte Bekenntnis auf (Lutherwegbuch S. 120-121).

Es lohnt, auf den Kirchturm zu steigen. Der Aufgang befindet sich vom Portal der Kirche aus gesehen links um die Ecke. Vom 40 m hoch gelegenen Umlauf hat man einen phantastischen Blick auf die Altstadt und hinüber zur Stiftsruine, in der großes Theater gespielt wird. Den Schlüssel für die Turmbesteigung bekommt man im Dekanats-Sekretariat im Martin-Luther-Haus gegenüber der Kirche. Gruppen können die Turmbesteigung über die Tourist-Information buchen. Sonntags ab halb 10 steht die Tür zum Kirchturm so lange offen, bis der Posaunenchor am Turmumlauf in alle vier Himmelsrichtungen einen Choral hat erschallen lassen.

Bevor man sich über den Linggplatz zum Stift bzw. dem ehemaligen Klosterbezirk begibt, sollte man einen Blick auf das älteste Fachwerkhaus von Hersfeld werfen, das ehemalige Haus des Küsters. Das 1452 erbaute Gebäude steht am Kirchplatz 5 neben dem Martin-Luther-Haus.

Der Linggplatz, die Freyheit und der „Campanile" der Stiftskirche

Der Linggplatz ist die Piazza Bad Hersfelds, ein Treff für Menschen jeden Alters. Hier finden Veranstaltungen statt. Hier reihen sich Restaurants, Cafés und Bistros. Am Linggdenkmal stößt man auf ein steinernes Doppelkreuz, das die Grenze zwischen der Stadt und Stift markiert (8). Vom Doppelkreuz aus kann man bereits den Katharinenturm sehen, einen lupenreinen romanischen Bau, der im Kirchhof der ehemaligen Stiftskirche steht. Man hatte den Campanile errichtet, weil kurz nach der Weihe der Abteikirche einer der Türme des Westwerks eingestürzt war. Der Katharinenturm ist also ein

Provisorium, das die Jahrhunderte unbeschadet überdauert hat. Heute hängt in diesem Turm die 1038 gegossene Lullusglocke, die älteste Glocke Deutschlands. Sie wird zu besonderen Anlässen geläutet wie dem Lullusfest, das im Oktober zu Ehren des Stadtgründers gefeiert wird.

Theater in der Stiftsruine, Aquarell Dietrich Ibold

Die Stifstruine und die Hersfelder Festspiele

Die nahezu 1000 Jahre alte Abtei- bzw. Stiftskirche ist ebenfalls ein romanischer Bau, ein Prachtbau von 105 m Länge und 55 m Breite (9). Im Siebenjährigen Krieg brannte die Kirche aus. Aber auch als Ruine hat sie nichts von ihrer Anziehungskraft verloren. In den Sommermonaten finden dort seit über 50 Jahren die weit über die Grenzen Hessens bekannten Festspiele statt. Der Raum vor dem Seitenschiff, die Vierung unter dem Triumphbogen und der lange, nach hinten ansteigende Chor werden zu einer Bühne, auf der großes Theater, Opern und Musicals aufgeführt werden. Die Festspiele finden von Ende Juni bis Ende August statt. Eine Besichtigung der Stiftsruine ist nur außerhalb der Proben- und Spielzeit möglich. Luther hat auf seiner Rückreise von Worms auf Einladung des Hersfelder Abtes im Stiftsbezirk übernachtet (siehe S. 137).

Im Kurpark

Zurück zum Katharinenturm, von dem aus man in ein paar Schritten zur Festspielkantine gelangt. Hier kann man zur Theaterspielzeit kostümierte Schauspieler und Komparsen treffen. Hinter der Kantine führt der Lutherweg eine Treppe hinunter und dann durch das südliche Tor des Stiftsbezirks. Man stößt so auf den verkehrsreichen Stadtring, der ca. 100 m weiter auf einem Zebrastreifen gequert wird. Über die Straße „Am Kurpark“ gelangt man zu einem Brunnenpavillon, in dem man im Sommerhalbjahr das Wasser zweier Heilquellen testen kann. Weiter geht’s über einen Parkweg zu einem Schmuckplatz und dort links hinunter zum Jugendstil-Kurhaus (10), im Volksmund als Wandelhalle bezeichnet. Im Inneren der von Licht durchfluteten Halle lässt es sich zwischen Zitrusbäumchen und anderen Immergrünen auf weißen Bänken angenehm verweilen. Auch hier kann man Heilwasser testen. Zudem werden in der Halle des Öfteren Gemälde ausgestellt. Auch eine öffentliche Toilette ist vorhanden. In der Umgebung des Kurparks existieren mehrere Übernachtungsmöglichkeiten, u.a. die Jugendherberge in der Lutherstraße 2.

Service-Infos Bad Hersfeld Innenstadt
Übernachtung: Vermittlung durch Tourist-Information Am Markt 1, und Benno-Schilde-Platz 1. Tel: 06621-201-274
Einkehren: In der Breitenstraße, der Weinstraße, dem Linggplatz sowie in der Johannesstraße gibt es zahlreiche Cafés, Bistros und Restaurants
Einkaufen: In der Fußgängerzone kommt man an Bäckereien, Metzgereien, Apotheken und Bankfilialen vorbei. tegut-Markt in der Benno-Schilde-Str. 8
Ev. Stadtkirche: am Kirchplatz, geöffnet 8- 17 Uhr; Pfarrer Nico Jaeger, Tel. 06621-14486 u. Pfarrerin Dagmar Scheer, Tel. 06621-75889
Bahnanschluss: ICE, IC und Cantus an der Strecke Eisenach - Fulda

4. Etappe

Länge 20 km
Bad Hersfeld bis Worms 300 km (Westroute)

Bad Hersfeld – Niederjossa

Die 4. Etappe beginnt im Zentrum der Stadt, am Linggplatz, und führt über den oben beschriebenen Weg an der Stiftsruine vorbei zum Kurhaus. Von dort aus geht es um die linke Ecke des länglichen Gebäudes zu einer Bahnunterführung über die man zur Fulda und den Strandgaststätten „Bootshaus“ und „Sommer-Cohibar“ gelangt. Weiter geht's entlang der Fulda zum 4 km entfernten Eichhof, dem

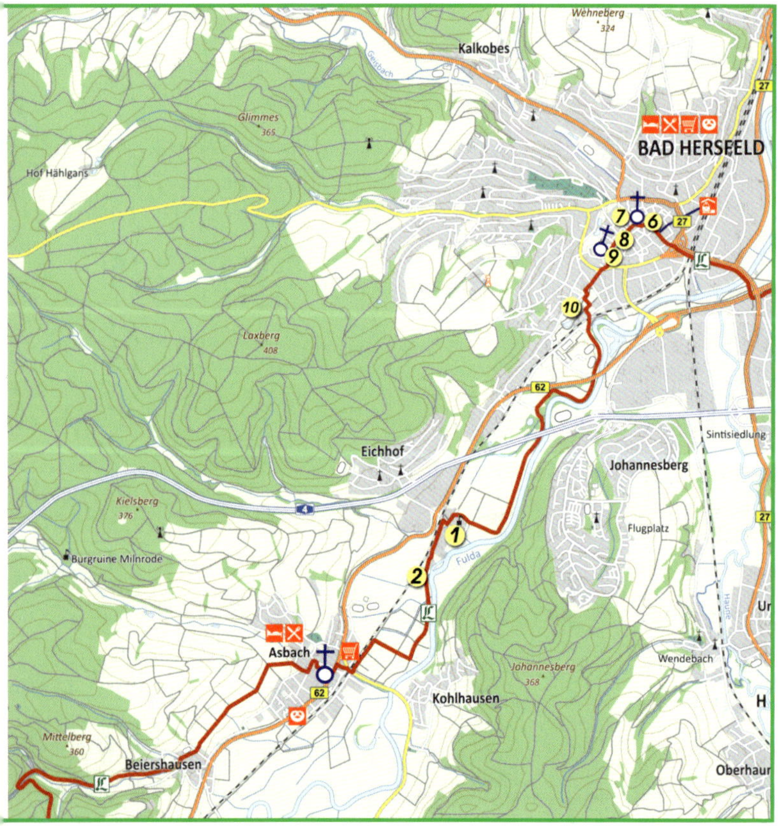

ehemaligen Wasserschloss der Hersfelder Reichsäbte, heute Sitz eines hessischen Versuchsguts für Landwirtschaft (1). Luther ist hier auf seiner Rückreise vom Abt Krato empfangen worden. Siehe hierzu S. 135.

Vom Schloss ist es nicht weit zur Eichmühle und ihrem romantischen Mühlenstau (2). Noch knapp 1 km, dann biegt der Lutherweg rechts in die Feldflur ab und steuert auf den Damm der ehemaligen Bahnstrecke Hersfeld-Alsfeld zu, auf der bis Breitenbach ab und an noch mit Holz beladene Güterzüge verkehren. Man wandert am Bahndamm entlang nach Asbach. Hinter den ersten Häusern geht es über die Bahn und gleich darauf links auf der Straße „Am Lindeneck" zur verkehrsreichen Alsfelder Straße, die man mit einer Fußgängerampel quert. Ein paar Schritte und der Verkehrslärm ist vergessen. Ein Fußweg führt zur ev. Kirche in den Dorfkern. Man behält die Richtung bei und folgt dem Bachweg zur Mühlestraße. Indem man sich gleich wieder links hält und den Asbach quert, gelangt man zur Weihersgartenstraße, die rechts hinaus in die Feldflur führt.

Service-Infos Asbach
Übernachtung und Einkehr: Gasthof Hans-Heinrich Herzog , Alsfelder Str. 50, Tel. 06621-15691
Einkaufen: Brandaus Backstube, Alsfelder Str. 81, Norma-Markt Alsfelder Str. 3, Sparkasse Alsfelder Str. 41
Ev. Kirche Am Bachweg, Pfarrer Simon Leinweber, Tel. 06621-14862

Über die Aulaberge nach Niederaula

Gut einen km hinter Asbach erreicht der Lutherweg Beiershausen. Hier biegt der Weg ins Falkenbachtal ein, in dem man rasch an Höhe gewinnt. Nach anderthalb km, am ehemaligen Forsthaus Falkenbach, wendet sich der Lutherweg nach links und führt in großen Schleifen durch Buchenwald aufwärts. Damit die Spechte Bruthöhlen zimmern können, dürfen hier keine Bäume gefällt werden (3). Noch ein kurzer Steilanstieg entlang einer Wildwiese, dann steht man auf den Aulabergen. Mit der anstehenden Rast sollte man auf die Bank am Waldrand warten. Auf dem Weg hinunter nach Niederaula gibt es eine weitere Bank, eine mit Blick ins Tal, wo die Fulda frei durch die Aue mäandriert. Im Ort steuert der Lutherweg auf die ev. Kirche zu, die wie es sich gehört, mitten im Dorf steht (4). Das Kirchenschiff stammt aus der Zeit des Barock. Der massige Kirchturm ist wesentlich älter. Er hat zwei Vorgängerkirchen als Glockenturm und einige Zeit lang auch als Beinhaus gedient.

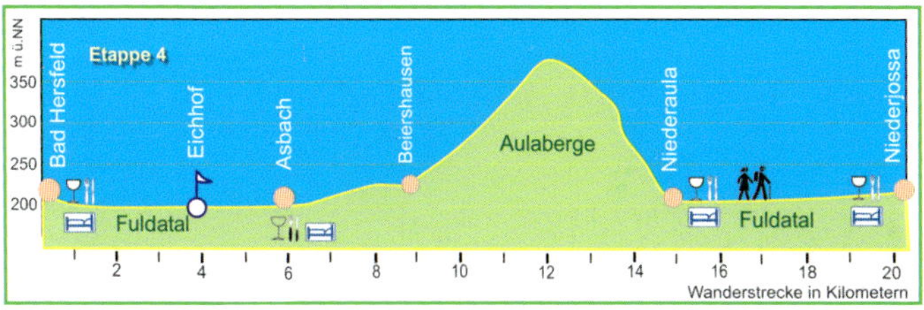

Bank am Hungerberg mit Blick auf die Fuldaauen von Niederaula

Niederaula lädt zum Verweilen ein. Es gibt ein Café, Gaststätten und zahlreiche Einkaufsmöglichkeiten. In der Fuldaaue kann man Auerochsen bewundern, Störche beobachten und wenn man großes Glück hat, bekommt man auch Biber zu Gesicht. Wer möchte, kann in Niederaula übernachten. Wer noch etwas Strecke machen möchte, folgt dem Lutherweg bis Niederjossa oder gar bis Oberjossa. In beiden Orten gibt es Übernachtungsmöglichkeiten. Weiter „landeinwärts" sind die Quartiere dünn gesät.

Service-Infos Niederaula
Übernachtung und Einkehr: Hotel-Restaurant Schlitzer Hof, Hauptstr. 1, Tel. 06625-3341; Landgasthof Zur Aulabrücke, Schlitzer Str. 7, Tel. 06625-344490
Einkehr: Restaurant Zum alten Forsthaus, Hauptstr. 15; Landcafé Bianca, Ziegenhainer Str. 5; Central Grill, Hauptstr. 4; Apollo-Grill, Schlitzer Str. 24
Einkaufen: Bäckerei Steinweg, Hauptstr. 11; Bäckerei Neuwirth, Roter Rain 7; Bäckerei Guter Gerlach, Hersfelder Str. 14; Metzgerei Schäfer und LIDL-Markt, Hersfelder Str. 20; REWE-Markt mit Metzgerei Roth u. Bäckerei Gerlach, Schlitzerstr. 24; Sonnen-Apotheke, Hauptstr. 12; Sparkasse, Hauptstr. 15, VR-Bank, Bahnhofstr. 10
Ev. Dorfkirche: Am Kirchweg, offen April-Dez. von 9-18 Uhr, Pfarrer Werner Ewald, Tel. 06625-3322
Evangelische Gemeinschaft Aulatal: An der Mulde 4, 36272 Niederaula, Tel. 06625-344027

Von der ev. Kirche Niederaula geht es auf der Bahnhofstraße zum Ort hinaus. Man passiert die Aulabrücke und die Bahn. Dann biegt der Lutherweg rechts von der Straße ab und folgt Wirtschaftswegen durch die Wiesen der Fuldaaue. Leider geht es auch an einem Gewerbegebiet vorbei und ein ganz kurzes Stück auch hindurch. Aber dann wandert man wieder durch die Aue und zwar längs des Damms der alten Bahnlinie Bad Hersfeld-Alsfeld, wobei man unter den Talbrücken einer ICE-Strecke und der A4 hindurch kommt. Hinter der Autobahnbrücke folgt der Lutherweg einer Ortsverbindung, die nach 300 m auf eine Landesstraße mündet. Der folgt man rechts - ohne Bürgersteig- unter der Brücke der Bahnlinie hindurch. Nach ca. 150m geht es links über Anliegerstraßen nach Niederjossa hinein.

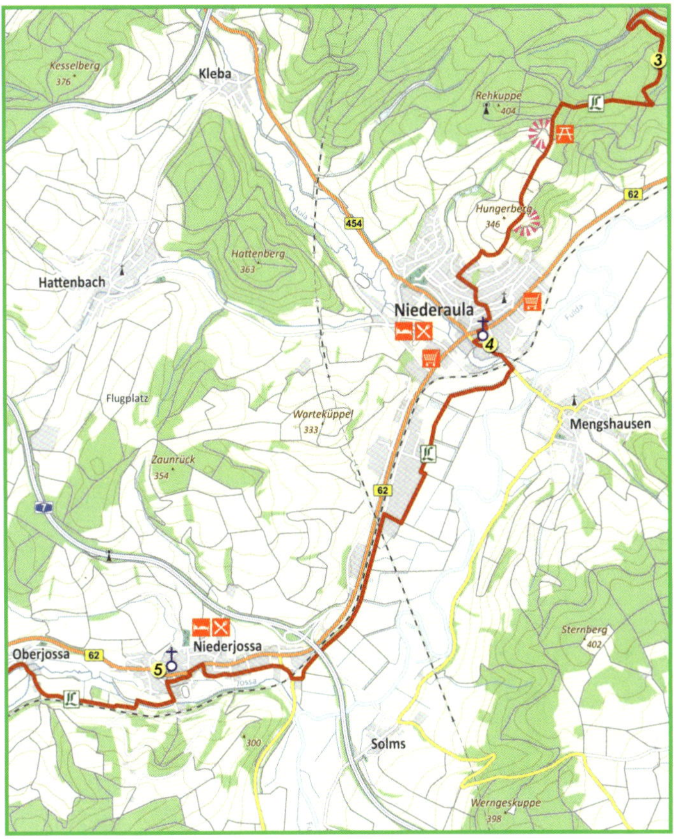

Ein kurzes Stück folgt der Lutherweg der B 62, dann führt er links ins Unterdorf und auf der Korngasse zum Bachweg. Hier führt ein ca. 100 m langer Fußweg zur ev. Kirche (5). Der Kirchturm ist noch wuchtiger als der in Niederaúla und zudem mit Schießscharten versehen. Er ist auch hier wesentlich älter als das Kirchenschiff.

Übernachtung und Einkehr in Niederjossa: Gasthaus Zum Schwan, Jossastr. 3, Tel. 06625-460, Ferienbauernhof und Heuhotel Eckhart, Elsetstr. 2, Tel. 06625-1861
Ev. Kirche Niederjossa: Am Pfarrweg, Pfarrer Bernd Seifert, Tel. 06625-7878, Kirchenschlüssel bei Familie Pfeiffer im Haus gegenüber, Nordstr. 1

5. Etappe

Länge 16 km
Niederjossa bis Worms 280 km (Westroute)

Niederjossa - Grebenau

Zurück zum Bachweg, über den der Lutherweg zur Jossa führt. Man kommt am Sportplatz vorbei und stößt dann, am Ufer der Jossa, auf den Radweg R7. Man folgt dem Radweg rechts nach Oberjossa. Am ersten „Oberjäscher" Hof trennen sich Radweg und Lutherweg wieder. Der Lutherweg führt rechts hinunter zur Jossamühle (1), in

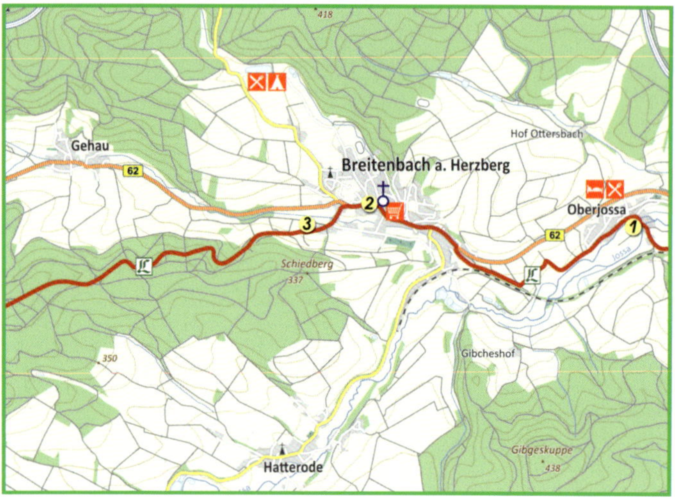

deren Nähe bis in die siebziger Jahre eine Kirche stand, auf deren Dach ein Sonnenkreuz prangte. Der Müller hat dem Autor die Geschichte von der Kirche, ihrer Glocke und dem Kreuz erzählt (Lutherwegbuch 130 ff.). Wer einkehren will, unternimmt einen Abstecher ins Oberdorf.

Übernachtung und Einkehr: Breitenbach OT Oberjossa: Landgasthof & Hotel Jossatal, Hersfelder Str. 10, Tel. 06675-227

Auf der Talstraße zum Ort hinaus. Man wandert am Rande der Jossaaue entlang, die auf weiter Strecke unter Naturschutz steht. In Breitenbach folgt der Lutherweg der Hauptstraße, wo man an Geschäften und an der 1858 erbauten ev. Dorfkirche vorbei kommt. In dieser Kirche wird das Oberjossaer Sonnenkreuz aufbewart (2). Breitenbach ist bis heute eine Patronatsgemeinde der Freiherren von Dörnberg, der Eigentümer der Burg Herzberg.

Einer ihrer Vorfahren, Hermann von Dörnberg, hatte in Wittenberg und Erfurt Theologie studiert. Er war ein glühender Anhänger Luthers und führte bereits 1523 in Breitenbach die Reformation durch.

Service-Infos Breitenbach am Herzberg
Einkaufen an der Hauptstraße: Apotheke, Haus Nr. 74, Sparkasse, Nr. 52; Metzgerei Köhler, Nr. 50; Raiffeisen-Bank, Nr. 44; Fleischerei Ziesche, Nr. 38, Bäckerei Reidt, Nr. 26; Bäckerei Schaake, Nr. 9; Sylkes Nahkauf Nr. 18; Fischgeschäft Geisel, Nr. 20
Ev. Kirche: Hauptstraße Ecke Eichenstr. , Pfarrerin Hannelore Weide-Jatho, Tel. 06675-337.

Kurz vor dem Ortsausgang geht es links die Straße „Zum Herzberg" hinunter. Man quert den Breitenbach und beginnt mit dem Anstieg zur Burg. Kurz vor dem Wald liegt rechts vom Weg die Hephata Schreinerei, eine Rehabilitationsstätte für ehemals Suchtabhängige (3). Gruppen können die Werkstatt nach Anmeldung unter Tel. 06675-505 besichtigen.

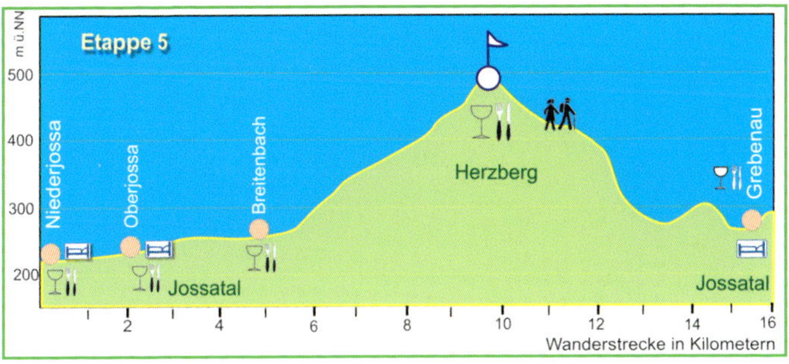

Auf der Burg Herzberg

Nach gut einer Stunde Waldwanderung, bei der es gemächlich bergan geht, gelangt man auf eine Wiese. Jetzt ist es nicht mehr weit zur Burg (4). Rechts auf der Burgzufahrt kurz bergan und schon steht man vor der Rampe, die zum äußeren Burgtor führt. Direkt hinter dem Tor befindet sich die Burgschänke (Mi Ruhetag). Wer die Kernburg besichtigen möchte, muss in der Gaststätte einen geringen Eintritt entrichten. Die Freiherren von Dörnberg hatten die Burg 1447 vom hessischen Landgrafen übertragen bekommen. Und wie jeder, der ein altes Haus übernimmt, hatten sie die Burg nach ihrem Gusto umgebaut, entsprechend dem Zeitgeschmack als Festung mit mächtigen Ecktürmen. Von der alten Burg blieb nur die stimmungsvolle Kapelle erhalten, die zur Andacht oder Besichtigung offen steht. Alljährlich feiern die umliegenden Gemeinden auf dem Herzberg einen Himmelfahrtsgottesdienst, allerdings nicht in der Kapelle, sondern auf der großen Freifläche der Oberburg.

Luther war wie wir wissen auf der „kurzen Hessen“ unterwegs, und die führte unterhalb der Burg Herzberg über Lingelbach nach Alsfeld. Burghauptmann Jürgen von Dörnberg geht davon aus, dass Luther auf dem Herzberg eine Rast eingelegt hat. Klar, wenn man bedenkt, dass sich der 1496 geborene Hermann von Dörnberg zu den Reisigen gesellte, die Luther das Weggeleit gaben.

Himmelfahrtsgottesdienst auf der Burg Herzberg

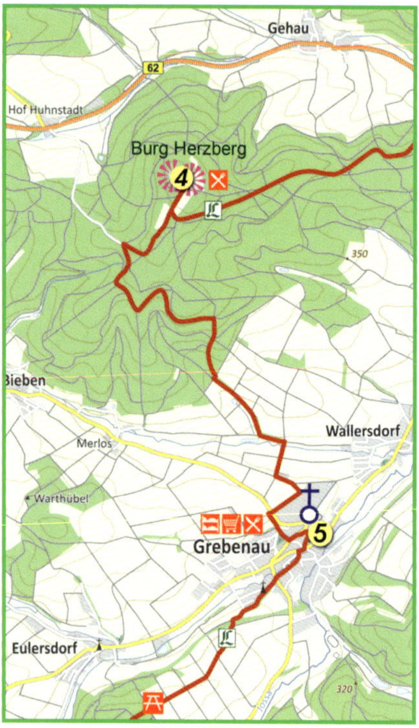

Von der Burg Herzberg nach Grebenau

Der Lutherweg führt nicht auf direktem Weg nach Alsfeld, sondern macht einen Schlenker über Grebenau. Man folgt zunächst der asphaltierten Burgzufahrt in den Wald hinein. Kurz darauf biegt man im spitzen Winkel links ab und steigt auf Waldwegen ins Biebener Tal hinunter. Noch ein kurzer Gegenanstieg und man erreicht Grebenau, eine kleine, knapp tausend Einwohner zählende Stadt, Mittelpunkt der bereits zu Oberhessen gehörenden fünf Gründchenorte.

In Grebenau geht es als erstes an der 1740 erbauten Stadtkirche vorbei. Dann führt der Lutherweg über den kleinen Marktplatz zur Borngasse, der man längs der Schwarza bis kurz vor das Ortsende folgt. Doch halt! Nicht so schnell! Erstens ist Grebenau im weiten Umkreis der einzige Ort mit Übernachtungsplätzen (zwei private Pilgerherbergen), zweitens empfiehlt sich am Beginn der Borngasse ein Abstecher (links) zur Gemeindeverwaltung, die sich in einem ehemaligen Komturgebäude des Johanniterordens eingerichtet hat (5). Die Johanniter hatten sich im Mittelalter in Grebenau angesiedelt, waren aber während der Reformation vom hessischen Landgrafen vertrieben worden. Neben dem Eingang zum Rathaus hat man eine Grabplatte eines Ordensritters angebracht, auf der ein weißes Malteserkreuz prangt, das Logo des Ordens.

Service-Infos Grebenau

Übernachtung in privaten Pilgerherbergen: Hans-Werner Krug, Am Weidenhohl 5, Tel. 06646-1345; Ursula Raatz, Am Kirchenpfad 27, Tel. 06646-14 69

Einkehren: Pizzeria Viva Holzofen, Bornwiesenweg 1

Einkaufen: EDEKA-Supermärkte, Marktplatz 10 und Alsfelder Warte 12; Metzgerei Ziesche, Alsfelder Warte 8; Bäckerei Lind, Alsfelder Warte 1; Paracelsus Apotheke, Hersfelder Tor 23; Geldautomaten, VR-Bank u. Sparkasse, Marktplatz 13 u. Alsfelder Warte 14

Ev. Stadtkirche: in der Pfarrgasse, Pfarramt, Tel. 06646-532

Gemälde in der Grebenauer Stadtkirche

6. Etappe

Länge 20 km
Grebenau nach Worms 264 km (Westroute)

Grebenau - Alsfeld

Man startet am Marktplatz Ecke Borngasse und folgt der offen fließenden Schwarza zur Lauterbacher Straße, die man halblinks quert. Man gelangt so in den Bornwiesenweg, dem man bis zur nächsten Weggabelung folgt. Hier hält man sich links und folgt einem Hohlweg zum Ort hinaus. Der Lutherweg führt nun auf einen lang gestreckten Höhenrücken, den Windhain, hinauf, wo es lange Zeit geradeaus geht. Knapp 1 km nachdem man eine Straße gequert hat, wendet sich der Weg dann nach rechts und führt hinunter nach Schwarz. Schwarz war früher ein selbstständiges Dorf; heute ist es ein Ortsteil von Grebenau. Kirchlich und in den Köpfen der Einwohner ist die Selbstständigkeit noch lebendig. Man wird von der Markierung des Lutherwegs mitten durch den Ort geleitet, wobei man an einem Gasthaus und an der Kirche vorbei kommt. Über den Leimelbachweg geht es wieder zum Ort hinaus.

Einkehren in Schwarz: Gastwirtschaft Jöckel, Rainröder Weg 4; Bergschänke, Alsfelder Str. 46
Ev. Kirche in Schwarz: Ecke Rainröder Weg/Wisselbachweg, Tel. 06646-256

Von Schwarz über den Landrücken zur Hardtmühle

Über das Leimelbachtal geht es auf den Wald des Landrückens zu, der das Gründchen von seinem Alsfelder „Mutterland" trennt. Im Wald stößt man auf eine Brücke, die über einen Einschnitt der ehemaligen Gründchenbahn führt (1). Die Gleise sind seit langem demontiert, auf dem Gleisbett entwickelt sich „Urwald". Der Lutherweg

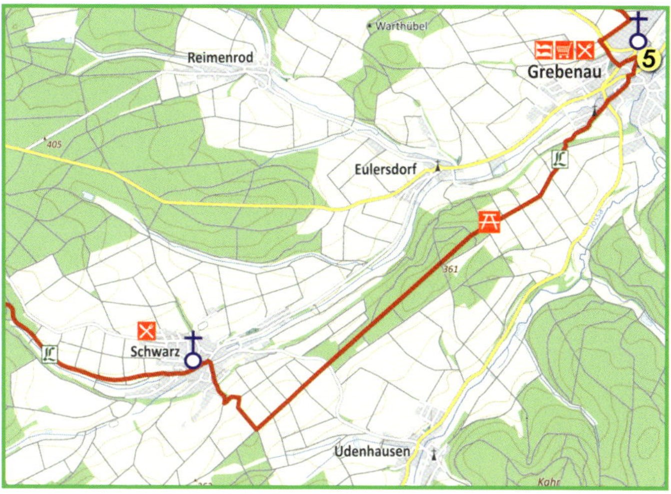

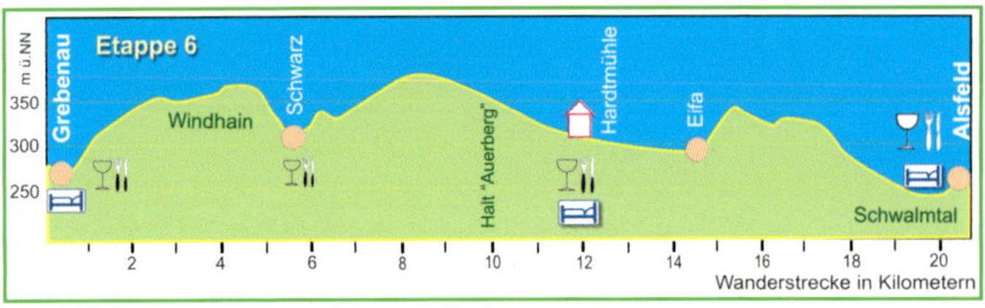

führt nicht über die Brücke, sondern folgt dem Einschnitt auf der nördlichen Seite. Nach gut anderthalb km erreicht der Wanderer ein Wiesental, das von dicht bewaldeten Höhen umgeben ist. Nach 300 m lohnt ein Abstecher nach links (keine 100 m) zu einem ehemaligen Haltestellenhäuschen der Gründchenbahn, eine Wander-Haltesstelle mit dem schönen Namen Auerberg (2). Der Lutherweg führt weiter am Rande des Tals entlang. Nach 2 km geht es hinunter zum Eifabach und über eine Brücke zum Ausflugslokal Hardtmühle, das auch Pensionszimmer bereitstellt (Tel. 06631-4362).

Der Lutherweg biegt kurz vor der Brücke rechts ab. Aber man sollte sich dadurch nicht vom Gaststättenbesuch abhalten lassen. Bis Alsfeld gibt es keine weitere Einkehrmöglichkeit. Nach der Rast geht es am rechten Talrand weiter in Richtung Eifa. Direkt vor dem Dorf quert der Lutherweg das Tal hinüber zum „Kirchberg“, einer Straße, an der sich das neue Gemeindezentrum und die neu erbaute Kirche befinden. Die alte, aus dem 15. Jahrhundert stammende Dorfkirche, Magdalenenkapelle genannt, wurde Gott sei Dank weder abgerissen noch umgewidmet. Sie steht mitten im Dorf.

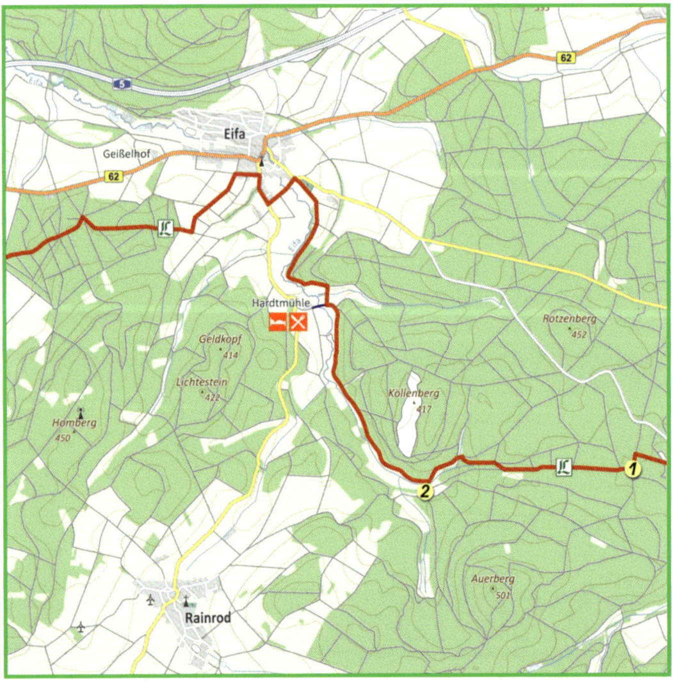

Von Eifa nach Alsfeld

Vom Gemeindezentrum geht es auf einem Wirtschaftsweg durch Feldflur zum Wald hinauf. 1,7 km führt der Lutherweg durch Wald, dann wird der Blick auf Alsfeld frei. Geradewegs geht es auf die Stadt zu. Der Weg führt unter der Brücke der stillgelegten Gründchenbahn und der Autobahn hindurch zu einer Straßenkreuzung vor den Toren Alsfelds. Ein kurzes Stück folgt man einem stark befahrenen Abschnitt der Hersfelder Straße. Dann, hinter einem Autohaus wendet man sich halblinks, um einem ruhigeren Abschnitt der Hersfelder Straße zu folgen. Das Flüsschen Schwalm wird gequert und es geht bergwärts über die Hersfelder Straße in die Altstadt hinein.

In Alsfeld

Am oberen Ende der Hersfelder Straße steuert der Lutherweg über den „Amtshof (links) und den Kirchplatz auf das Portal der ev. Stadtkirche, der Walpurgiskirche, zu (3). Nehmen Sie sich für den Kirchenbesuch etwas Zeit, denn im Innern gibt es viel zu sehen, Bilder im Überschwang, dazu Statuen und Schnitzwerk. Herausgehoben werden die Reformatoren, neben Luther und Melanchthon der Alsfelder Reformator Tilemann Schnabel, ein Schüler Luthers. Eine Darstellung der Schätze der Walpurgiskirche und der Bedeutung Schnabels findet sich im Lutherwegbuch S. 143 ff. Da die Walpurgiskirche nicht beheizt werden kann, finden während der Wintermonate die Gottesdienste in der geheizten Dreifaltigkeitskirche statt.

Von der Kirche zum Marktplatz (4), der optisch von dem mit Erkern geschmückten Rathaus dominiert wird. Eine viertel Drehung nach rechts und man blickt auf eine Häuserzeile, die auf den ersten Blick nichts Besonderes zu bieten scheint, schon gar nicht das Haus am Markt 12, ein Massivbau aus dem Ende des 19. Jahrhundert. Doch im Hinblick auf Luther hat das Grundstück Markt 12 seine Bedeutung. Hier stand früher der Gasthof „Zum Schwanen", in dem Luther der Erzähltradition nach übernachtet haben soll. Einige sind jedoch der Ansicht, dass Luther im Augustinerkloster Quartier bezogen habe, schließlich sei er Augustiner gewesen. Für beides gibt es Argumente.

Was gibt es am Markplatz noch zu sehen? Für Alsfeld-Besucher ist zunächst einmal der unverputzte Renaissancebau am Markt 3 von Bedeutung. Es ist das ehemalige Weinhaus, in dem heute das Touristenbüro untergebracht ist. Interessant für Touristen wie Einheimische ist das Hochzeitshaus (Markt 7) am Eingang zur

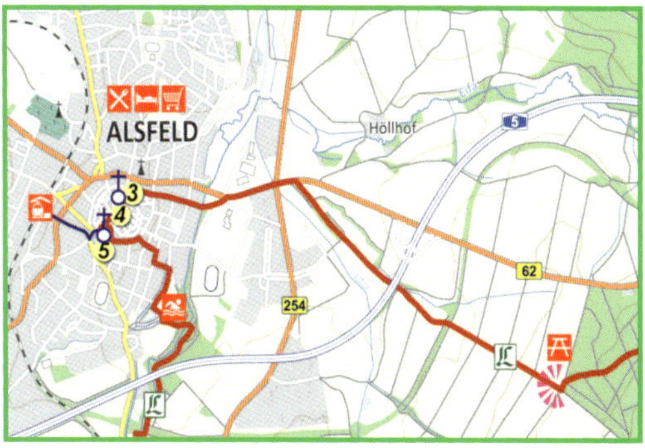

Alsfeld, Fulder Gasse

Mainzer Gasse, wie das Weinhaus ein Massivbau aus dem 16. Jahrhundert. In dem von Pfeilern getragenen Erdgeschoss haben früher Metzger ihr Fleisch feil geboten. Heute befindet sich hier das Marktcafé-Restaurant. Man achte auch auf die Ständerfiguren der Fachwerkhäuser. Gegenüber dem Hochzeitshaus, am Haus Markt 6, sind sie besonders schön ausgeprägt.

Eine für Lutherwegpilger obligate Station ist das ehemalige Augustinerkloster mit der Dreifaltigkeitskirche (5), dem zweiten denkbaren Übernachtungsort Luthers.

Der Weg dorthin führt über die Mainzergasse. Am Mainzer Tor wendet sich der Lutherweg nach links und folgt dem Roßmarkt zur Volkmarstraße Dabei geht man an der Breitseite der Dreifaltigkeitskirche entlang, ohne dass man diese in Gänze zu Gesicht bekommt. Wohn- und Geschäftshäuser wurden bis an die Mauern der Kirche gebaut. In der Volkmarstraße wird der Blick auf den Chor der Kirche frei. Links schließen sich die Mauern des Klosters an. Man schaut auf leere Fenster. Der Haupttrakt des Klosters, in dem sich die Zellen der Mönche befanden, ist eine Ruine. Die übrigen Gebäude des ehemaligen Klosters lehnen sich an die drei Meter dicke Stadt- bzw. Klostermauer, von der aus der Reformator Tileman Schnabel gepredigt haben soll.

Service-Infos Alsfeld

Übernachtung: Vermittlung durch Tourist Center Alsfeld, Markt 3, Tel. 06631-182165, Öffnungszeiten: im Sommer Mo-Fr 9-18 Uhr, Sa 10-14 Uhr, im Winter Mo-Fr 9-16 Uhr, Sa 10-13 Uhr,

Einkehr und Einkaufen: In der Altstadt gibt es zahlreiche Gaststätten, Restaurants und Cafés sowie gute Einkaufsmöglichkeiten

Ev. Walpurgiskirche am Kirchplatz (Sommerkirche), geöffnet vom 1. Mai bis zum 15. Oktober Mo-Sa von 10.30 bis 12.30 und von 13.30 bis 15.30; So erst nach dem Gottesdienst

Ev. Dreifaltigkeitskirche (Winterkirche) Am Rossmarkt, Besichtigung nach Rücksprache mit dem Gemeindeamt, Tel. 06631-4496

Bahnanschluss: Regionalbahn Fulda- Gießen

Alsfeld - Groß-Felda

Wappen an der Altenburger Schlosskirche

Die Etappe beginnt an der Klostermauer „Ecke“ Volkmarstraße. Von dort geht es links über den Klostermauerweg auf den mittelalterlichen Leonhardsturm zu. Kurz vor dem Turm biegt der Lutherweg rechts ab und führt zwischen Gärten und Häusern hindurch hinunter zur „Bleiche“, wo er einem Mühlgraben zum Schwimmbad folgt. Zwischen Schwimmbad und einem Teich geht es hinunter zum Flüsschen Schwalm, das man auf einer Fußgängerbrücke quert.

Schloss und Schlosskirche Altenburg

An der Schwalm wendet man sich rechts und folgt dem Flüsschen durch Wiesen aufwärts nach Altenburg, wo man, ohne in den Ortskern vorzudringen über die Schlossbergstraße zum Schloss emporsteigt (1). Das Schloss wurde von den Lauterbacher Riedeseln, Freiherren zu Eisenbach, Ende des 17. Jahrhunderts an Stelle einer Burg errichtet. Man darf kein herrschaftliches Ensemble mit barockem Schlossgarten erwarten. Wenn da nicht die Schlosskirche wäre, könnte man denken, in einem großen Gutshof „gelandet“ zu sein.

Die **Schlosskirche von Altenburg** wird von der ev. Gemeinde Eifa/Altenburg genutzt Tel. 06631-4356.

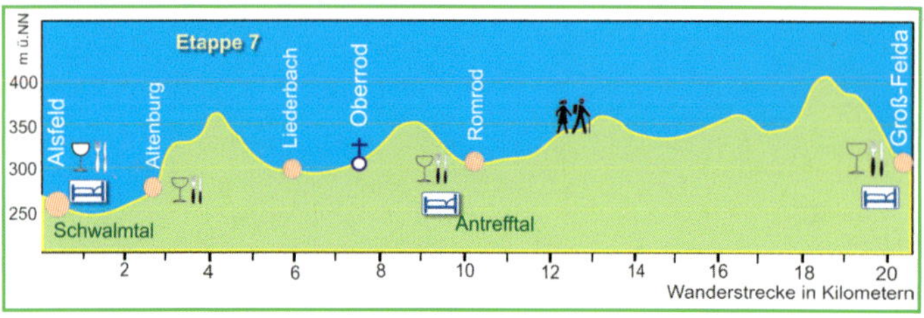

Die Kirche von Oberrod

Über den Gänsberg und das Dorf Liederbach geht es zum nächsten Ziel, der in einem Wiesental gelegenen Kirche Oberrod (2). Mächtige Bäume überschirmen die alte Kirche, um die sich Gräber reihen. Bei dem Gotteshaus handelt es sich jedoch nicht um eine Friedhofskapelle, sondern um die Kirche der ev. Gemeinde Liederbach. Die Kirche ist verschlossen. Doch wer sich bei Frau Zimmermann meldet (Tel. 06631-918390), für den hält sie den Kirchenschlüssel parat. In der Kirche gibt es neben einem mittelalterlichen Taufbecken ein kleines Lutherbild mit Schwan zu sehen.

Romrod

Weiter geht's durch Buchenwald auf einen Höhenrücken mit dem seltsamen Namen Rabenstrut. Der Wald liegt eben hinter uns, da kommen Romrod und sein Schloss in Sicht (3), das dem Großherzog von Hessen-Darmstadt und seinen Prinzen bis ins vergangene Jahrhundert hinein zu Jagdaufenthalten diente. Heute beherbergt das Schloss ein Event-Hotel. Der Hof ist frei zugänglich. Um ins Innere zu gelangen, muss man jedoch eine Führung buchen (Tel. 06636-562, Mobil 0160-92224434). Vis-à-vis zum Schloss steht die ev. Schlosskirche, an der man links der Alsfelder Straße zur Ocherbach-Brücke folgt. Direkt vor der Brücke geht es links zum Kleinen Museumsufer (4), einem Ensemble aus einer Synagoge mit Mikwe,

Schloss Romrod

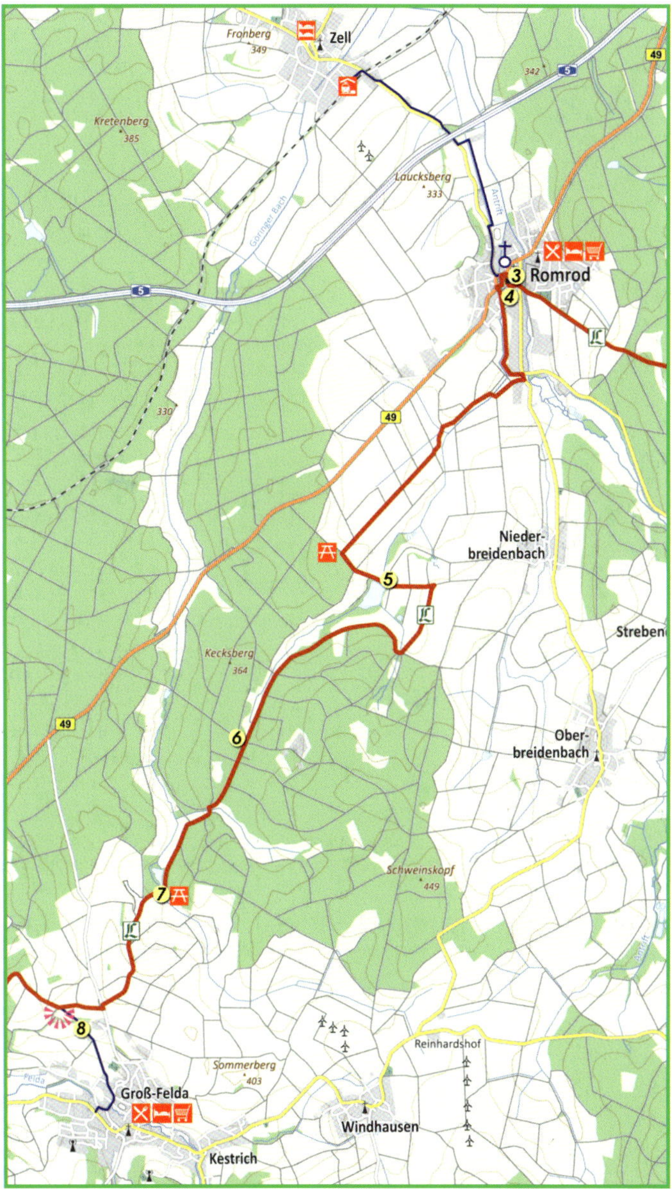

einem Mehrgenerationenhaus und einer Museumsscheune. In der Museumsscheune befindet sich die Geschäftsstelle des Vereins Lutherweg in Hessen e.V.

Von Romrod ins Feldatal

Hinter der Museumsscheune führt der Lutherweg auf einem Steg über den Ocherbach und auf der Straße „Am Ocherbach" aus dem Ort hinaus. Es geht über eine Wiese und entlang von Gärten. Ein Schlenker nach links, eine Kehrtwendung nach rechts und man

Service-Infos Romrod
Übernachtung: Landhaus Göbler, Krummacker 21, Mobil 01520-751 9492; Neues Landhotel Vogelsberg***, Kneippstraße 1, Tel. 06636-890; Hotel Schloss Romrod****, Alsfelder Str. 7, Tel. 06636-9181700; private Pilgerherberge bei Bernd Rausch, im OT Zell, Birkenstr. 2, Tel. 06636-454 und bei Eleonore Hansel, im OT Zell, Am Schildchen 7, Tel. 06636-612
Einkehr: Landgasthaus Tenne, Alsfelder Str. 5; Gaststätte Burghof, Neue Str. 8; Ristorante Al Castello, Alter Talweg 1.
Einkaufen: Bäckerei Lind, Alsfelder Str. 27; Metzgerei Becker, Alsfelder Str. 8; REWE-Markt, Zeller Str. 5-7; Schloss-Apotheke, Hügelstr. 2; Sparkasse, Zeller Str. 7; VR-Bank, Schlosstr. 5.
Ev. Kirche Alsfelder Str., Tel. 06636-226
Bahnanschluss: im OT Zell, Regionalbahn Gießen-Fulda

wandert durchs freie Feld auf den Wald zu. Am Waldrand geht es dann links hinab zum Buchhölzer Teich (5), früher ein Badesee, heute ein Naturschutzgebiet. Der Lutherweg schlägt einen Halbkreis um den See und folgt einer Wiese, die weit in den Wald hineinragt. Am Ende der Wiese stößt man auf die Haberkorneiche (6). Einen halben km führt der Lutherweg nun durch Wald. Dann geht es ins nächste Wiesental, wo wieder das Wasser eines Teichs blinkt (7). Es ist der Dautzenröder-Teich, an dessen Ufer eine Tisch-Bank-Kombination zur Rast einlädt.

Service-Infos Groß-Felda
Übernachtung: Landhotel und Restaurant Zur Oase, Hauptstr. 24, Tel. 06637-460; Ute Scheldake, Ferienwohnungen, Schellnhäuser Pfad 6, Tel. 06637-555
Einkehr: Restaurant Zur Oase (siehe oben); Pizzeria Costa Smeralda, Hauptstr. 57;
Einkaufen: Bäckerei Richter, Hauptstr. 27; Metzgerei Ruppenthal, Hauptstr. 18; Dehn´sche Apotheke, Hauptstr. 28; Sparkassen-Filiale, Ermeröder Str.3; VR-Bank, Schulstr 10; Tegut Lebensmittelmarkt, Hauptstr. Richtung Kestrich
Ev. Kirche, Hauptstr. 35, Pfarrerin Susanne Gessner, Tel. 06673-209

Weiter geht's durch eine typische Vogelsberglandschaft – Viehweiden, Hecken, Hutebuchen. Vom 400 m hohen Groheberg geht der Blick zu den Hochlagen des Vogelsbergs und hinunter ins Feldatal, wo der Hauptort der Gemeinde Feldatal, Groß-Felda, liegt. Für Wanderer, die in Alsfeld gestartet sind, wird es Zeit, sich um ein Quartier zu kümmern, da in den folgenden Orten keine Übernachtungsmöglichkeiten existieren. Der Lutherweg führt nicht über Groß-Felda. Aber kein Problem! Folgen Sie einfach dem markierten Zuweg (8) nach Groß-Felda, wo es auch für Gruppen Übernachtungsplätze gibt.

8. Etappe

Länge 22 km
Groß-Felda nach Worms 222 km (Westroute)

Groß-Felda – Mücke

Wer in Groß-Felda übernachtet, muss am nächsten Morgen nicht wieder zum Lutherweg hinauf. Auf der Schellnhäuser Straße, die in einen Wirtschaftsweg übergeht (Achtung Promilleweg!), gelangt man ohne Anstieg nach Schellnhausen (Karte blaue Strichelung). In Schellnhausen geht es auf die andere Seite des Feldatals und dort im Zickzack durch Wald bergan. Als Ausgleich für den Anstieg erwartet den Wanderer ein schöner Blick ins Tal und auf Ermenrod. Im Nu ist man unten im Dorf, wo eine der schönsten Fachwerkkirchen Oberhessens steht (1). Pfarrer Thomas Harsch bietet dort für Pilgergruppen Andachten mit Reisesegen an (rechtzeitig anrufen!). Am südlichen Ende des Dorfs gibt es eine weitere Attraktion, eine Greifvogelwarte, die 80 Greife und Eulen präsentiert und regelmäßig Flugschauen veranstaltet.

Einkehr in Ermenrod: Froschkönigs Bauernstube, Grünberger Str. 9; Zum Feldatal bei Moro, Alsfelder Str. 21
Ev. Martin-Luther-Kirche in Ermenrod: Alsfelderstr., Pfarrer Thomas Harsch, Tel. 06634-360; Kirchenschlüssel bei Claudia Westrupp 06637-1289, Alsfelder 15a oder bei Christiane Seim, Tel. 06637-589, Plattenweg 1

Ober-Ohmen, Ruppertenrod, Ilsdorf

Gegenüber der Greifvogelwarte beginnt der Anstieg zum 400 m hohen Grauen Berg, auf dessen breitem Rücken sich Windräder drehen. Und wieder erwartet den Wanderer ein schöner Ausblick, dieses Mal hinunter ins Tal der Ohm und auf Ober-Ohmen. Das

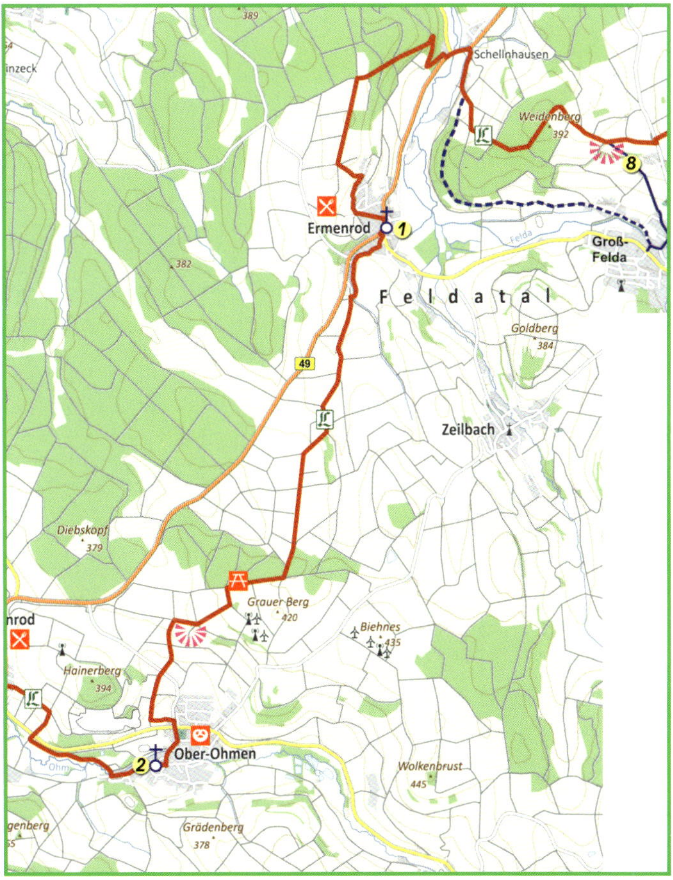

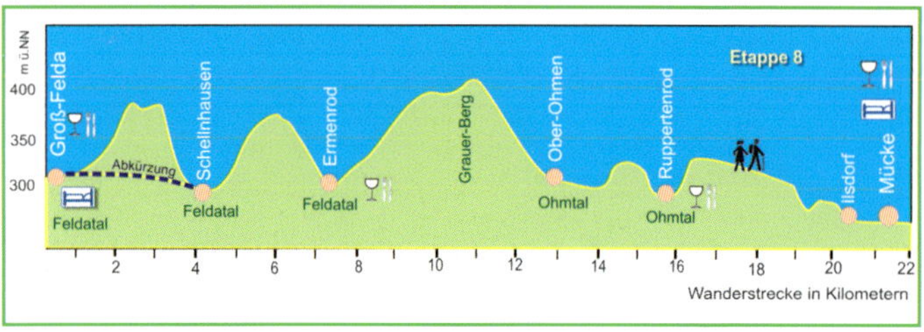

Dorf, das früher zum Besitz der Riedesel, Freiherren zu Eisenbach, gehörte, war einst ein zentraler Kirchenort. Dementsprechend konnte man sich in Ober-Ohmen eine große, massiv gebaute Kirche leisten. Im Chorturm wurden mittelalterliche Fresken freigelegt. (2).

Einkaufen in Ober-Ohmen: Metzgerei Irzinger, Schnepfenhain 8; Bäckerei Richter, Goethestr. 14; Hannawald Lebensmittelmarkt, Friedensstr. 15, **Ev. Kirche Ober-Ohmen:** Am Römer, Pfarrer Markus Witznick, Tel. 06400-950897.
Kirchenführung für Gruppen: Karlheinz Lichau, Am Steinmühl 5, Tel. 06400-8164. Kirchenschlüssel bei Gertrud Horst, Am Römer 4, gegenüber der Kirche.

Weiter geht's, das Tal der Ohm hinunter nach Ruppertenrod, zur nächsten Fachwerkkirche (3). Im September legen die Landfrauen dort alljährlich einen Früchteteppich aus, den man sich bis in den November anschauen kann. Dazu werden in der Kirche Waren aus fairem Handel angeboten.

Hinter Ruppertenrod muss der Lutherweg-pilger erneut einen Höhenzug überwinden. Der Anstieg ist kurz, aber steil. Oben verläuft der Weg durch weite Feldfluren. Das Gelände

Kirche Ilsdorf nebst Pfarrerin Kerstin Kiehl

Service-Infos Ruppertenrod
Einkehr: Pizzeria Italia , Hindenburgstr. 28
Einkaufen: Bäckerei Naucim Dauletiar, Mühlgasse 5
Ev. Kirche: Mühlgasse, Pfarrer Markus Witznick, Tel. 06400-950897. Kirchenschlüssel bei Beate Becker, Mühlgasse 1, gegenüber der Kirche.

senkt sich, ein kleiner Gegenanstieg, dann geht es nach Ilsdorf hinunter, wo die Fachwerkkirche Nummer drei wartet (4). Die Ilsdorfer Kirche stand bis Mai 1983 im 10 km entfernten Bernsfeld. Wie das Gotteshaus von Bernsfeld nach Ilsdorf kam und weshalb darüber sogar die Bild-Zeitung schrieb, das erfährt man im Lutherwegbuch S. 158 oder beim Gespräch mit der Pfarrerin Kerstin Kiehl, Tel. 06405-917592. In der Kirche befindet sich ein Emporengemälde von Luther mit dem Schwan.

Zur ehemaligen Wallfahrtskirche von Flensungen

Von Ilsdorf ist es nicht mehr weit nach Flensungen, dem Ziel der 8. Etappe. Der Weg führt auf einer Landstraße über den Ilsbach und quer durch die Aue hinüber nach Ilsdorf-Solms. Dort wendet er sich rechts und folgt einem Wirtschaftsweg am Rande der Aue nach Flensungen, wo man gleich zu Beginn über die zweite Straße links zum Chrischona-Freizeitdorf Flensunger Hof gelangt. Dort sind Lutherwegpilger herzlich willkommen. Keine 100 m hinter dem Chrischona-Abzweig wendet sich der Lutherweg nach rechts und folgt einer ehemaligen Bahntrasse, ein schöner Weg, auf dem man allerdings den alten Kern von Flensungen umgeht.

Wer die Kirche nicht verpassen will, muss einen kurzen Abstecher unternehmen. Kurz hinter der Brücke über den Seenbach steigt man vom „Bahndamm“ hinunter zum Seenbachweg. Dem folgt man links zur B 276 und über eine Treppenstiege zum Kirchhügel hinauf. Die Kirche war früher ein Wallfahrerziel. Das alte Steinkreuz vor der Kirche stammt von einem ehemaligen „Crutzeweg“ (5).

Der Bahntrassenweg endet an der B49. Rechts befindet sich das Gasthaus Zur alten Mücke. An der nächsten Ampelkreuzung (links ca. 40m) über die Bundesstraße zur Bahnhofstraße, der man über

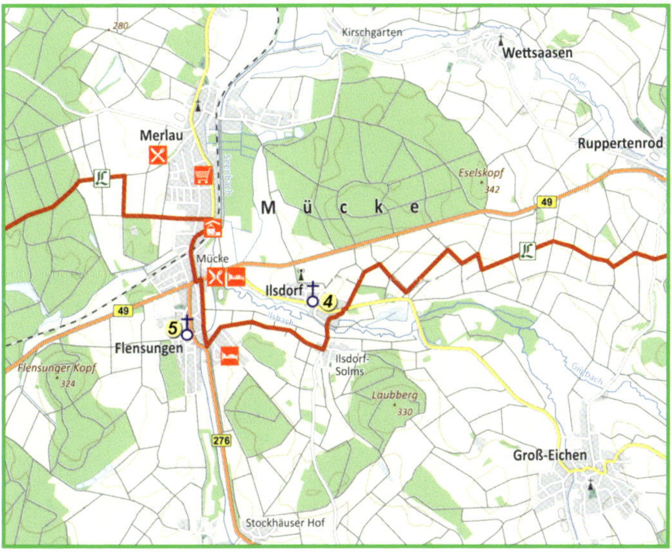

den Bahnübergang hinweg in den Ortsteil Merlau folgt. Hier befinden sich der Bahnhof, Supermärkte, Restaurants und Geldautomaten.

Service-Infos Mücke OT Flensungen/Merlau
Übernachtung und Einkehr: Am Flensunger Hof 10, Tel. 6400-5090; Gaststätte „Zur alten Mücke", Gießener Str. 1, Tel. 06400-950972; Landhotel Gärtner ***, Bahnhofstr. 11, Tel. 06400-95990
Einkaufen: REWE-Markt, Flensunger Weg 77; Neukauf-Markt, Bahnhofstr. 44; Ohm-Apotheke, Bahnhofstr. 122; Sparkasse, Bahnhofstr. 119
Ev. Kirche OT Flensungen: im Winkel, Pfarrer Holger Becker, Tel. 06634-8695
Bahnanschluss: Regionalverkehr der Strecke Fulda- Gießen

9. Etappe

Länge 24 km
von Flensungen nach Worms 200km (Westroute)

Mücke - Lich

Wir verlassen Mücke über die Straße „Im Herrnhain". Der Lutherweg führt durch Felder und Wald gemächlich bergan, bis auf der freien Höhe der Ort Lehnheim erreicht ist. Jetzt geht es auf einem asphaltierten Wirtschaftsweg bis Grünberg bergab. In der Stadt folgt der Lutherweg zunächst dem „Lehnheimer Weg", der nahe am Bahnhof vorbei führt, dann geht es auf der Straße „Am Rondell" (links) nochmals kurz bergab und gleich darauf über einen Fußweg (rechts) wieder bergan und unter der B49 hindurch zur Altstadt, genauer gesagt zur Rosengasse. An dieser Straße befindet sich eine der Sehenswürdigkeiten Grünbergs, das ehemalige Chorherrenstift der Antoniter, das im Zuge der Reformation vom Landgrafen zu einem Witwensitz für seine Frau Hedwig umgebaut wurde und heute als Schloss bezeichnet wird (1). Neben dem Schloss befindet sich ein bemerkenswertes Fachwerkhaus aus dem 15. Jahrhundert, das den Antonitern als Wirtschaftsgebäude gedient hatte. Der Lutherweg führt am Schloss vorbei zur Marktgasse, der man (links) hinauf zum Marktplatz folgt.

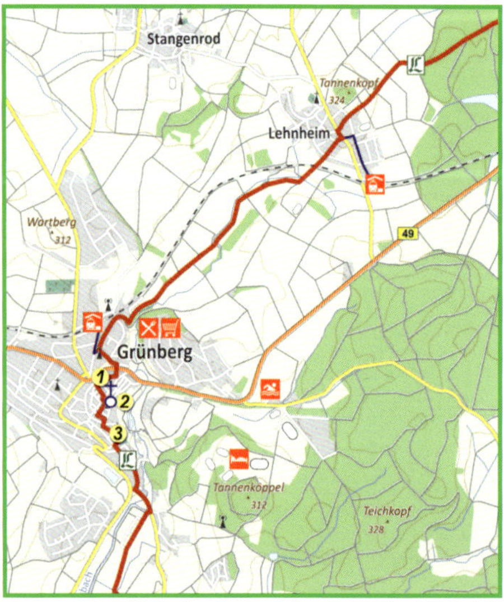

Rund um den Markt und in den Seitengassen laden Cafés und Bistros zur Rast ein.

An der Ecke Marktgasse/Marktplatz existiert eine kleine Baulücke. Hier stand ein Fachwerkhaus, in dem aller Wahrscheinlichkeit nach Luther übernachtet hat (siehe s. 117).

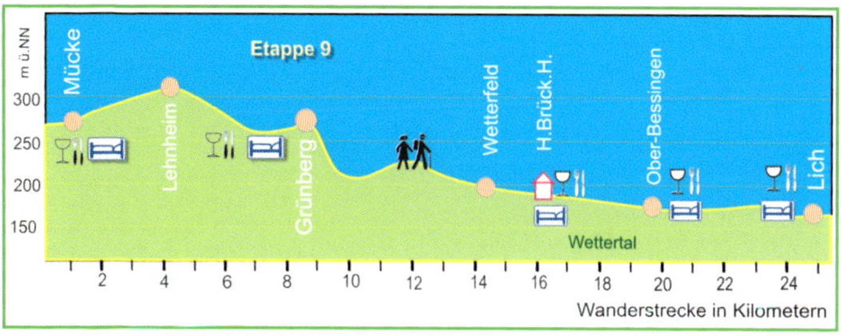

Vom Marktplatz aus geht es über die Kronengasse zur Stadtkirche. Bei dem mittelalterlichen Flair der Stadt hätte man eigentlich eine gotische Kirche erwartet. Doch der Blick geht auf einen neoromanischen Bau aus dem 19. Jh. Der Vorgängerbau, die gotische Marienkirche, war 1816 eingestürzt. Auch der Neubau ist interessant, u.a. wegen seines doppelten Bodens, nicht zu vergessen das lebensgroße Lutherbild in der Eingangshalle. Schräg gegenüber der Kirche, auf dem Winterplatz, plätschert der Löwenbrunnen. Das Brunnenwasser wurde seit dem 15. Jh. aus dem 25 m tiefer gelegenen Brunnental herauf gepumpt. Die Pumpstation befand sich in einem Wasserhäuschen, das ca. 20 m vom Brunnen entfernt steht (2). An diesem Häuschen bricht das Gelände steil ins Brunnental ab. Unten dreht sich noch immer das alte Wasserrad.

Bevor man Grünberg verlässt, steht noch das an der Hospitalkirche gelegene „Museum im Spital“ auf dem Programm. Der Weg dorthin führt von der Rückseite der Kirche aus über einen Fußpfad, die Judengasse, das Brückelchen und die Hintergasse (3). Im Museum befindet sich u.a. eine gut gemachte Amazonas-Ausstellung, die sich mit den Erlebnissen des Grünberger Forschungsreisenden Theodor Koch-Grünberg beschäftigt. Zudem kann man sich dort über die Antoniter informieren. Über die Straße Neustadt führt der Lutherweg aus Grünberg hinaus. Nächstes Ziel ist die Ausflugsgaststätte Hessenbrückenhammer, an der sich der Lutherweg in eine Ost- und eine Westroute aufspaltet.

Service-Infos Grünberg
Übernachtung: Seminarhotel Jakobsberg***, Jakobsweg 9,
Tel. 06401-91580; Sporthotel Grünberg ****, Am Tannenkopf 1,
Tel. 06401-8020
Einkehren und Einkaufen: In der Altstadt von Grünberg und dessen engerem Umkreis gibt es mehrere Restaurants, Bistros und Cafés und gute Einkaufsmöglichkeiten
Ev. Stadtkirche: Gemeindebüro „An der Stadtkirche“ 9, Tel. 06401- 220519. Falls Kirche geschlossen, Dekan Norbert Heide anrufen, Tel. 0173-980729.
Bahnanschluss: Regionalverkehr der Strecke Fulda- Gießen

Grünberg, Wirtschaftshaus des Antoniterklosters

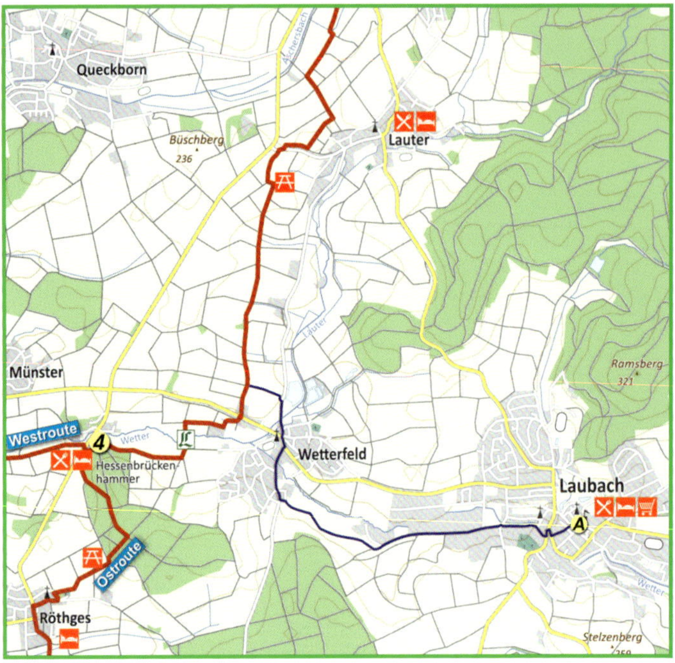

Durchs Territorium der Stadt Laubach

Hinter Grünberg führt der Lutherweg durch die Feldflur ins Tal der Wetter, genauer gesagt bis kurz vor den Ort Wetterfeld. Der Lutherweg quert das Wettertal und folgt dann dem südlichen Talrand zum Hessenbrückenhammer (4).

Von Wetterfeld aus lohnt ein Abstecher in die ca. 4 km entfernte Stadt Laubach. Interessant sind dort vor allem die Schlosskirche und die Schlossbibliothek (A), in der Bücher aus der Lutherzeit präsentiert werden (Lutherwegbuch S. 164 ff.)

Vom Hessenbrückenhammer auf der Westroute nach Lich

Zurück zum Hessenbrückenhammer, wo sich der Lutherweg verzweigt. Auf dem Weg nach Worms empfiehlt es sich, der Westroute zu folgen, also den Weg über Lich zu nehmen, da Luther wohl auf dem Hinweg in Lich übernachtet hat. Die Ostroute heben wir uns für den Rückweg auf.

Die Westroute folgt dem Wettertal. Nächster Ort ist Ober-Bessingen, wo der Lutherweg mitten durchs alte Dorf und durch das ehemalige Tor-Rathaus führt (4). 50 m weiter zweigt links die Nonnenröther-Straße ab. Über sie und die Straße „An der Pforte“ gelangt man zur ev. Dorfkirche, in der man mittelalterliche Fresken freigelegt hat (5).

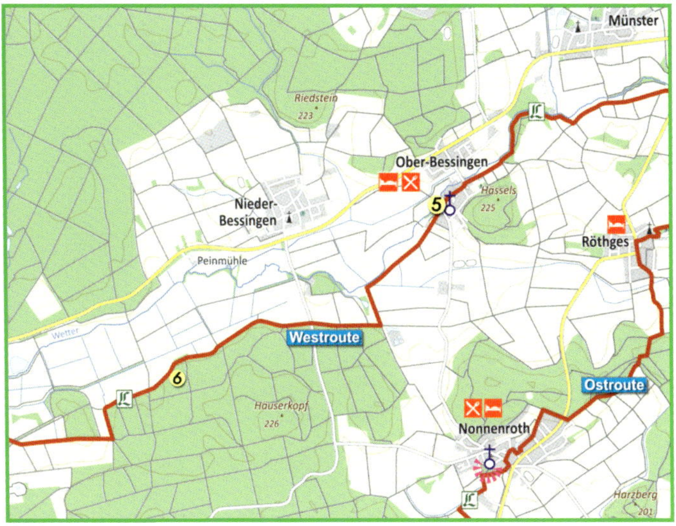

Service-Infos Ober-Bessingen
Übernachtung: Isolde Schönhals, Ortsstr. 2a Tel. 06404-64641
Einkehr: Restaurant, Hong Vo, Laubacher Str. 2
Ev. Kirche: An der Pforte, Tel. 06405-1389. Kirchenschlüssel bei Familie Roth, An der Pforte 21, Tel. 06404-7700.

Weiter geht's zwischen Wald und blumenübersäten Wiesen durch flaches Land. Plötzlich ein Hinweis auf eine Grabungsstelle im Wald. Ein kurzer Pfad und man steht vor den Grundmauern der Kirche des im 15. Jahrhundert wüst gefallenen Dorfs Hausen (6). Nochmals 4 km sanfte und ruhige Landschaft, dann ist man in Lich, dem Ziel der 9. Etappe. Durch die von Fachwerk gesäumte „Oberstadt" steuert der Lutherweg auf den Markplatz zu, wo es mehrere Möglichkeiten zur Einkehr gibt. Von einem Bäckereicafé geht der Blick auf das neogotische Rathaus, die turmlose Marienstiftskirche (7) und einen hohen Mauerturm, der der benachbarten Kirche als Glockenturm dient (8). Der Turm kann im Rahmen einer Führung bestiegen werden, die Kirche steht tagsüber für Besichtigungen offen. In der Kirche befinden sich wertvolle Epitaphien sowie eine mit kunstvollem Schnitzwerk versehene Barockkanzel. Die Kanzel stammt aus dem ehemaligen Kloster Arnsburg, dem nächsten Etappenziel.

In einer Vitrine im nördlichen Seitenschiff befindet sich die Ablichtung eines Beherbergungsnachweises aus der Lutherzeit, Furierzettel genannt. 89 Pferde adliger Personen, unter ihnen ein Doctor Lutter (schreibweise im Original), haben danach auf Anweisung des Grafen Philip Solms zu Lich Unterkunft erhalten. Zudem heißt es dort: „Doctor Lutter mitt iii pferden soll stelenn im Pfarhofe". In Lich geht man daher davon aus, dass Martin Luther auf der Reise nach Worms im alten Pfarramt in der Schlossgasse 16 Quartier bezogen hat.

Der Lutherweg führt an diesem Haus vorbei (9) und folgt dann rechts einem Fußweg in den Schlosspark. Das Schloss wird von den zu

Die 89 „Luther-Pferde" vor der Licher Stadtkulisse, Konfirmandenarbeit

Fürsten aufgestiegenen Grafen von Solms-Hohensolms -Lich bewohnt. Eine Schlossbesichtigung ist nicht möglich. Es bleibt ein Blick vom Park auf das Schloss.

Service-Infos Lich
Übernachtung: Vermittlung durch Touristinfo im Bürgerbüro Unterstadt 1, (unterhalb der Kirche) Tel. 06404-806-245.
Einkehren: In der Altstadt gibt es mehrere Restaurants und Cafés.
Einkaufen: In der Altstadt und in dem direkt vor der Stadtmauer gelegenen Einkaufszentrum (gegenüber dem Wehrturm)
Ev. Marienstiftskirche: Pfarrer Lutz Neumeier, Tel. 06404 -62849. www.lutherin-lich.de und www.marienstiftskirche.de
Bahnanschluss: Regionalverkehr der Strecke Gießen-Nidda

10. Etappe

Länge 21 km
von Lich nach Worms 176 km (Westroute)

Lich - Nieder-Weisel

Von Lich folgt der Lutherweg dem Wettertal zum Kloster Arnsburg (1). Das Tal wird enger und die Randhöhen steiler. An einem Wehr wechselt der Weg die Talseite. Noch ein kurzes Stück bergan, dann passiert man die äußere Umfassungsmauer des Klosters und der Blick auf das Klosterareal wird frei. Das Kloster Arnsburg wurde erst 1806 aufgelöst. Die aus der Zeit des Barock stammenden Gebäude sind sämtlich erhalten. Nicht ganz so gut sieht es bei den mittelalterlichen Bauten aus. Der Klosterkirche fehlt das Dach. Doch sie ist auch als Ruine sehenswert. Völlig zerstört wurde der Kreuzgang. Von der Klausur blieben nur der Kapitelsaal und das darüber liegende Dormitorium erhalten. Auf dem Hof des ehem. Kreuzgangs hat der Freundeskreis Kloster Arnsburg e.V. einen Kriegsopferfriedhof angelegt (siehe Lutherwegbuch 188 ff). Die Kirchenruine kann gegen Eintritt besichtigt werden. Der Zugang zum Kriegsopferfriedhof und zum Kapitelsaal ist frei. Im Dormitorium finden Veranstaltungen statt, ebenso in der Vorkirche, dem Paradies, das vor allem für Got-

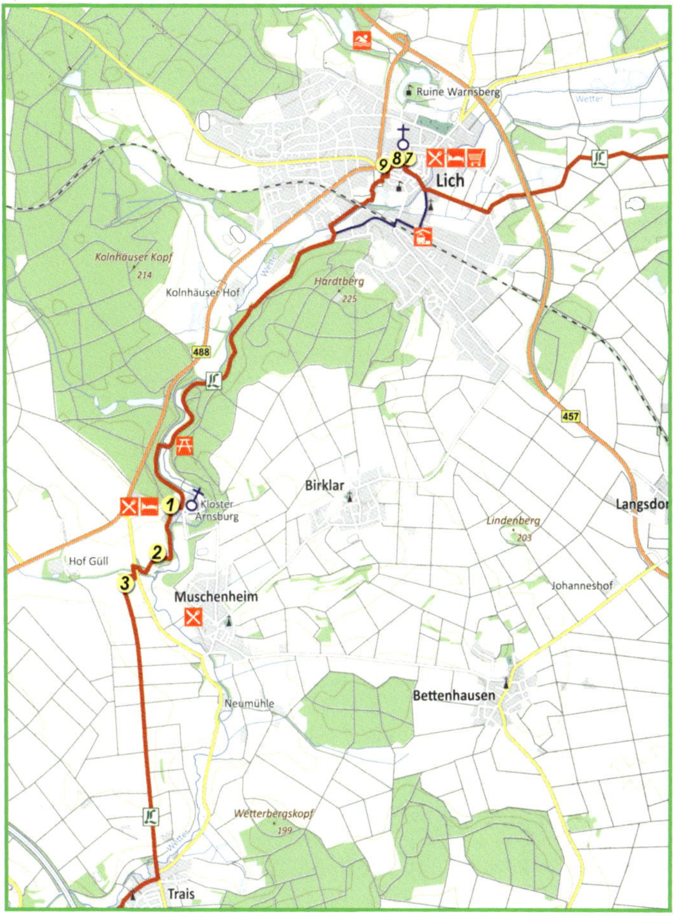

tesdienste genutzt wird. Die Barockgebäude sind für Besucher nicht zugänglich. Mit der Gaststätte „Klostermühle" existiert jedoch eine Einkehrmöglichkeit. Zur Klostergeschichte siehe www.kloster-arnsburg.de

Über den Limes nach Münzenberg

Über das barocke Westtor führt der Lutherweg aus dem Kloster hinaus. Direkt hinter dem Tor wendet sich der Pilgerweg nach links und führt auf einem schönen Waldweg an der Klostermauer entlang. Das Klosterareal liegt ca. 150 m zurück, da geht es rechts auf einen Hügel, auf dem man auf die Grundmauern der Arnsburg trifft (2).

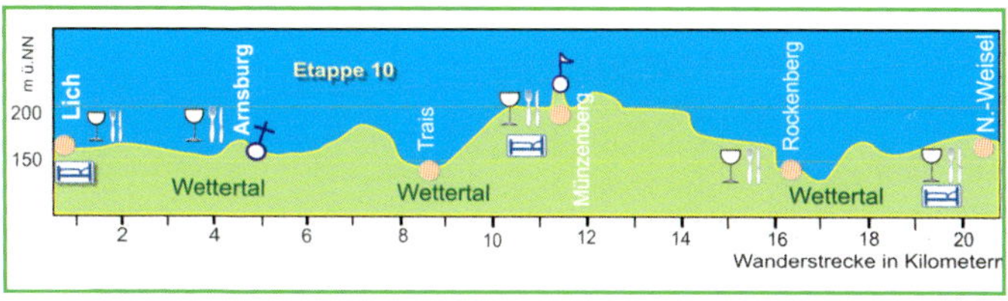

Die Burg wurde bereits im 12. Jh. verlassen, weil die Herren von Hagen-Arnsburg, die Stifter des Klosters Arnsburg, sich auf dem nahe gelegenen Münzenberg eine größere Burg gebaut hatten. Von der Burgstelle führt der Lutherweg wieder ins Tal hinunter, eine Straße und ein Bach werden gequert, dann geht es auf den nächsten Hügel, auf dem die nächste Grabungsstelle wartet. Dieses Mal handelt es sich um ein Kastell aus der Römerzeit, das zum Schutz des hier verlaufenden Limes errichtet worden war (3). Viel ist nicht zu sehen. Doch die Ausgrabungen haben zahlreiche Fakten ans Tageslicht gebracht, die auf Tafeln dargestellt werden.

Weiter geht's über den ländlichen Ort Trais nach Münzenberg. Man quert das Wettertal und die Autobahn Gießen-Hanau. Dann führt der Lutherweg zu einer Kirschbaumwiese, auf der Megasteine aufragen (4). Der Legende nach handelt es sich um Götzensteine. Doch die aus Quarz und anderen Materialien bestehenden Kolosse sind natürlichen Ursprungs. Es handelt sich um frei erodiertes Taunusgeröll aus der Urzeit der Erdgeschichte. Der Lutherweg führt über den magischen Platz und anschließend durch Streuobstwiesen auf den Ort Münzenberg zu.

Münzenberg und die Münzenburg

Münzenberg besitzt noch einen weitgehend intakten historischen Ortskern. Bemerkenswert sind die Hofreiten mit ihren oberhessischen Hoftoren. Sehenswert sind auch das 1551 erbaute Rathaus und die ev. Kirche mit ihrer durch Wettereinflüsse gedrehten Kirchturmspitze (5). Der Lutherweg führt über den Marktplatz auf die Kirche zu. Es lohnt sich, im benachbarten Pfarrhaus den Kirchenschlüssel zu besorgen, denn im Kirchinneren gilt es, ein überlebensgroßes Kruzifix aus dem 15. Jahrhundert zu bestaunen. Christus ist mit einer Echthaarperücke geschmückt. In einer Seitenkapelle steht ein Andachtsraum für Pilger zur Verfügung.

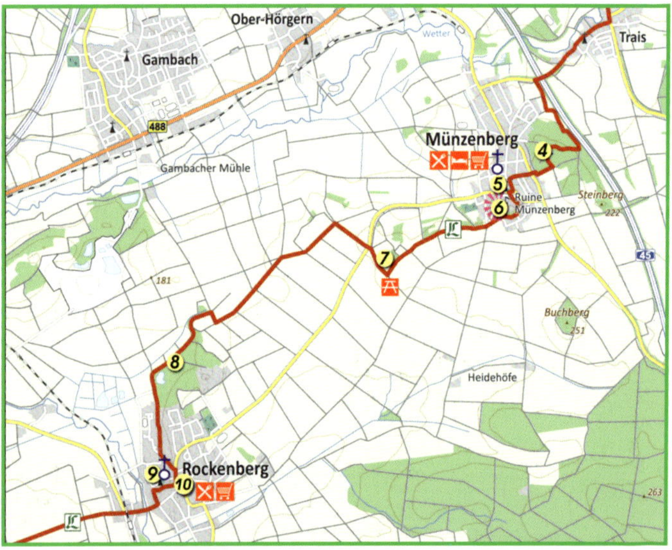

Die Münzenburg

Service-Infos Münzenberg
Übernachtung: Burghotel Münzenberg***, Wohnbachstr. 1, Tel. 06004- 915700; Privatunterkünfte (Info: Stadt Münzenberg, Tel. 06033 960328)
Einkehren: Gasthaus zur Burg, Wohnbacherstr. 1; Pizzeria Adria, Steinweg 26; Gasthaus zum Löwen, Burgweg 16
Einkaufen: Bäckerei Müll, Badgasse 2; Bäckerei Metzger, Steinweg 1; Landmetzgerei Weil, Badgasse 13; VR-Bank, Steinbergstr. 15
Ev. Kirche: Ecke Pfarrgasse/Eichergasse, Kirchenschlüssel bei Pfarrer Uwe Wagner–Schwalbe, Pfarrgasse 5, Tel. 06004-440
Führungen durch Burg, Stadt und Kirche: Freundeskreis Burg u. Stadt Münzenberg, Uwe Müller (Vors.), Tel. 06004-1390

Gegenüber der Kirche geht es steil zur Münzenburg hinauf, die auf einem Basaltfelsen errichtet wurde (6). Für die Burgbesichtigung muss man ein Ticket lösen, was jedoch angesichts der Ausmaße der Burg und der Aussicht, die man vom östlichen Bergfried genießt, voll gerechtfertigt ist. Der Blick vom Turm reicht über das Wettertal hinüber zum Taunus, an dessen Fuß die Städte Bad Nauheim und Friedberg liegen, die wir am folgenden Tag erreichen werden.

Vom Münzenberger Galgen zur Hölle von Rockenberg

Jetzt geht es erst mal nach Rockenberg und danach in den Etappenort Nieder-Weisel. Der Lutherweg folgt einem Wirtschaftsweg, der rechts unterhalb des Burgtors in die weite Feldflur der Gemarkung Münzenberg führt. Man folgt so dem Weg, den zum Tode verurteilte Sünder auf ihrem letzten Gang zurücklegten. Gut 1 km hinter der Burg führt der Weg an einem Galgen vorbci (7). Danach geht es zur Hölle von Rockenberg (8), die sich als aufgelassener Sandsteinbruch entpuppt, in dem neben vielen anderen Arten die vom Aussterben bedrohte Sumpfschildkröte ein Refugium gefunden hat.

Eine Kirche hinter Mauern und Stacheldraht

Direkt hinter dem Naturschutzgebiet „Hölle“ erstreckt sich das Areal der Jugend-Justiz-Vollzugsanstalt (JVA) Rockenberg. Die JVA wurde in einem aufgelösten Nonnenkloster eingerichtet. Die alte Klosterkirche, das Marienschloss, steht direkt hinter der Gefängnismauer (9). In der Kirche finden Gottesdienste für die straffällig gewordenen Jugendlichen und ab und an auch Konzertveranstaltungen statt. Zudem lädt der Kultur- und Geschichtsverein Oppershofen einmal im Jahr zu einem lateinischen Gottesdienst ins Marienschloss ein. Eine Besichtigung der ehemaligen Klosterkirche – der immerhin größten Rokokokirche nördlich des Mains - ist nach Voranmeldung möglich (Tel. siehe unten). Rockenberg steht nicht nur für die JVA, es gibt auch einen interessanten Ortskern mit Burgmauern, einem mittelalterlichen Wohnturm (10) und dem Roten Haus, in dem sich ein italienisches Restaurant etabliert hat. Eine weitere Besonderheit: In der Umgebung von Rockenberg findet man Sandrosen, die man sich in der Gemeindeverwaltung (Obergasse 12) und im Wohnturm (Schlüssel bei der Gemeindeverwaltung) anschauen kann. Rockenberg ist überwiegend katholisch. Es gibt jedoch auch eine lebendige evangelische Gemeinde.

Einkehren und Einkaufen in Rockenberg
Restaurant Rotes Haus, Obergasse 3; Metzgerei Wolf, Obergasse 11; Bäckerei Schmidt, Obergasse 7; Sparkassen-Filiale Obergasse 10; Marienapotheke Obergasse 1
Kath. Kirche St. Gallus: Kirchgasse 8, Tel. 06033- 66631
Ev. Gustav-Adolf-Kirche: Schlossstr. 10, Pfarramt in Griedel, Tel. 06033-64504
Klosterkirche JVA: Marienschloss 1, Voranmeldung erwünscht, Tel. 06033-998-0 (JVA)

Die Johanniter von Nieder-Weisel

Das nächste Ziel ist der zu Butzbach gehörende Ort Nieder-Weisel. Der Lutherweg führt durch die Feldflur stracks auf die A5 zu, die auf einer Brücke überquert wird. Am Ortsrand von Nieder-Weisel stößt man auf einen Kreisel. Der Lutherweg folgt der Butzbacher Straße zum Marktplatz, wo sich das Rathaus und die ev. Dorfkirche befinden.

Über die Mühl- und die Komturgasse erreicht man einen bemerkenswerten, aus schwarzem Lungstein gefügten romanischen Kirchenbau. Die Kirche steht auf dem Gelände des Verwaltungs-

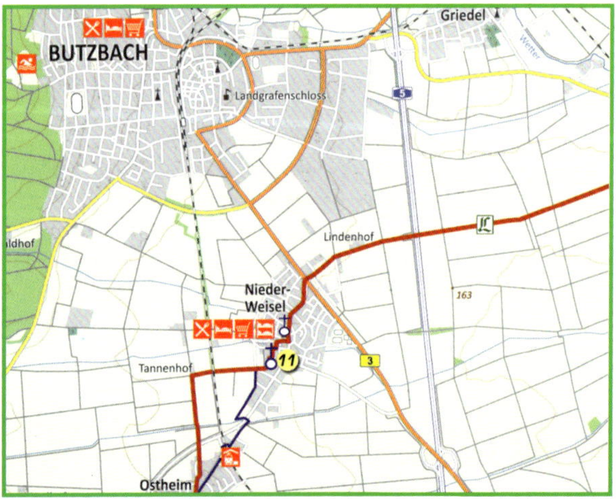

und Tagungszentrums des ev. Johanniterordens und dient als Komturkirche der Ordensritter (11). Die Johanniter wurden im 11. Jahrhundert in Jerusalem gegründet. Damals hatte sich der Orden die Aufgabe gestellt, christliche Pilger zu schützen und im Falle einer Erkrankung zu pflegen. Heute widmen sich die Johanniter vor allem dem Rettungswesen und dem Katastrophenschutz.

Auf dem Dachboden der Komturkirche befand sich früher eine Krankenpflegestation. Inzwischen haben die Ordensritter diesen Raum zu einem urigen Sitzungssaal umgebaut, in dem Pilgergruppen auf Feldbetten übernachten können. Einzelwanderer oder Kleingruppen übernachten im Johanniterhotel, das sich neben der Kirche befindet.

Service-Infos Nieder-Weisel
Übernachtung: Für Pilgergruppen in der Pilgerherberge der Komturkirche, Infos Sekretariat (Frau Hahn) von Pfarrer Jörg Fröhlich Tel. 06033-74926, sonst Johanniter-Hotel*** Tel. 06033-91709000
Einkehren: Pizzeria Camini, Butzbacherstr. 33
Einkaufen: Supermarkt Butzbacherstr. 63; VR-Bank, Raiffeisenstr.6
Bahnanschluss: im Nachbarort Ostheim, Regionalverkehr der Strecke Gießen-Frankfurt

11. Etappe

Länge 17 km,
Nieder-Weisel nach Worms 155 km (Westroute)

Nieder-Weisel – Friedberg

Über die Römerstraße und die Bahnhofsallee geht es in den Ort hinein und über die Weinstraße geradewegs in südlicher Richtung zum Ort wieder hinaus. *Wer zur Martinskirche will, in der es Wandmalereien zu sehen gibt, folgt dem Anger und der Rathaustraße. Noch ein kleines Stück auf der Straße Zur Martinskirche, dann ist der mächtige barocke Turm zu sehn.*

Martinskirche Ostheim: Pfarrerehepaar Dagmar und Hans-Werner Haas, Tel. 06033 4318

Auf dem Weg nach Süden (Richtung Obermörlen) führt der Lutherweg an einer seltenen Baumpflanzung entlang, an einer Speierlingsallee. Die kleine birnenförmige Frucht des Speierlings setzt man gerne dem Apfelwein zu. Die Allee leitet zu den Streuobstwiesen

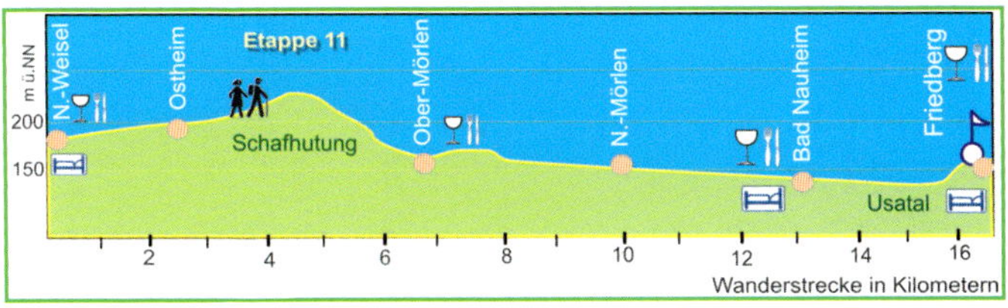

Kirchturm Ostheim

der unter Naturschutz stehenden Fauerbacher Trift. Die Obstwiesen werden durch eine Schafherde offen gehalten (1). Das ist wichtig für die Natur und gut für das Landschaftsbild. Von der Schafstrift aus geht es hinunter ins Usatal und nach Ober-Mörlen. An der Ober-Mörlener Hauptstraße, der Frankfurter Straße, wendet sich der Lutherweg nach rechts. Man quert die Usa und kommt an einem Schloss vorbei, in dessen Vorhofgebäuden sich eine Gastwirtschaft befindet (2). Der Lutherweg schlägt einen großen Bogen über die Frankfurter Straße hinauf zur katholischen Kirche, durch den Ort und zurück zur Usa.

Service-Infos Ober-Mörlen
Einkehr: Schlossgeist Frankfurterstr. 31 und weitere in der Frankfurter Str.
Einkaufen: Ahornapotheke Frankfurter Str. 44, Einkaufszentrum im Gewerbegebiet am südl. Ortsrand
Kath. St. Remigius: Kirchplatz 4, Tel. 06002-317
Ev. Gustav-Adolf-Kirche an der Nauheimer Str. Tel. 06002-939991

Bad Nauheim

Bis Bad Nauheim und auch durch den Ort hindurch geht es an der Usa entlang. Dabei erschließt der Lutherweg große Teile des Bad Nauheimer Kurparks. Nach einer Teichanlage kommen links die ersten Sehenswürdigkeiten in Sicht: der Waitzsche Turm (1747), ehemals eine Windmühle, mit der Sole empor gepumpt wurde. Wenige Schritte weiter der Sprudelhof, eine Anfang des 20. Jahrhunderts im Jugendstil errichtete Kuranlage, mit drei in einem großen Becken empor sprudelnden Heilquellen und einem Komplex von Badehäusern (3). Nächste Stationen sind der Rosengarten und die Jugendstil-Trinkkuranlage (4) (beide rechts vom Lutherweg). Links ist ein kleinerer

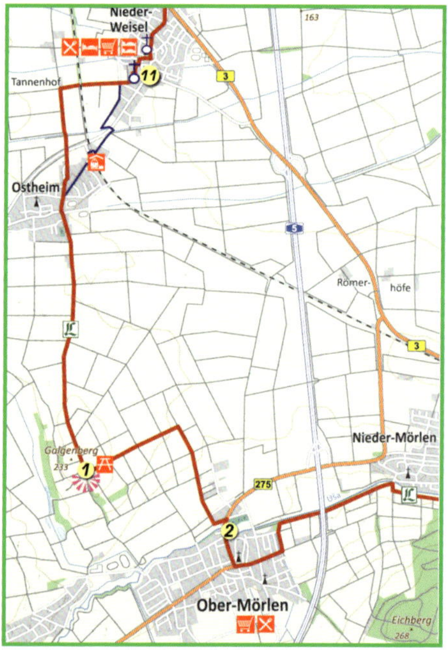

Gradierwerk Bad Nauheim

Gradierbau zu sehen, 250 m weiter ein größerer. Bei beiden rieselt Sole über dichte Packungen von Reisigbündeln, wodurch eine salzhaltige Luft entsteht. Schließlich erreicht der Lutherwegwanderer ein Gradierwerk neben dem sich noch das alte Wasserrad befindet, das mit der Kraft der Usa die Sole auf den Gradierbau gefördert hatte (5). Das Ensemble kann man in aller Ruhe vom Biergarten des Cafés Ludwigsbrunnen aus betrachten.

Service-Infos Bad Nauheim
Übernachtung: Vermittlung durch Tourist-Info, In den Kolonnaden 1, Tel. 06032-929920
Einkehr und Einkaufen: In großen Teilen der Innenstadt
Ev. Dankeskirche in der Kurstr. 3 am Lutherweg, Tel. 06032-2938, geöffnet im Sommer 14-18 Uhr, im Winter bis 17 Uhr
Bahnanschluss: IC und Regionalverkehr der Strecke Gießen-Frankfurt

Die Burg Friedberg

Weiter geht's zur Nachbarstadt Friedberg. Das erste, was der Wanderer von Friedberg gewahrt, ist der Adolfsturm, der mächtige Bergfried der Burg Friedberg. Dann kommt der basaltene Bergsporn in Sicht, auf dem die „kayserliche Burgk" thront (6). Der Lutherweg steuert direkt auf den Adolfsturm zu. Eine historische Auffahrt führt auf den Burgberg und durch drei hintereinander liegende Burgtore. Am dritten Tor befindet sich dann der Aufgang zum Turm, der vom letzten März-Wochenende bis letztem Oktober-Wochenende Sa, So u. feiertags von 14 – 18 Uhr geöffnet ist. Vom oberen, 42,5 m hohen Umlauf blickt man über die Wetterau zum Vogelsberg und nach Frankfurt. Aus der Vogelschau wird deutlich, dass es sich bei der Friedberger Burg um ein großes, mit Mauern und Wallanlagen umfriedetes Areal handelt, das zahlreiche historische, aber auch moderne Gebäude umfasst.

Vom Adolfsturm aus führt der Weg zur ev. Burgkirche, ein klassizistischer Bau in Form einer Predigerkirche. Gleich um die Ecke steht das Renaissance-Schloss der Burggrafen. 1817 ging das Schloss in den Besitz der Darmstädter Großherzöge über, heute residiert hier das Finanzamt. Im Burgareal geht es relativ ruhig zu. Doch

Adolfsturm, Burg Friedberg

kaum hat man das Südtor durchschritten, wird man mit dem quirligen Verkehr der Kaiserstraße konfrontiert. Die Kaiserstraße ist die Lebensader der Altstadt, eine Straße mit Boulevardcharakter, mit Geschäften, breiten Bürgersteigen, Straßencafés und Autokolonnen.

Die Friedberger Mikwe

Der Lutherweg biegt noch vor dem ersten Café links in die Judengasse ein, wo hinter dem ersten Haus einst die Synagoge stand. Sie wurde am 10. Nov, 1938 angezündet, geschändet und später abgerissen. Heute befindet sich hier eine Gedenkstätte. Rechts um die Ecke, am Haus Nr. 20, hält man an. Im Hof dieses Grundstücks befindet sich nämlich der Eingang zu einem jüdischen Ritualbad, eine Mikwe (7). Die um 1260 geschaffene Friedberger Mikwe gehört zu den eindrucksvollsten jüdischen Bädern Deutschlands. Eine Umlauftreppe führt zum Grund eines 25 m tiefen Schachtes, in dem türkis schimmerndes Grundwasser steht. Das Wasser für das Tauchbad musste „lebendig" sein, d.h. einen natürlichen Ursprung haben. Brunnenwasser genügte diesen Anforderungen nicht. Grundwasser war koscher.

Von der Judengasse geht es zum Fünffingerplatz und weiter über die Augustinergasse zur Stadtkirche. Man kommt so am ehemaligen Augustinerkloster vorbei, in dem heute die Stadtbibliothek und das Stadtarchiv untergebracht sind. Hat Luther hier oder in einem Gasthaus in der Kaiserstraße 32 übernachtet (heute Bettenhaus Decher)?

Mittelalterliche Schätze in der Stadtkirche

Für den Besuch der ev. Stadtkirche „Unserer lieben Frau" (8) sollte man sich Zeit nehmen. Das Innere der gotischen Kirche besticht durch seine Raumwirkung. Himmelwärts strebende Pfeiler verleihen dem Mittelschiff, das ohne Emporen auskommt, etwas Großartiges, etwas, das zu Gottes Ehren geschaffen wurde. Man sollte den Raum eine Zeit lang auf sich wirken lassen und nicht gleich zum Altar und dem Chor stürmen. Die vorreformatorischen Schätze, die man dort findet (Lutherwegbuch S. 212-215), erschließen sich einem erst, wenn man zur Ruhe gekommen ist

Schräg hinter der Kirche befindet sich das Wetterau-Museum (9), das so bedeutend ist, dass der Lutherweg einen Schlenker zum

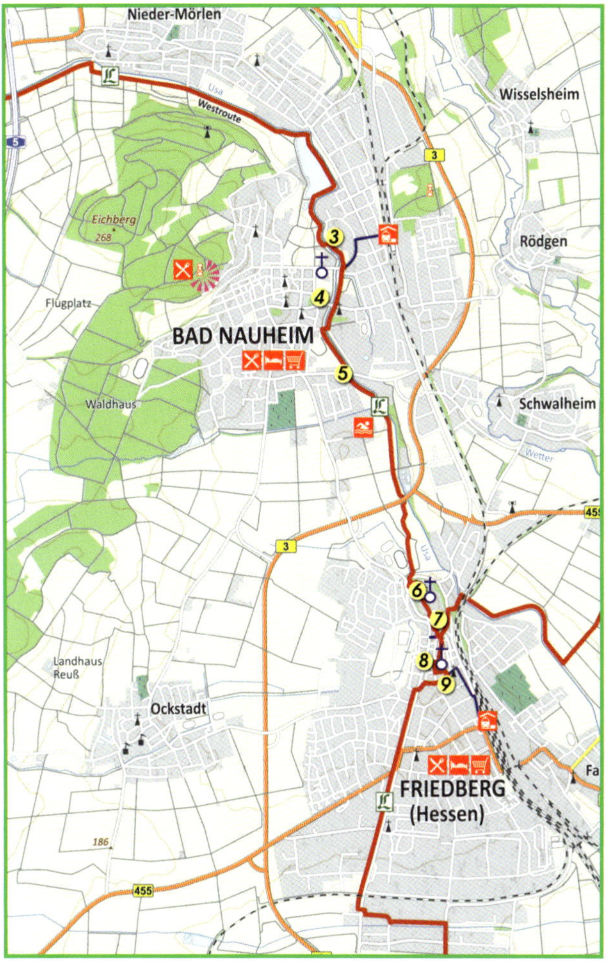

Museumseingang in der Haagstr. 16 macht. Drinnen folgt man der Geschichte der Wetterau, von der Steinzeit über die in Friedberg weilenden Römer bis Elvis Presley, der von 1958-1960 in den Friedberger Ray Barracks seinen Militärdienst absolvierte. Für Lutherwegwanderer besonders interessant: Original-Stadtansichten aus dem Jahrhundert der Reformation, Exponate aus der Stadtkirche und ein Burgmodell. Über die Haagstraße geht es zur Kaiserstraße und auf ihr südwärts zur Stadt hinaus.

Service-Infos Friedberg

Übernachtung: Hotel Hanauer Hof, Fauerbachstr.6, Tel. 06031-5575; Hotel Goldenes Fass, Haagstr. 43, Tel. 06031-16880

Einkehr und Einkaufen: Im Bereich der Kaiserstraße existieren viele Möglichkeiten einzukehren und einzukaufen

Ev. Kirche „Unserer lieben Frau“ an der Engelsgasse, direkt am Lutherweg. Tel. 06031-91524, geöffnet Di - Fr 14.30 - 17 Uhr; Sa u. So 11-17 Uhr, im Winter bis 16.30 Uhr.

Bahnanschluss: IC, Regionalverkehr und S-Bahn auf der Strecke Gießen-Frankfurt

12. Etappe

Länge 25 km
Friedberg nach Worms 138 km

Friedberg - Bad Vilbel/Massenheim

Die Etappe beginnt mit einer knapp 2 km langen Strecke entlang der südlichen Ausfallstraße von Friedberg, zunächst als Kaiserstraße, im weiteren Verlauf als Frankfurter Straße bezeichnet. Wegen der Sperrung des ehemaligen Kasernengeländes der US-Army existiert vorerst keine Alternative. Kurz hinter einer Bahnunterführung biegt der Lutherweg links von der Frankfurter Straße ab und folgt der Straße „Am Straßbach" und der Mielestraße durch ein Industriegelände, bis es rechts über die Freseniusstraße in die Feldflur geht. Man folgt nun einem asphaltierten Wirtschaftsweg nach Ober-Wöllstadt. Der Lutherweg führt nicht ins Ortszentrum, sondern wendet sich vor dem Sportplatz nach links und folgt dem Kapellenweg und dem Rossbach zu einem Radweg entlang der alten B3, auf dem man nach Nieder-Wöllstadt gelangt. Bisher führte die B3 mitten durch den Ort. Ende 2016 wird die Umgehungsstraße fertig sein. Dann können Lutherwegpilger in aller Ruhe durch den Ort ziehen.

Service-Infos Nieder-Wöllstadt
Übernachtung und Einkehr: Hessenschänke, am Atzelberg 16, Tel. 06034-4455
Einkehren: Ristorante Alba Chiara, am Atzelberg 16; Pizzeria La Quattro, Friedrich-Ebert-Str. 12
Einkaufen: Metzgerei Kromm, Bahnhofstr. 19; Hinnerbäcker, Frankfurter Str. 59; Apotheke, Frankfurter Str. 56; Geldautomat Sparkasse, Frankfurter Str. 33
Ev. Kirche: Frankfurter Str. 31, Pfarrer Peter Meier-Rhöm, Tel. 06034-2279 , Öffnung der Kirche für Pilgergruppen nach Voranmeldung
S-Bahnanschluss: auf der Strecke Friedberg-Frankfurt

Auf Nieder-Wöllstadt folgt Okarben, ein vergleichsweise kleiner Ort an der Nidda. Hier wendet sich der Lutherweg nach Westen, womit er auf ein schmales Wäldchen zusteuert. Im Wald folgt man einem Naturweg, der in sanftem Auf und Ab Richtung Süden führt.

Service-Infos Okarben
Einkehren: Gaststätte Zum Niddatal, Untergasse 34; Bürgerhaus, Hauptstr. 72 (ab 17 Uhr)
Einkaufen: Okärber Backstübchen, Hauptstr. 35a; Groh Holzofenbäckerei, Untergasse 34; Römer-Apotheke Saalburgstr. 2; tegut-Markt Friedhofsweg 2; Sparkasse, Hauptstr. 33
Ev. Kirche: Hauptstr. 39, Tel. 06039-41660
S-Bahnanschluss: auf der Strecke Friedberg-Frankfurt

Am Ende der Waldstrecke stößt man auf ein Pfadfinderheim. Von dort aus geht es durch die Feldflur auf Petterweil zu. Der Lutherweg führt über ein Neubauviertel (Heitzhöfer Straße, Schlosstraße) in den alten

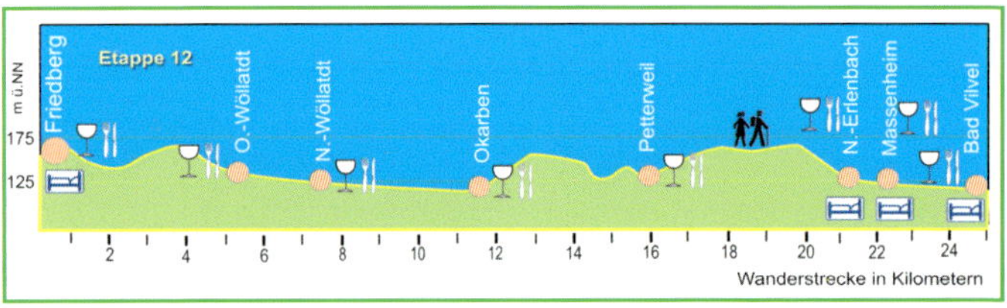

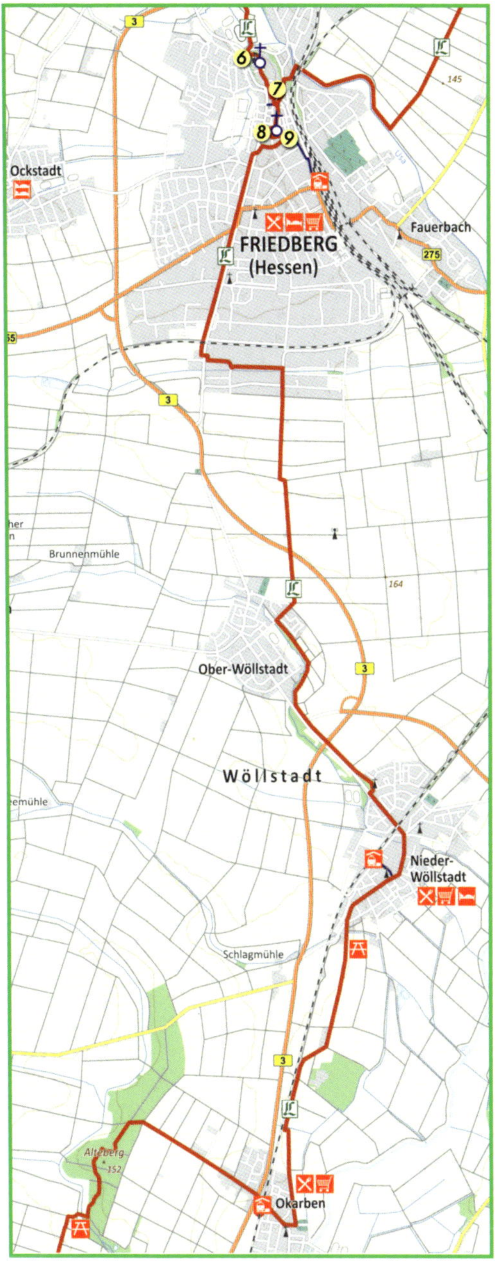

Ortskern, wo die ev. Martinskirche steht (1). Es ist eine sehr alte Kirche, deren Entstehungsgeschichte bis in das 8. Jahrhundert zurück reicht. Der Küster, Horst Preißer, führt Pilger gerne durch die Kirche und berichtet über die Kirchengeschichte. Für Pilgergruppen kann nach Voranmeldung im Gemeindehaus eine Mittagsrast organisiert werden. Der Lutherweg folgt der „Alten Heerstraße", auf der aller Wahrscheinlichkeit nach Luther entlang gefahren ist. Im Andenken an dieses Ereignis bezeichnen die Petterweiler eine alte Linde, die kurz hinter der Ecke Heerstraße/Sauerbornstraße steht, als Lutherlinde (2).

Nieder-Erlenbach, der nächste Lutherwegort, gehört bereits zu Frankfurt, aller-

Service-Infos Petterweil
Einkehren: Alt Petterweil, Alte Haingasse 50; Restaurant Zum Adler, Martins-Kirchgasse 8; Pizzeria La Rosa, Alte Heerstr. 7
Einkaufen: Bäckerei Jäger, alte Heerstr. 9; Metzgerei Becker, Am Dicken Turm 4; Paracelsus-Apotheke, Sauerbornstr. 15; Nahkauf-Supermarkt Vilbeler Str. 5-7
Ev. Martinskirche an der Alten Heerstraße Nr. 1, Tel. 06039-939429, Kirchenführungen Horst Preißer Tel. 06039-1084, Mobil 0172-6582981

dings erst seit der Eingemeindung in den siebziger Jahren. Der Weg dorthin führt an einem Aussiedlerhof, einem Golfplatz und einer Baumschule vorbei. Dann geht es rechts hinunter ins Tal des Erlenbachs. Noch ein Stück am Bach entlang und man ist im Ortkern, wo sich zwei Herrenhäuser aus dem 18. Jahrhundert befinden, die man als das Lesner´sche Schloss bezeichnet. An der Ecke „Zur Charlottenburg"/"Alt Erlenbach", direkt neben der Kirche, treffen drei Themenwege zusammen: der Lutherweg 1521, die Bonifatius-Route sowie der Hugenotten- und Waldenserpfad (3).

Der Lutherweg folgt dem Erlenbach nach Massenheim, ein Ortsteil von Bad Vilbel, womit man wieder im Wetteraukreis ist. In Massenheim existiert eine günstige Übernachtungsmöglichkeit.

Wer noch nicht müde ist, kann im nahen Bad Vilbel übernachten. Der Weg dorthin führt zunächst wieder entlang dem Erlenbach. Über Park- und Wirtschafts-

Service-Infos Nieder-Erlenbach

Übernachtung und Einkehr: Gaststätte zur Erholung, Alt-Erlenbach 53, Tel. 06101-989714; Landhaus Alte Scheune***, Alt-Erlenbach 44, Tel. 06101-544000

Einkehren: Pizzeria Da Bruno, Neue Fahrt 10; Äppelwoi Stübchen „Grillmayer", Zur Obermühle 15

Einkaufen: Bäckerei Moos, Alt- Erlenbach 27; Bäckerei Seipler, Alt-Erlenbach 36; Apotheke, Alt-Erlenbach 59; Sparkasse, Alt-Erlenbach 37

Ev. Kirche Ecke Alt-Erlenbach/Zur Charlottenburg, Tel. 06101-41134

wege gelangt man zur Nidda. Dort hält man sich links und folgt dem Niddatalradweg flussaufwärts, bis zu einer Brücke. Der Lutherweg führt über diese Brücke in Richtung auf die Vor-

Marktplatz, Bad Vilbel

Service-Infos Massenheim
Übernachtung und Einkehr: Hotel Ahrenshof, an der Kirche 1, Tel. 06101-545162
Einkehren: Restaurant Zum Knoche, Rathausstr. 4; Zum Mühlengrund, Im Mühlengrund 9; Pizzeria Bella Italia, Mühlstr. 4; Café Brauns Living, am Weißen Stein 2
Einkaufen: Bäckerei Seipler, Hainstr. 30
Ev. Kirche „An der Kirche" 6-8, Gemeindebüro Tel. 06101-41077

stadtsiedlungen Heilsberg und Sudetenland zu. Wer plant, in Bad Vilbel zu übernachten, bleibt vorerst am nördlichen Flussufer und folgt dem Radweg in den Kurpark (siehe Karte rosa Linie), wo man gleich zu Anfang an der neuen Stadtbibliothek vorbei kommt, ein architektonisches Glanzstück, das die Nidda überbrückt. Von der Terrasse eines Cafés blickt man dort wahlweise auf die Nidda oder den belebten Niddaplatz (4), der sich zum neuen Zentrum der Stadt entwickelt. Die Touristinformation befindet sich ein paar Schritte weiter im Kurhaus (ab Ende 2016). Wer mehr von Bad Vilbel sehen will, folgt dem Niddatalradweg ca. 300 m bis zur Ruine der Vilbeler Wasserburg, wobei man auch am Hassiabrunnen vorbei kommt. In der Wasserburg finden alljährlich die Burgfestspiele statt. Schräg gegenüber, am südlichen Ufer der Nidda, befindet sich der Marktplatz mit dem Alten Rathaus und dem Brunnen-Museum.

Service-Infos Bad Vilbel
Übernachtung: Vermittlung durch Tourist-Info im Kurhaus an der Niddastr., Tel. 06101-602247
Einkehren und Einkaufen: Im Zentrum von Bad Vilbel gibt es zahlreiche Einkehr- und Einkaufsmöglichkeiten
Ev. Heilig-Geist-Kirche Heilsberg, Am Kreuz, Tel. 06101-86130
S-Bahnanschluss auf der Strecke Friedberg-Frankfurt

13. Etappe

Länge 12 km
Bad Vilbel nach Worms 112 km

Bad Vilbel – Frankfurt-Zentrum

Der Lutherweg führt wie gesagt nicht ins Zentrum von Bad Vilbel, sondern quert die Nidda bereits gut 1 km vorher, auf der Höhe der Kläranlage. Dann geht es unter der Bahn hindurch und dahinter rechts auf dem Berkersheimer Weg zur Berliner Straße. Dort wendet sich der Lutherweg nach links, womit der Anstieg auf den zwischen Bad Vilbel und Frankfurt liegenden Bergrücken beginnt. Indem man eine Grünanlage quert, gelangt man zur Straße „Am Kreuz“ und der Kirche der ev. Heilig-Geist-Gemeinde (1). Nun geht es auf wenig befahrenen Straßen und Fußwegen durch die Siedlungen Heilsberg und Sudetenland. An der nächsten T-Kreuzung hält man sich kurz links, um gleich wieder rechts in den Pommernweg einzubiegen.

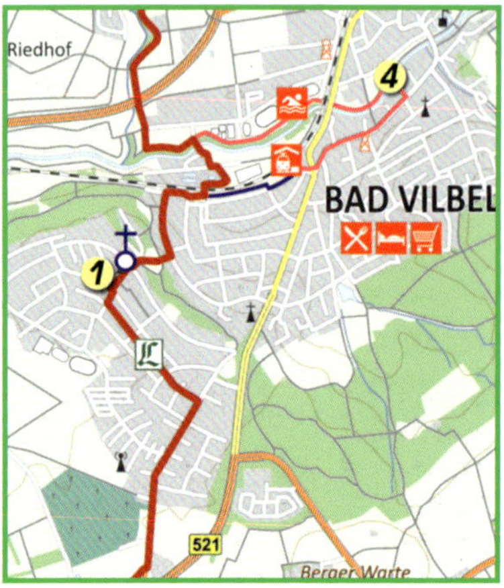

Nach ca. 50 m links biegt ein Fußweg ab, dem der Lutherweg bis zur Alten Frankfurter Straße folgt (ca. 500 m), dem Geschäftszentrum der Siedlung. Hier hält man sich rechts und folgt der Alten Frankfurter Straße zum Parkfriedhof Heiligenstock.

Nun ist es nicht mehr weit bis zum Lohrbergpark, dem ersten Highlight von Frankfurt. Die Höhe des Lohrbergs (ca. 180 m) hat man am Friedhof schon erreicht. Doch es geht nicht gleich in Mutter Grün hinein. Man muss zunächst noch einen halben km der vierspurigen Friedberger Landstraße folgen. Dann aber führt eine Fußgängerbrücke über die Schnellstraße und der Weg zum Volkspark Lohrberg ist frei. 1 km ist es noch bis zum Park, den man über die Straße „Berger Weg“ und den rechts abbiegenden Friedrich-Heyer-Weg erreicht.

Auf dem Lohrberg

Ein Weinberg und Parkwiesen mit Blick über das Maintal. Dazu die Skyline der Frankfurter City, die sich hinter einem Grünzug wirkungsvoll in Szene setzt. Nicht zu vergessen das Bistro des MainÄppelHaus und die Lohrberg-Schänke, wo man Äbbelwoi, Handkäs un´ grie´ Soß´ bekommt. An sonnigen Wochenenden ist hier der Teufel los. Auf dem Gelände des MainÄppelHauses gibt es einen Hofladen, wo man auch Lohrberg-Riesling erstehen kann (2).

Vom Lohrberg geht es auf Fußwegen hinunter nach Seckbach, ein tausend Jahre alter Ort, der um 1900 von Frankfurt eingemeindet wurde. Der Lutherweg führt mitten durchs „alte Dorf“ (3), das im Kern einiges von seinem Charakter bewahrt hat. Natürlich führt der Lutherweg auch an der ev. Dorfkirche vorbei, der aus dem Barock stammenden Marienkirche.

Bornheim

Weiter geht's, zum nächsten Frankfurter „Dorf“. Man folgt unterhalb der Marienkirche der Wilhelmshöher Straße Richtung Frankfurt bis zur nächsten Straßengabelung. Dort hält man sich links und folgt zunächst der Straße „Im Trieb“ bergab, um kurz darauf rechts in die

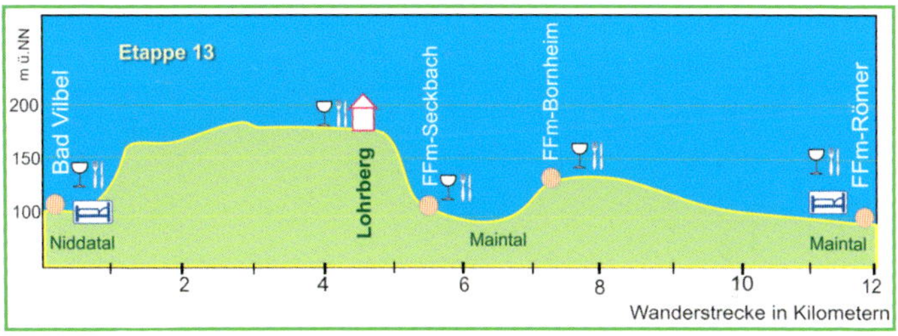

Zeuläckerstraße einzubiegen. Die geht nach knapp 500 m in einen Rad- Fußweg über. Der Weg führt unter der Stadtautobahn hindurch und dann als Enkheimer Steg durch eine Kleingartenkolonie zum Ortsrand von Bornheim. Nach ca. 150 m wendet man sich links und folgt der Berger Straße bis zum nächsten Abzweig (rechts) der Großen Spillingstraße. Letztere führt direkt ins alte Zentrum von Bornheim, wo die ev. Johanniskirche steht, wegen ihres Zwiebelturms im Volksmund „Zwiwwelkersch" genannt (4). Über die Turmstraße und die Eulengasse führt der Lutherweg zur Seckbacher Landstraße. Dort hält man sich geradeaus und folgt der Weidenbornstraße in den Günthersburgpark, den man geradewegs quert.

Zur Wartburggemeinde und der Martin-Luther-Kirche

Kurz hinter dem Park, an der Ecke Hallgartenstraße/ Hartmann-Ibach-Straße, stößt man auf die 1962 erbaute Kirche der ev. Wartburggemeinde (5). Man achte auf den Kirchturm, in den die Bienen ein- und ausfliegen. Neben den Kirchenfenstern hängen Nistkästen und zwischen Kirche und Bürgersteig blühen Blumen und duften Kräuter. „Urban Gardening", so nennen das die Gemeindemitglieder, die das Gelände betreuen. Es lohnt, mit der Wartburggemeinde Kontakt aufzunehmen, um im Gespräch auch etwas über deren soziales Engagement zu erfahren. Und natürlich sollte man auch einen Blick in den stimmungsvollen Saal der Kirche werfen, allein schon wegen des Farbenspiels der Glasfenster.

Gut 100 m hinter der Kirche wendet sich der Lutherweg nach links und folgt der Martin-Luther-Straße zum Martin-Luther-Platz, auf dem der neogotische Turm der Martin-Luther-Kirche in die Höhe ragt (6). Der Turm stammt von einer Vorgängerkirche, die 1883 zum 400ten Geburtstag Luthers errichtet wurde. Im Zweiten Weltkrieg wurde das Kirchengebäude völlig zerstört. 1954 wurde der Turm wieder hergestellt und ein Kirchensaal neu angebaut. 1990 wurde die Kirche behutsam modernisiert und um zwei Vorbauten erweitert. Die gläsernen Fronten der Vorbauten, die durch bunte Elemente aufgelockert sind, kontrastieren mit dem neogotischen Turm, den sie in ihre Mitte nehmen.

Nun ist es nicht mehr weit bis zur Innenstadt. Man folgt der Burg- und der Elkenbachstraße zum Bethmannpark, den man rechts umgeht. Wer in den „Garten des Himmlischen Friedens" möchte, den chinesisch gestalteten Parkteil, muss eine separate Parkrunde ein-

planen. Hinter dem Bethmannpark quert der Lutherweg drei verkehrsreiche Straßen: die Friedberger Anlage, die Seilerstraße und die Konrad-Adenauer-Straße. Dann biegt er rechts in die ruhigere Vilbeler Straße ein, die in die Schäfergasse übergeht. Die Schäfergasse wendet sich nach links und steuert auf die Frankfurter Einkaufsmeile, die Zeil, zu. An der Zeil hält man sich rechts. Man folgt der für Fußgänger reservierten Straße zur Hauptwache, dem geschäftigen Platz in der City, der von der ev. Katharinenkirche (7) behauptet wird.

Katharinenkirche, Luthers Herberge und die Alte Nikolaikirche

Die Katharinenkirche ist eine Gemeindekirche für dreitausend Mitglieder und zugleich eine Kirche für Passanten, ein Zufluchtsort in der Betriebsamkeit der City, ein Ort des Gebets und der Ruhe. An Wochenenden, vor allem im Winterhalbjahr, werden die, die kein Dach über dem Kopf haben oder Menschen, die mit der Rente nicht auskommen, in die Kirche zum Brunch oder zum Kaffe eingeladen.

Luther hat auf seiner Wormsreise in Frankfurt in der Buchgasse im Gasthaus „Zum Strauß“ übernachtet (8). Das Gasthaus musste 1896 der Anlage der Bethmannstraße weichen. Gleichwohl führt der Lutherweg an die Stelle, an der einst das Gasthaus stand. Er folgt der Straße „Kornmarkt“, die an der Einmündung der Bethmannstraße in die Buchgasse übergeht. Dort befindet sich ein Steinrelief, das an das Gasthaus erinnert. Sehenswert ist ein mannshohes Gemälde von einem Strauß, das sich ein paar Schritte weiter Richtung Hauptbahnhof in der Bethmannstraße befindet.

St. Leonard vor den Banktürmen Frankfurts

Der Lutherweg folgt der Buchgasse gut 100 m. Dann wendet er sich nach links und strebt über die Alte Mainzer Gasse dem Römerberg zu. Man kann aber auch der Bethmannstraße (links) zum Römerberg folgen (200 m). Das hat den Vorteil, dass man an der Paulskirche vorbei kommt.

Der Römerberg ist das touristische Zentrum von Frankfurt, mit dem berühmten Rathaus und den gegenüberliegenden Alt-Frankfurt-Häusern. Nach ihrer Zerstörung im Zweiten Weltkrieg wurde die Häuserzeile originalgetreu rekonstruiert. Auf diesem Platz, der scharenweise Besucher aus aller Herren Länder anzieht, steht die Alte Nikolaikirche (9). Sie ist die Kirche der ev. Paulsgemeinde und zugleich ein Haus, das für die ev. Stadtkirchenarbeit steht. Die Alte Nikolaikirche ist tagsüber geöffnet, im Sommer auch bis in den späten Abend hinein. Man ist auf „Laufkundschaft" eingestellt. Freitags organisiert der Kirchenvorstand ein Programm für Passanten, Touristen

Service-Infos Frankfurt
Übernachtung: Vermittlung durch Touristinfo, Am Römerberg 27, Tel. 069-2123880
Kirchen am Lutherweg
Marienkirche Seckbach, zwischen Wilhelmshöher Str. u. Zentgrafenstr., Tel. 069-479131;
Johanniskirche Bornheim, Turmstr. 10, Tel. 069-94547014.
Wartburgkirche Stadtteil Nordend-Ost, Hartmann-Ibach-Str. 108, Kontakte und Kirchenschlüssel über Pfarrer Thomas Diemer, Tel. 069-94592546
Lutherkirche, Stadtteil Nordend-Ost, Martin-Luther-Platz 1, tägl. von 10-18 Uhr geöffnet, Ansprechpartner für Pilger: Pfarrer Reiner Haberstock Tel. 069-434432 und Steffen Walther Tel. 06142-93239
Katharinenkirche, An der Hauptwache, Tel. 069-7706770, geöffnet Mo -Fr von 14 -19 Uhr.
Alte Nikolaikirche, Römerberg 11, im Sommer tägl. geöffnet von 10-20 Uhr, im Winter von 10-18 Uhr, Gemeindebüro Saalgasse 17, Tel. 069-284235
Bahnanschluss: Am Hauptbahnhof alle Zugklassen

und Ruhesuchende. „Abendkirche“ nennen sie das. Beginn ist jeweils um 20 Uhr. Musikalische Darbietungen spielen in der „Abendkirche“ eine große Rolle.

14. Etappe

Länge 22 km
Ffm-Zentrum nach Worms 100 km

Frankfurt Zentrum - Walldorf

Von der Nikolaikirche zum Main ist es nur ein Katzensprung. Übers Fahrtor gelangt man zum Eisernen Steg (1), eine Fußgängerbrücke, die über den hier recht breiten Fluss zum Schaumainkai führt. Zu Luthers Zeiten gab es den Eisernen Steg noch nicht. Luther ist über die Alte Brücke, die sich 400 m flussaufwärts befindet, nach Sachsenhausen gefahren. Vom Eisernen Steg kann man die Alte Brücke gut sehen und man blickt auf die katholische Kirche St. Leonard, eine ehemalige Wallfahrtskirche, die sich heute vor den Hochhäusern der Banken duckt.

Am Schaumainkai auf der Sachsenhäuser Seite reihen sich die Museen. Hinter dem Museum für angewandte Kunst, quasi in der zweiten Reihe, befindet sich - abseits vom Lutherweg- das „Frankfurter Bibelhaus Erlebnis Museum“. Fußwege führen durch den Kunst-Museums-Komplex zu dem kleinen Bibelmuseum in der Metzlerstraße (2).

Protestantische Glaubensflüchtlinge in Neu-Isenburg und Walldorf

Der Lutherweg biegt vor dem Museum für angewandte Kunst in die Schifferstraße ein, die den Pilger ins Zentrum von Sachsenhausen führt. An der Darmstädter Landstraße hält man sich rechts. Man folgt der „Landstraße“ unter der Fernbahn hindurch. Kurz darauf gelangt man an eine große Kreuzung. Hier hält man sich links, um gleich wieder rechts in den Hainer Weg einzubiegen. Dieser „Weg“ führt zum Südfriedhof und zum Frankfurter Stadtwald. Gleich zu Anfang geht es ordentlich bergan. Auf diesem Steigungsstück kommt man am wieder errichteten Henningerturm vorbei. Im Stadtwald geht es auf abwechslungsreichen Wegen nach Neu-Isenburg, eine Stadt, die 1699 auf Einladung des Grafen Philipp von Isenburg von französischen Glaubensflüchtlingen gegründet wurde. Die Franzosen waren Protestanten, die nach der Aufhebung des Ediktes von Nantes, das Religionsfreiheit gewährt hatte, um ihr Leben fürchten mussten.

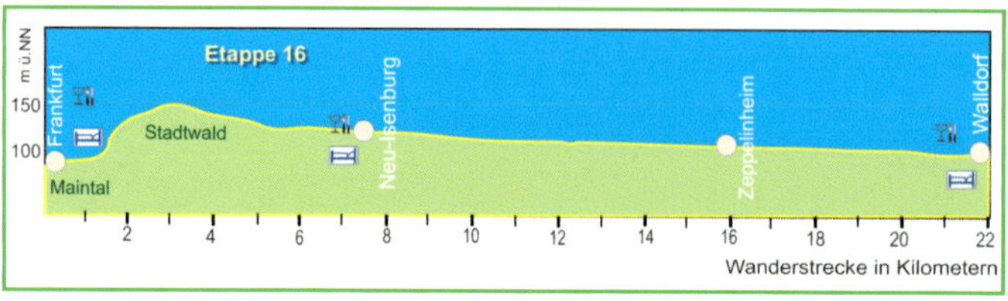

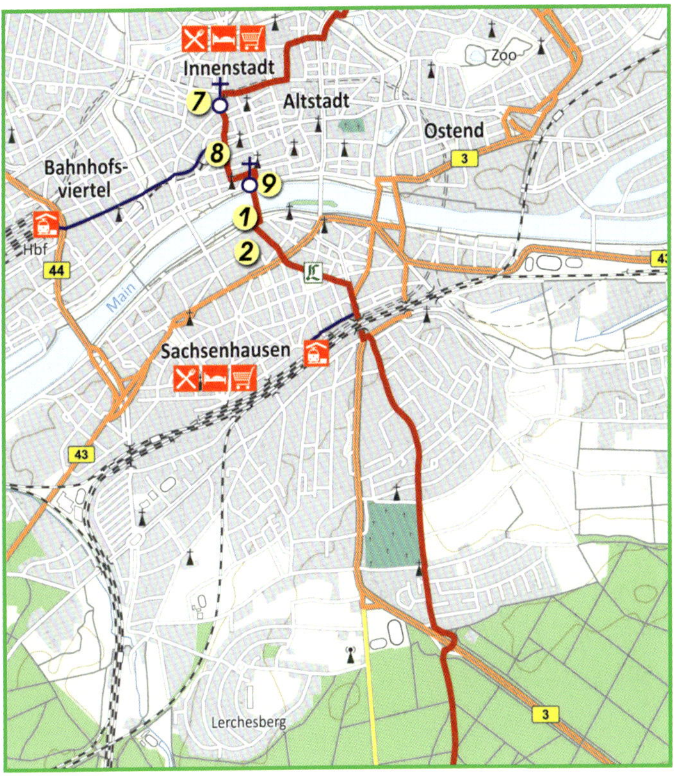

Die alte Hugenottenstadt hebt sich mit ihrem quadratischen Umriss und den diagonal verlaufenden Straßen noch immer gut vom modernen Neu-Isenburg ab. Der Lutherweg folgt der Pfarrgasse zum Marktplatz und von dort durch das Kirchgässchen zur Hugenottenkirche (Baujahr 1775) (3). Der Hugenottentradition entsprechend, wird die Kirche von einer reformierten Gemeinde genutzt.

Über die Kronengasse geht es zum modernen Zentrum Neu-Isenburgs, der geschäftigen Frankfurter Straße. Über sie führt der Lutherweg zum nördlichen Stadtrand. Kurz vor dem Wald biegt der Lutherweg links in die Friedensallee ein, wo er rechts hinüber auf einen Waldweg wechselt. Dieser Weg verläuft zwischen Wald und Stadt zum S-Bahnhof. Der Lutherweg führt unter den Gleisen hindurch, um danach in den Wald einzutauchen. Am Wegesrand wartet eine Besonderheit, der Gehspitzweiher, ein Naturschutzgebiet, das aus einer aufgelassenen Lehmgrube entstanden ist.

Service-Infos Neu-Isenburg
Übernachtung: Hotel Central, Frankfurter Str. 11, Tel. 06102-22533; Hotel ALFA, Frankfurter Str. 123, Tel. 06102-358980, weitere siehe Internet
Einkehren und Einkaufen: Im Zentrum Neu-Isenburgs gibt es zahlreiche Einkehr- und Einkaufsmöglichkeiten
Ev. Reformierte Gemeinde in der alten Hugenottenkirche, Am Marktplatz 8, Tel. 06102-326220
Bahnanschluss: S-Bahn auf der Strecke Frankfurt-Darmstadt

Nächste Station ist der Flughafenort Zeppelinheim, der mit einem Zeppelinmuseum und vor allem mit einem Flughafenübersichtspunkt Besucher anlockt. Entfernung zum Flughafenübersichtspunkt vom Lutherweg ca. 1 ½ km. Weiter geht's durch Kieferforsten zum Walldorfer Baggersee, in dem Baden gestattet ist. Vom See folgt der Lutherweg einer Straße, die (rechts) über die A5 sowie über die Gleise der S- und der Fernbahn nach Walldorf führt. Walldorf wurde im Jahr 1699 von Waldensern gegründet, von Glaubensflüchtlingen, die aus dem französischsprachigen Teil des Piemont kamen. 14 Familien ließen sich auf Einladung des Großherzogs von Hessen-Darmstadt in der Nähe des Mönchbruchs nieder. Ihre Siedlung bestand zunächst nur aus einer Straße, „Grand Chemin" genannt, der heutigen Langstraße.

Über die Aschaffenburger Straße ziehen wir in Walldorf ein. Am Kreisel hält man sich links und folgt der Farmstraße bis zum Bahnhof, wo man rechts in die Langstraße einbiegt. Nun geht es schnurgerade durch den Ortskern und an der Waldenserkirche (Alte Kirche) (4) vorbei. Schräg gegenüber befindet sich das gut gemachte Waldensermuseum (5). Den Schlüssel für die Waldenserkirche bekommt man in der neuen Kirche, die sich vis-à-vis der alten in der Ludwigstraße befindet.

Service-Infos Walldorf

Übernachtung: Hotel Zum Löwen****, Langstr 68, Tel. 06105-9490; Gästehaus Schröder, Coutandinstr. 45, Tel. 06105-5582 sowie Airport Hotels im Gewerbezentrum. Dazu im Mönchbruch das Jagdschloss, Tel. 06105-92430.
Einkehren: Cafés am Bahnhof, Bistro Cubana, Farmstr. 17; Taverna Zorbas, Farmstr. 42; Ristorante Fantasia, Farmstr. 16; Pizzeria La Tettoia, Kelsterbacher Str. 14; Pizzeria Roma, Ludwigstr. 58 ; Tandoori Palace, Langstr. 78
Einkaufen: Penny-Markt, Farmstr. 101; REWE-Markt, Farmstr. 31; Bahnhofsapotheke, Farmstr. 20a; Center Apotheke, Farmstr. 101
Alte Kirche (Waldenserkirche) Langstr. 67. Neue Kirche und Gemeindezentrum Ludwigstr. 64, geöffnet Mo-Fr-10-1 Uhr
Bahnanschluss: S-Bahn auf der Strecke Frankfurt-Mannheim

15. Etappe

Länge 23 km
Walldorf nach Worms 78 km

Walldorf – Trebur

Über die Langstraße sind wir ins alte Zentrum von Walldorf eingezogen, über die Straße „In der Trift" geht es in den Wald des Mönchbruchs. Der Lutherweg folgt hier einem Wanderweg, der an die Mönchbruchwiesen heran führt, ein Naturschutzgebiet, das an die Startbahn West grenzt. Den Tieren scheinen die im Minutentakt startenden Maschinen wenig auszumachen. Jedenfalls sind die Feuchtwiesen ein Eldorado für seltene Vogelarten und Fledermäuse. Auch das Damwild grast anscheinend unbeeindruckt vom Fluglärm. Ein Wegabschnitt ist besonders schön, und zwar ausgerechnet der auf der Höhe der Startbahn. Der Lutherweg quert hier auf einem von urigen Bäumen gesäumten Weg die Wiesen (1). Noch ein kurzes Waldstück und wieder eine Allee, dann ist man am Jagdschloss Mönchbruch (2), wo man im Biergarten eines Restaurants Station machen kann.

Es geht weiter durch Kiefernwald. Das nächste Ziel ist Königstädten. Der Ort war vor dem zweiten Weltkrieg noch ein kleines Bauerndorf. Wegen der Flughafennähe wurde Königstädten durch einen alliierten Luftangriff zerstört. Mit dem Wiederaufbau wuchs der Ort rasch an. Heute hat Königstädten über 9000 Einwohner. Der Lutherweg führt mitten durch den Ortskern, vorbei an wieder hergerichteten Fach-

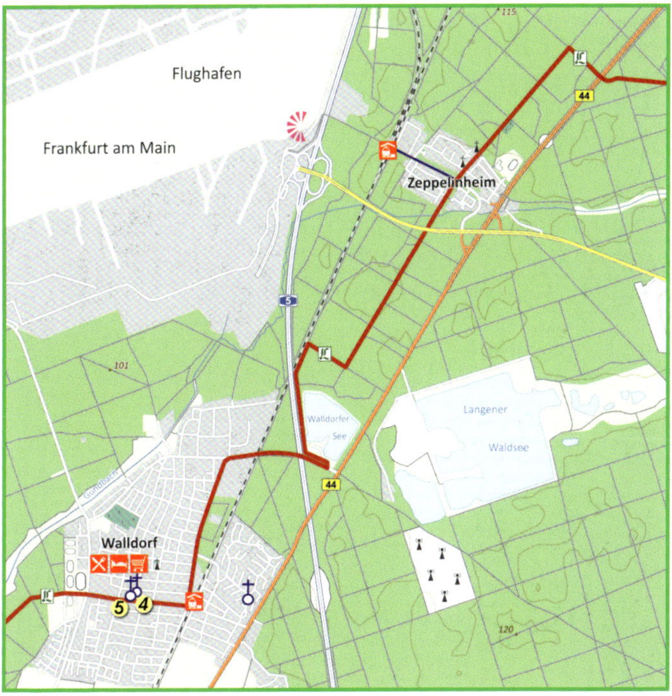

werkhäusern, an der Terrasse des Gasthauses „Zur Krone“ und an der im Stil der fünfziger Jahre wieder aufgebauten Kirche (3).

Service-Infos Königstädten (OT von Rüsselsheim)
Einkehr: Restaurant Zur Krone, Bismarckplatz 7; Ristorante Girasole, Im Reis 7; Restaurant Da Franco, Kohlseestr. 42; Pizzeria Calabria, Spessartring 46
Touristinformationen über Rüsselsheim: Tel. 06142 83-2347, E-Mail tourismus@ruesselsheim.de
Einkaufen: Bäckerei Bender, Rathausstr. 8, Penny-Markt, Im Reis 47
Ev. Kirche, Rathausstr. 6, Tel. 06142-32191.

Auf Königstädten folgt nahezu unmittelbar der 10.000 Einwohner zählende Ort Nauheim. Zu Luthers Zeiten war Nauheim noch ein Dorf von nicht einmal 200 Einwohnern. Und erst 1753 bekam Nauheim eine Kirche. Nach dem Zweiten Weltkrieg siedelten sich in Nauheim Flüchtlinge aus dem Egerland und dem Erzgebirge an. Unter ihnen befanden sich viele Musikinstrumentenbauer, die ihr Handwerk in Nauheim weiter betrieben. Bis heute werden in Nauheim Musikinstrumente hergestellt. Die Kirche steht noch immer mitten im „Dorf“, ganz in der Nähe des alten Rathauses (Heinrich-Kaul-Platz) (4). Der Lutherweg führt über die Waldstraße und den Heinrich-Kaul-Platz ins alte Dorf hinein und über die Vorderstraße wieder hinaus. Weiter geht's durch die Wilhelm-Leuschner-Straße zum Bahnhof, auf einer Gleisunterführung unter der Bahn hindurch und über die Bahnhofstraße an den Ortsrand.

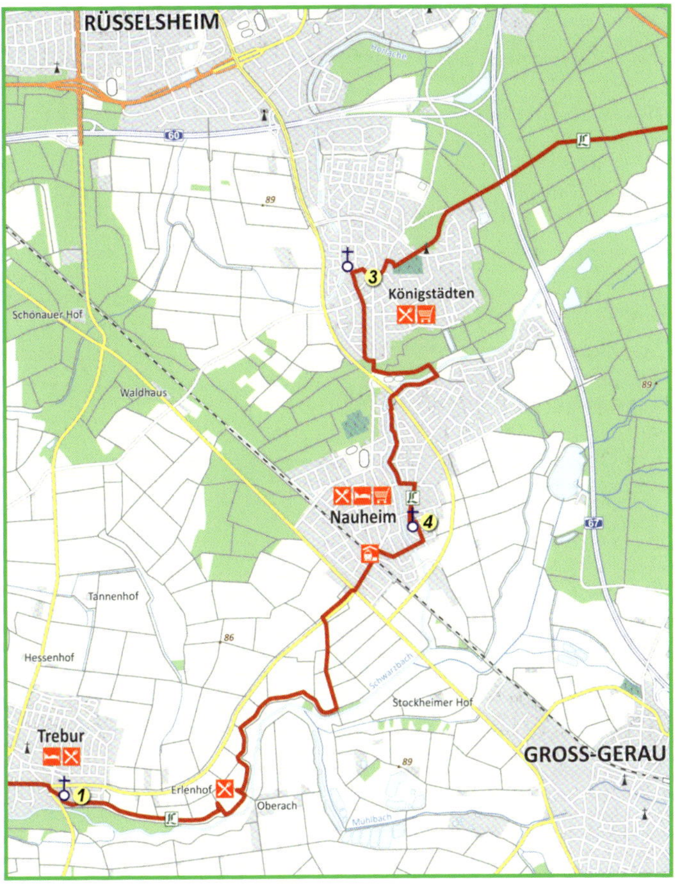

Der Lutherweg folgt nun der Ortsverbindung Nauheim-Trebur, und zwar auf einem Radweg. Zunächst wandert man durch eine kleinteilige Flur mit alten Obstbeständen und Spargelfeldern. Dann geht es durch die offene Feldflur. 1 ½ km hinter Nauheim wendet sich der Lutherweg nach links und steuert auf den Deich des Schwarzbachs zu. Hier wendet er sich nach rechts und führt zur ev. Laurentiuskirche von Trebur. Zuvor kommt man am Erlenhof vorbei, in dessen „Äpplergarten“ im Sommer Apfelwein der Marke Eigenbau ausgeschenkt und Kuchen serviert wird.

Service-Infos Nauheim

Übernachtung: Hessischer Hof, Bahnhofstr. 37, Tel. 06152-5108020; Zum Rosengarten, Unter der Muschel 24, Tel. 06152-61106; Hotel Garni Zum Egerländer Unter der Muschel 40, Tel. 06152-98730;

Einkehr: Nero´s Restaurant-Cafe, Georg-Mischlich-Platz 3; Star Döner & Pizza, Bahnhofstr. 34; Restaurant Zum Rosengarten, Unter der Muschel 24; Restaurant Hessischer Hof, Bahnhofstr. 37

Einkaufen: EDEKA-Markt, Berzallee 16; Penny-Markt, Am Schafsteg 1; Netto-Markt, Im Rod 1; Bären-Apotheke, Königstädter Str. 38; VB-Mainspitz, Bahnhofstr. 15, Georg-Mischlich-Platz; Sparkasse, Charvieu-Chavagneux-Platz 12-14

Ev. Kirche Heinrich-Kaul-Platz 4, neben dem alten Rathaus, Tel. 06152-6798

Bahnanschluss Regionalverkehr auf der Strecke Wiesbaden - Darmstadt

16. Etappe

Länge 20 km, von Trebur nach Worms 55 km

Trebur - Guntersblum

Dort, wo heute die Laurentiuskirche steht, befand sich einst eine Kaiserpfalz, in der im Jahr 1053 Heinrich IV. zum König gekrönt wurde.

Im Jahr 1521 zog Luther durch den Ort. Die Trewerrer (die Einwohner von Trebur) haben im Jahre 1750 dem Reformator mit der Statue „Luther mit dem Schwan" in ihrer Kirche ein Denkmal gesetzt (1). „Es ist die einzige Luther-Statue aus Holz und in Originalgröße", so die Pfarrerin.

Von der Kirche aus führt der Lutherweg über die Groß-Gerauer-Straße und die Hauptstraße durch die Ortsmitte. In den rechts abbiegenden Gassen stehen typisch südhessische Fachwerkbauten. An einem kleinen Eiscafé wendet sich die Hauptverkehrstraße nach rechts (Rüsselsheimer Straße). Der Lutherweg bleibt der geradeaus führenden Hauptstraße treu, die bald in den Riedweg übergeht. Der führt in Richtung Rhein und ist ab Ortsende nur noch für Anlieger frei gegeben. Doch an schönen Wochenenden muss der Pilger hier mit Ausflugsverkehr rechnen.

Service-Infos Trebur

Übernachtung: Hotel-Restaurant Zum Erker, Hauptstr.1, Tel. 06147-91480; Naturfreundehaus, Kleine Grabengasse 9, Tel. 06147-7822, Privatunterkünfte siehe www.trebur.de bzw. Tel. 06147 208-16/35 (Gemeindeverwaltung)

Einkehr: Hotel-Restaurant Zum Erker, Hauptstr.1; Gaststätte Turnhalle, Hauptstr 60; Pizzeria Assunta, Astheimer Str. 16; Pizzeria Prosecco, Hauptstr. 23; Eiscafe Mediterraneo, Hauptstr. 54; Cafe zu mir, Hauptstr. 9; Trewwerer Äpplergarten, Erlenhof, Außerhalb 13

Einkaufen: Bäckerei Lerch, Hauptstr. 40; Bäckerei Abels, Groß-Gerauer-Str. 2; Rathaus Apotheke, Hauptstr. 50; VR-Bank, Hauptstr. 28; Kreissparkasse, Hauptstr. 12

Ev. Laurentiuskirche: Obere Pforte 26, Gemeindebüro 06147-3177

Luther und Schwan, Statue Kirche Trebur

Der Lutherweg führt nicht sofort zum Rheinufer, sondern folgt zunächst einem neu erbauten Deich flussaufwärts. Links geht der Blick über das Ried zum Odenwald, rechts schaut man auf das breite Deichvorland zu den rheinhessischen Weinbergen hinüber. Nach 2 km Deichwanderung ist im Deichvorland der Fachwerkhof Ludwig-

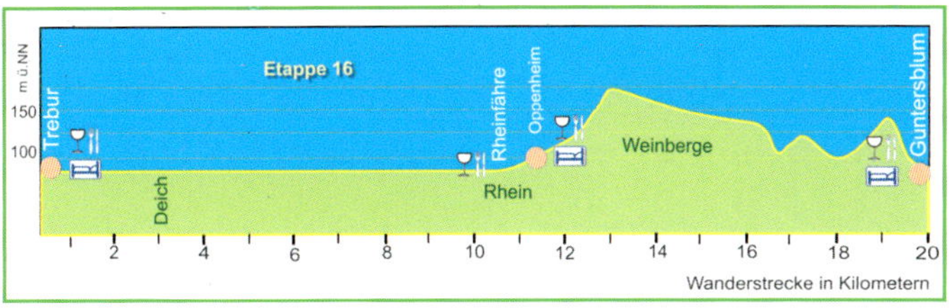

sau zu sehen (2). Der NABU betreibt auf dem Hof ein Naturerlebniszentrum, Ziegen, Hühner und Tauben inklusive, Tel. 06147-204879.

Ca. 700 m hinter dem Ludwigsau-Blick steigt der Lutherweg vom Damm herunter und folgt einem Weg, der auf den Rhein zu führt. 300m weiter, das Rheinufer ist noch nicht in Sicht, wendet sich der Lutherweg nach links und führt im Deichvorland durch das Naturschutzgebiet „Großer Goldgrund bei Hessenaue" (3). Schließlich geht es an einem Aussiedlerhof und einem Campingplatz vorbei zur Siedlung Kornsand, an der der Lutherweg die Oppenheimer Rheinfähre erreicht (4). Am Biker-Treff „Zum Fährstübchen" kann man sich schnell noch ein Getränk zugute führen. Lange Wartezeiten gibt es bei der Fähre nicht. Die Fahrt über den Rhein ist ein Erlebnis.

Von Oppenheim nach Guntersblum

Die Fähre (Fährzeiten www.faehre-nierstein.de) dockt auf der rheinhessischen Seite im Stadtgebiet von Nierstein an. Am Fähranleger wendet man sich links hinauf zur B9, der man auf einem Rad- und Fußweg gut 1 km bis zum Bahnhof von Oppenheim folgt. Mittels einer Bahnüberführung gelangt man in die Bahnhofstraße, die nach ca. 200 m in die Mainzer Straße übergeht.

Nochmals 150 m weiter kommt man an einem Eiscafé und einem mit bronzenen Kröten geschmückten Brunnen vorbei. Schräg gegenüber vom Brunnen befindet sich das Haus Nr. 11/13, ehemals Standort des Gasthofs „Zur Kanne", in dem Luther auf der Hinreise nach Worms übernachtet hat (5). Luther erhielt an diesem Abend Besuch von seinem Freund und Mitstreiter Martin Bucer. Bucer wollte ihn überreden, nicht nach Worms hinein zu fahren, da dies zu gefährlich sei. Luther solle stattdessen mit ihm auf die bei Kreuznach gelegene Ebersburg kommen, wo er in Sicherheit wäre. Dort würde er auf Mitstreiter stoßen, denen der Reichritter von Sickingen Asyl gewähre. Luther ließ sich nicht beirren. Sein Entschluss, nach Worms zu fahren, stand fest.

Ca. 100 m oberhalb von Luthers Quartier biegt man rechts in die Krämerstraße ein, über die man in zwei Minuten den Marktplatz erreicht. Dort lässt es sich auf Café- und Restauranterrassen gut rasten. Danach ist ein Besuch in der über dem Markt gelegenen Katharinenkirche angesagt (6). Die Katharinenkirche ist eine gotische „Kathedrale" mit romanischem Ursprung.

Bestimmt hat Luther dort gebetet. Auch heute ist Luther in der Katharinenkirche noch präsent, auf Glas gemalt und in einem hohen gotischen Fenster gefasst, direkt neben seinem Mitstreiter Philipp

Melanchthon. Die Hochzeit Luthers und die Austeilung des Abendmahls in beiderlei Gestalt sind auf Glas dargestellt. Und hoch oben, im nord-westlichen Querhaus, musiziert Luther im Kreise seiner Familie. Grandios ist die Glasmalerei der Oppenheimer Rose, die seit 1322 das Maßwerk eines Rosettenfensters auf der Südseite des Langhauses ausfüllt. Auch die Lutherrose ist präsent und, zwar im Zentrum des zweiten Rosenfensters, der 1937 neu verglasten „Lilie".

Es gibt noch vieles zu entdecken, nicht nur auf den Kirchenfenstern. Das Katharinenlädchen vor der Kirche hält Informationsmaterial bereit (geöffnet von Ostern-Oktober 11 - 17 Uhr). Am besten ist es, man bucht unter www.katharinen-kirche.de eine Kirchenführung. Auf jeden

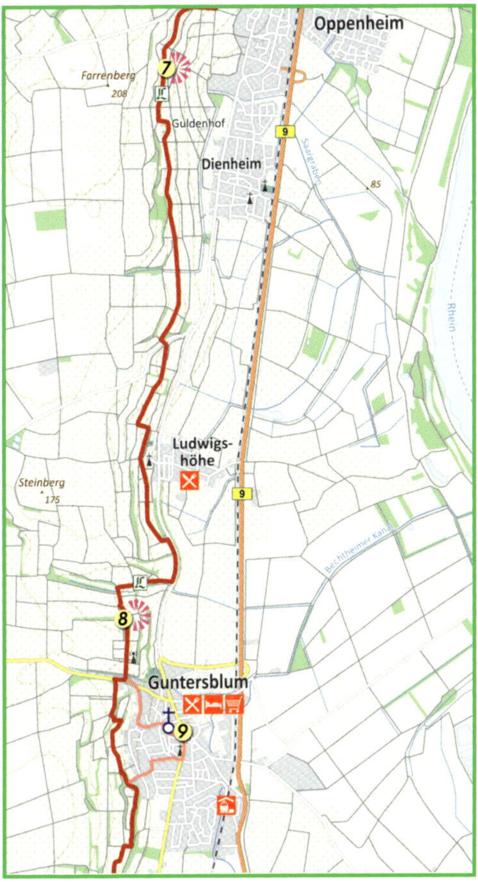

Fall sollte man den Ostturm besteigen (Tickets im Katharinenlädchen). Aus luftiger Höhe geht der Blick hinunter auf die Stadt und weiter über die Weinberge, die sich längs des Rheins in Richtung Worms ziehen. Dort verläuft der Rheinterrassenweg, dem der Lutherweg ab Oppenheim folgt.

Zurück auf den Marktplatz und die Krämerstraße hinauf zum mittelalterlichen Gautor. Hinter dem Tor geht es links über den Amtsgerichtsplatz und gleich darauf zwischen Rebzeilen und dem Friedhof zu einem Fahrweg hinauf. Hier hält man sich links, um nach gut 50 m rechts in einen betonierten Wirtschaftsweg einzubiegen, der in einem großen Bogen durch steile Weinberge führt. Wir befinden uns nun auf dem Rheinterrassenweg, dessen Markierung man sich neben den Lutherwegzeichen anvertrauen kann. Erste Landmarke auf der Strecke Oppenheim – Guntersblum ist der Oppenheimer Krötenbrunnen (7), der einer Großlage seinen Namen gegeben hat. Einen hal-

Wegweiser des Rheinterrassenwegs

Service-Infos Oppenheim

Übernachtung: Vermittelung durch Touristinfo, Merianstr. 2, Tel. 06133-49090
Einkehren: Im Bereich der Altstadt gibt es zahlreiche Cafés und Restaurants
Einkaufen: Nähe Lutherweg: REWE-Markt, Wormserstr. 1; Löwen Apotheke Krämerstr. 2; Sparkasse, Wormserstr. 4,
Ev. Katharinenkirche täglich geöffnet Sommer (Ostern-31.Okt.) 8-18 Uhr, Winter 9-17 Uhr, Tel. 06133-2381
Bahnanschluss: Regionalverkehr auf der Strecke Mainz-Worms .

ben km weiter führt der Rheinterrassenweg hinunter zum Weindorf Ludwigshöhe, wo er jedoch oberhalb des Dorfs bleibt. Hinter Ludwigshöhe bleibt der Weg noch so lange in „Tieflage“, bis ein Tälchen gequert ist.

Danach geht es zum Römerturm hinauf (8), von dem man einen schönen Blick über die Weinberge und zurück nach Oppenheim hat. In der Gegenrichtung ist Guntersblum zu sehen, unser Etappenziel. 300m hinter dem Turm- es geht bergab- trifft man auf eine Landstraße. Der Rheinterrassenweg führt auch hier nicht in den Ort hinein, sondern verläuft oberhalb von Guntersblum durch die Weinberge.

Lutherwegwanderer sollten Guntersblum auf jeden Fall ansteuern, nicht nur wegen der Übernachtung. Man folgt der Landstraße (links) ca. 70 m und biegt dann halbrechts in den Kellerweg ein. Auf der ca. 300 m langen Strecke, die man dem Kellerweg folgt, kommt man an mehreren Kelterhäusern vorbei. An den letzten beiden Wochenenden im August wird hier das Kellerwegfest gefeiert. Kurz bevor der Kellerweg einen Schlenker nach rechts macht, biegt der Lutherwegpilger links in die Julianenstraße ein, die ihn zum Kirchplatz und der ev. Kirche führt. Beeindruckend ist das Westwerk mit ihren zwei Türmen. Der Volksmund nennt sie Heiden- oder Sarazenentürme, weil ihre Helme Anklänge an die Grabeskirche in Jerusalem aufweisen (9). Man geht davon aus, dass Kreuzfahrer nach dem ersten Kreuzzug 1096-99 die Bauherren zu diesem Stil inspiriert haben. Auf der Kirchstraße geht es dann zur Alsheimer Straße, wo es im Weingut Burghof (rechts das erste Haus) eine empfehlenswerte Übernachtungsmöglichkeit gibt. Empfehlenswert ist auch eine Weinprobe im Weingut Schwanenhof der Familie Schuppert (Hauptstraße 8). Dort bekommt man u.a. einen Lutherwein.

Sarazenentürme, Kirche Guntersblum

Service-Infos Guntersblum

Übernachtung: Vermittlung durch Touristinfo des Rathauses, Tel. 06429-902-112, www.guntersblum.eu
Einkehr: Weingut Burghof Oswald, Alsheimer Str. 11; Pizzeria Da Roberto, Kurzer Flurweg 10 gegenüber ALDI; Landhotel Pfälzer Hof, Hauptstr.33; Zum Adler, Marktplatz.
Einkaufen: ALDI und REWE am nördlichen Ortsrand, Im Zentrum: Bäckerei Reuther, Kirchstr. 12; Metzgerei Sekulla, Promenade 22; Sparkasse, Promenade 34; Volksbank, Markplatz,Weingut Schwanhof, Hauptstr. 8 (Lutherwein)
Ev. Kirche, Kirchstr. 2, Pfarrer Hoffmann, Tel. 06249-2366, die Kirche steht täglich von 10-18 Uhr offen. Führung meist auch spontan möglich
Bahnanschluss: Regionalverkehr auf der Strecke Mainz-Worms

17. Etappe

Länge 24 km
Guntersblum nach Worms 35 km

Guntersblum – Abenheim

Am nächsten Morgen folgt man der Alsheimer Straße bis zum Alten Schloss – heute Ortsverwaltung. Dort rechts und ein kurzes Stück auf der Promenade entlang (ein schmaler Grünzug). Dann links in die Schlossstraße und an der nächsten T-Kreuzung wieder links (Götzenstraße). Schließlich rechts in die Straße „Am Weiberdeich" und kurz steil bergan zum Rheinterrassenweg.

Nächstes Ziel ist der Weiler Hangen-Walheim. Dort steht ein kurzer Abstecher auf dem Programm. Hinter dem vorletzten Haus folgt man links einem Weg zur Ruine der Kirche St. Magdalena, der ehemaligen Pfarrkirche des Weilers (1). Danach wandert man ein paar hundert Meter durch einen Hohlweg (2), den die Wagen der Winzer und das Regenwasser in die Lößschichten gefräst haben. Die Hohlwege, von denen es hier früher viele gab, stellen ein Refugium für die bedrohte Tier- und Pflanzenwelt dar. Hummeln, Bienen und Wespen graben in die lockeren aber standfesten Lößwände ihre Brutröhren. Auch Füchse, Kaninchen und Eulen nutzen die Steilwände zur Anlage von Kinderstuben.

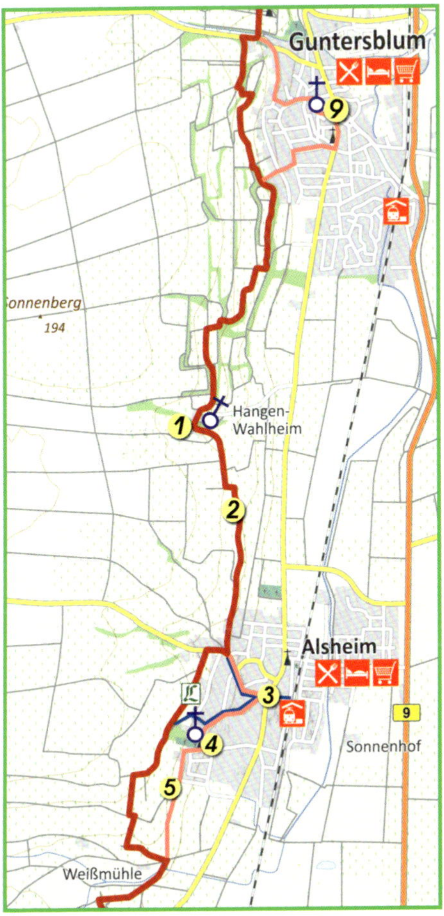

In der Mühlstraße von Alsheim gibt es eine weitere Heidenturmkirche zu bestaunen. Leider touchiert der Rheinterrassenweg Alsheim nur kurz. Der Wanderweg führt ein gutes Stück oberhalb der Heidenturmkirche durch die Weinberge. Wer zur Kirche will, der folgt dem markierten Zuweg (gelbe Markierung) zum Bahnhof. Über die Mehlpfortenstraße und die Mittelgasse gelangt man zum Fachwerkrathaus (3), womit man zugleich

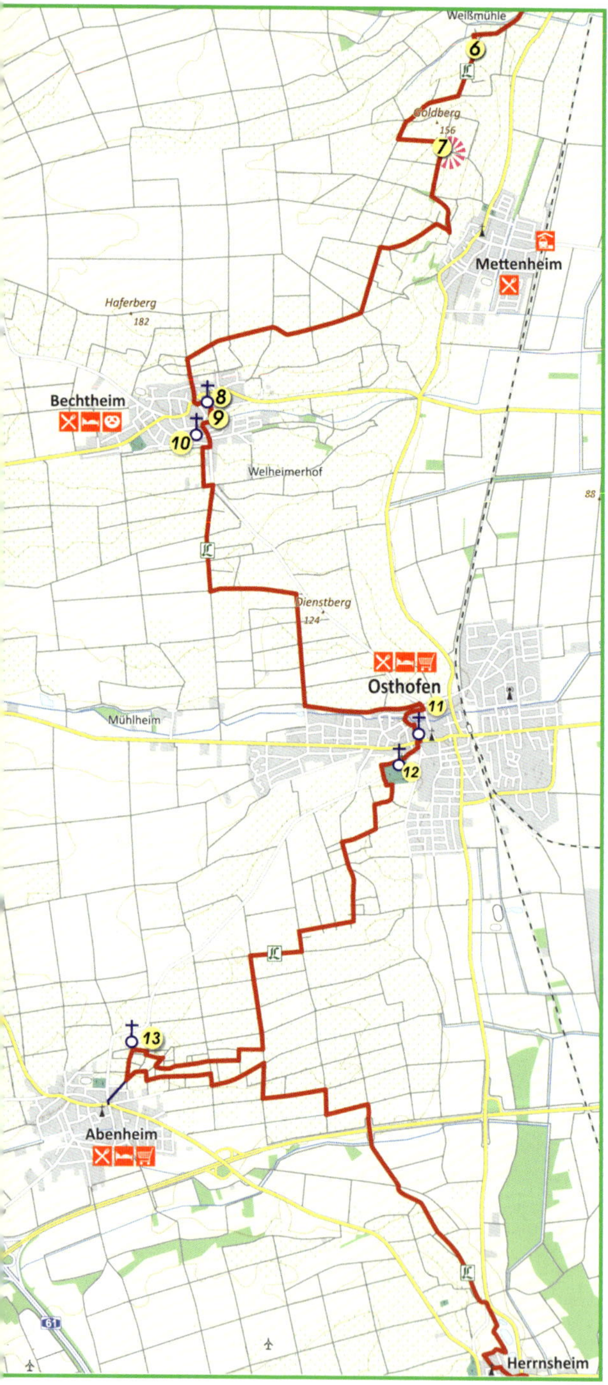

in der Ortsmitte wäre. Nun heißt es kehrt Marsch. Über den südlichen Bahnhofszuweg, der kurz hinter dem Rathaus links der Taubertstraße folgt, geht es zur Mühlestraße. Man folgt der Mühlestraße (links) zur Heidenturmkirche (4), hinter der sich ein alter Parkfriedhof erstreckt.

Hinter der Heidenturmkirche der Straße Kellerpfad folgen. Dort, wo die Straße nach links schwenkt, geradewegs auf eine Treppe zu, zwischen zwei Häusern hindurch, dann links auf einem Efeupfad, später auf einem Wirtschaftsweg, zu der bemerkenswerten Gaststätte und Kleinkunststation „Zum alten Kelterhaus" (5) (geöffnet Mi-Sa ab 17 Uhr, So bei schönem Wetter ab 11 Uhr). Über einen am Fuß der Weinberge verlaufenden Grasweg gelangt man in wenigen Minuten zum Rheinterrassenweg, der dort vom Berg herunter kommt.

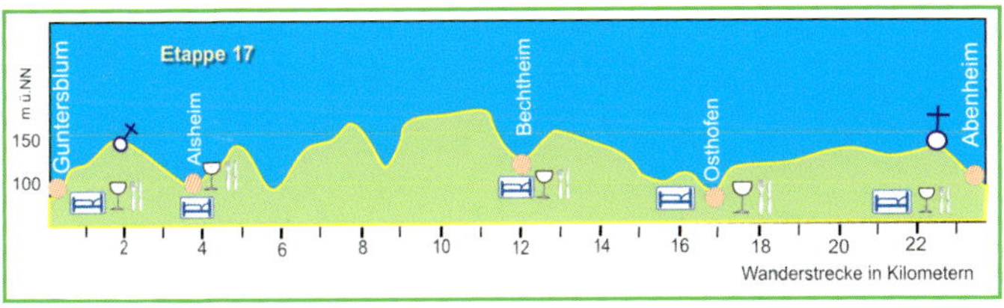

Service-Infos Alsheim
Übernachtung: Gasthof Hubertushof, Mainzerstr. 1, Tel. 06249-5095
Einkehr: Hubertushof; Gasthaus zur Stadt Columbus, Bahnhofstr. 1; Marie´s Scheune, Kesselgasse 5; Zum alten Kelterhaus, am südwestl. Ortsrand
Einkaufen: Bäckerei Reuther, Bachstr. 14; Metzgerei Briese, Bachstr. 51; Goldberg-Apotheke, Bachstr. 26; EDEKA- u. Lidl-Markt, Gimbsheimer Str.
Ev. Kirche St. Bonifatius, Kellerpfad 7, Pfarrer Nollert, Tel. 06249-5193 u. Wein- u. Kulturbotschafterin Melitta Schleich, Tel. 06249-5192, Gruppen-Führungen
Bahnanschluss: Regionalverkehr auf der Strecke Mainz-Worms

Wir folgen nun wieder dem Terrassenweg. Zunächst geht es durch ein Tälchen, in dem die alte Weissmühle steht. Dann taucht der Terrassenweg in die Goldberghohl (6) ein, über die man wieder an Höhe gewinnt. Der Goldberg wird überschritten und ein Aussichtspunkt erreicht (7). Danach geht es abwärts und man denkt schon, dass der Weg hinunter nach Mettenheim führt. Doch kurz vor dem Ort vollführt der Rheinterrassenweg eine Spitzkehre und steigt wieder auf die Höhe. Der Weg verläuft jetzt in westlicher Richtung über einen flachen Höhenzug. Dennoch ist das Gelände komplett mit Reben bestanden. Man wandert durch die Großlage Bechtheimer Pilgerpfad und bald kommt auch der Weinort Bechtheim in Sicht.

Bechtheim hat neben seinen Weingütern drei herausragende Sehenswürdigkeiten zu bieten: Die romanische Basilika Kirche St. Lambert (katholisch) (8) und zwei alte Waschbrunnen, den Lambertus- und den Aegidiusbrunnen (9). In den tief in den Boden eingelassenen Brunnenarealen haben die Bechtheimer Frauen früher Wäsche gewaschen. Wenn Pilger durch Bechtheim kamen, wuschen sie sich in diesen Brunnen, um dann äußerlich und innerlich rein unter der Reliquie in der Lambertuskirche durchzuschreiten. Über die Aegidius- und die Riedbachstraße geht es zur Martin-Luther-Straße. Dort steht seit dem Jahr 1910 die ev. Kirche Bechtheims (10). Von 1700-1908 wurde die Lambertkirche von beiden Konfessionen genutzt. Ein Eisengitter trennte den lutherischen vom katholischen Teil der Kirche. Die Orgel in der ev. Kirche stammt aus der Lambertkirche. Weiter geht's über die Kuhpfortenstraße zum Ort hinaus und durch Weinfelder nach Osthofen.

Service-Infos Bechtheim
Übernachtung: Gästehaus Weinreich, Riederbachstr. 33, Tel. 06242-7675; weitere siehe www.bechtheim.de
Einkehren: Weinhaus Lohmann, Steig bei der Warte 16, Tel. 06242-3231; Pizzeria Sole Mio, Heßlocher Str. 15, Tel.06242-3877
Einkaufen: Bäckerei Tempel, Neugasse 12; VR-Bank, Winzerstr. 5
Kath. Kirche St. Lambert Kirchgasse 3, Pfarramt Osthofen, Tel. 06242-1434
Ev. Kirche, Am Markt 3, Tel. 06242-1504

Osthofener Weinberghäuschen

Osthofen

Das erste, was man von Osthofen zu Gesicht bekommt, ist das mächtige Gebäude eines Weinproduzenten. „Chapeau vom Dalberg" steht auf dem Dach. Vor dem Gebäude wendet sich der Rheinterrassenweg nach links und folgt einer ehemaligen Bahntrasse. Über 1 km geht es so am nördlichen Rand des Ortes entlang, bis man auf die Verbindungsstraße Bechtheim-Osthofen gelangt, hier Bechtheimer Hohl genannt. Über dem Rand der Hohl schaut das Wahrzeichen Osthofens hervor, ein romantisches Weinberghäuschen, mit dem Namen Leckzapfen (11). Der Rheinterrassenweg schlägt rechts einen Bogen um zwei Häuser und folgt dann der Walter-Rathenau-Straße. Kurz nachdem man den Seebach gequert hat, geht es links in die Straße „Altbach", die in einen Fußweg übergeht, der am Bach entlang führt. Hier biegt man rechts in die Tempelgasse ein und, nach einer Linkskurve, rechts in das Tempelgässchen, auf dem man zur Hauptstraße von Osthofen gelangt, der Friedrich-Ebert-Straße. Man quert die Hauptstraße, wendet sich nach rechts und biegt ein paar Schritte weiter in die Straße „Am Schneller" ein und 30 m weiter rechts in die Straße „Kirchberg", die zur ev. Kirche hinaufführt. Die Kirche ist von einem großen Friedhof umgeben, in dem es viele alte Grabsteine zu sehen gibt (12). Der Rheinterrassenweg schlägt entgegen dem Uhrzeigersinn einen Halbkreis um den Friedhof.

Service-Infos Osthofen
Übernachtung und Einkehr: Landhotel „Zum Schwanen", Friedrich-Ebert- Str. 40, Tel. 06242-9140; „Zum weißen Roß", Friedrich-Ebert- Str. 50, Tel. 06242-911410,
Einkaufen: Bäckerei Scheubeck, Friedrich-Ebert-Str. 37; Unteres Backhaus, Friedrich-Ebert-Str. 20; Metzgerei Kratz, Friedrich-Ebert-Str.18; VR-Bank, Friedrich-Ebert-Str. 15; Sparkasse, Friedrich-Ebert-Str. 19
Ev. Bergkirche: Auf dem Kirchberg, Gemeindebüro, Tel. 06242 -91921
Bahnanschluss: Regionalverkehr auf der Strecke Mainz-Worms

Nun geht es wieder längere Zeit durch Rebflächen, zumeist auf einem relativ ebenen Hochplateau. Nur einmal geht es kurz in ein Tälchen hinunter. Dort, wo sich das Plateau nach Süden zu in das Greisbachtal senkt, wendet sich der Terrassenweg nach rechts, also nach Westen, womit er auf die Weinbergskapelle St. Michael auf dem Klausenberg (13) zusteuert. An der Kapelle führt ein Kreuzweg hinunter nachWorms-Abenheim, wo es Übernachtungsmöglichkeiten gibt.

Service-Infos Abenheim
Übernachtung: Gästehaus und Weingut Cleres, Wonnegaustraße 59, Tel.: 06242/99772; Hotel Falkenhof, Wonnegaustr. 102, Tel. 06424-2427; Pension an der Linde, Fronstr. 1, Tel. 06424-9129930;
Einkehren: Zum Klausenberg, Wonnegaustr. 68; Pizzeria „Don Camillo“, Rathausstraße 28; Pizzeria „Zum Danni“, Welschgasse 28
Einkaufen: Bäckerei Bunn, Rathausstr. 30; Unteres Backhaus, Wonnegaustr. 41; Metzgerei Schwan, Klausenbergstr. 6; Nutzkauf Supermarkt, Wonnegaustr. 53
Kath. St. Bonifatius - Kirche: An der Kirche 4, tägl. geöffnet, Tel. 06242-2429
St.-Michael-Kapelle auf dem Klausenberg: geöffnet Mai-Sept. jeden 2. So im Monat 15-17 Uhr

18. Etappe

Länge 11 km

Abenheim – Worms-Zentrum

Die letzte Etappe nach Worms steht an. Der Rheinterrassenweg steigt zunächst wieder in Richtung Klausenbergkapelle hinauf. Doch vor dem Kirchlein wendet er sich nach rechts und führt auf halber Hanghöhe in östlicher Richtung. Mit etwas Zickzack geht es schließlich in das breite Greisbachtal hinunter. Das Tal, eine Schnellstraße und die Trasse einer ehemaligen Bahnlinie werden gequert. Dann geht es durch Rebflächen auf Worms-Herrnsheim zu. Eine Straße noch, dann führt der Rheinterrassenweg in den kunstvoll angelegten Park von Schloss Herrnsheim. Das Schloss kommt mit seinem olivgrünen Anstrich und dem Empire-Stil auf britische Art etwas steif daher. Dagegen wirkt das anschließende Barockensemble eher „heimelig“ und bodenständig. Neben einer bemerkenswerten Gastronomie gibt es hier die Wonnegauer Ölmühle und das exquisite Atelier einer Modekünstlerin zu entdecken.

Der Rheinterrassenweg endet am Schloss Herrnsheim. Weiter geht’s einer Zugwegmarkierung nach, die zum Wormser Hauptbahnhof führt. Von dort ist es nicht mehr weit bis zum End- oder Startpunkt des Lutherwegs, der ev. Magnuskirche, die ganz in der Nähe des Wormser Doms steht.

Vom Schloss Herrnsheim zum Wormser Hauptbahnhof

Keine 50 Meter hinter dem Schlosstor biegt der Lutherweg links in die Kettengasse ein. Und keine 100 m weiter wendet er sich nach rechts und folgt der Schillerturmstraße zur Straße „Am Untertor“,

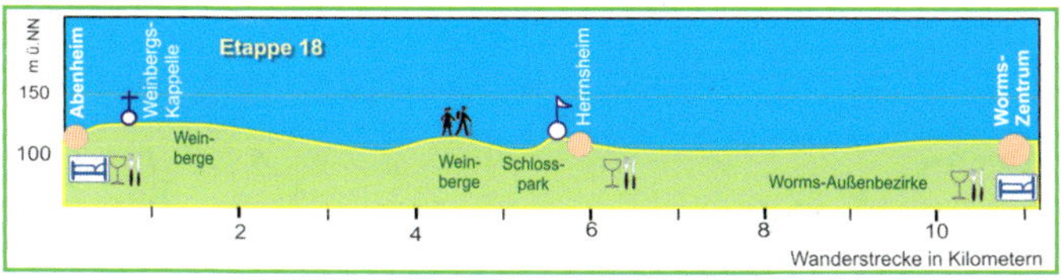

Wormser Lutherdenkmal

auf der es links zum Ortsrand geht. Hier stößt man auf einen Rad- und Fußweg, der auf einer ehemaligen Bahntrasse verläuft. Der Lutherweg folgt dem Trassenweg (rechts) in den Wormser Ortsteil Neuhausen, um dessen historischen Ortskern ein großer Siedlungskomplex mit Wohnblocks entstanden ist. Der Lutherweg führt durch die Siedlungen hindurch, wobei er über eine weite Strecke dem Flüsschen Pfrimm folgt. Am Ende des Radwegs folgt man zunächst der Schäferstraße gut 100 m Richtung Ortskern. Dann biegt man links in die Nikolaus-Reuss-Straße ein, die auf einen Bahndamm zu führt. Dort hält man sich rechts und folgt einem Fußweg, der in die Schoppstraße übergeht. Man erreicht die Pfrimm, die man sogleich auf einer Fußgängerbrücke überquert. Am anderen Ufer hält man sich rechts und folgt einem Weg, der an dem Flüsschen entlang führt. Die Gaustraße wird gequert. Man folgt der Talstraße, der Lohstraße und der Pfrimmanlage zur Von-Steuben-Straße, eine der großen Ausfallstraßen von Worms. Hier sagt man der Pfrimm Ade. Man wendet sich nach links und folgt der Von-Steuben-Straße zum Auxerreplatz, hinter dem sich das Gelände des Hauptbahnhofs befindet. Dann geht es unter den Gleisen hindurch zum Bahnhofsvorplatz.

Vom Hauptbahnhof zum Dom und der ev. Magnuskirche

Am Bahnhof endet die Zuwegmarkierung des Rheinterrassenwegs. Der Weg zum Wormser Dom ist jedoch leicht zu finden. Als erstes folgt man der Wilhelm-Leuschner-Straße, einer Fußgängerzone zum Lutherring, der mit Hilfe einer Ampel gequert wird. Man befindet sich jetzt unmittelbar vor den Toren der Altstadt, und zwar in einem Grünzug, der auf den einstigen Wallanlagen der Stadt entstanden ist. Rechts, inmitten des Stadtgrüns, befindet sich das monumentale Lutherdenkmal: Luther, flankiert von Friedrich dem Weisen und Philipp dem Großmütigen, dazu weitere Persönlichkeiten der Reformation.

Der Lutherweg führt direkt am Denkmal vorbei zur Stephansgasse, wo sich der Eingang zum Kunsthaus Heylshof befindet. Man passiert das schmiedeeiserne Tor und das Kunsthaus und gelangt so in den Heylspark, hinter dem der Dom aufragt. Hier, wo heute Bäume wachsen und Rasen grünt, standen einst die Gebäude des Bischofshofs, in denen Luther seine Schriften verteidigte. Auf der Ostseite des Parks befinden sich zwei schlichte Tafeln. Auf der einen steht „Aula maior, der große Saal“, auf der anderen „Hier stand vor Kaiser und Reich Martin Luther 1521“. Man könnte denken, damit am Ziel der Pilgerfahrt zu sein. Aber es stehen noch drei Stationen an.

Als erstes geht es zu der Anfang des 18. Jahrhunderts errichteten Dreifaltigkeitskirche. Man steigt die Treppe am Dom hinab, folgt einer Zufahrt zur Straße „Marktplatz“ und quert halblinks hinüber zum Siegfriedbrunnen. Vom Brunnen zum Portal der Kirche sind es nur ein paar Schritte. Man befindet sich jetzt im Bereich des ehemaligen Bürgerhofs, dem Sitz der städtischen Gremien. Lange Zeit gingen die Stadtväter davon aus, dass Luther im Bürgerhof vor dem Kaiser gestanden hat. Und so errichtete man getreu der evangelischen Gesinnung der Wormser auf dem Gelände des Bürgerhofs eine Reformationskirche, die man Dreifaltigkeitskirche nannte. Leider wurde die Kirche wie auch die gesamte Altstadt im Zweiten Weltkrieg ein Opfer des Bombenhagels. Ende der 50er Jahre hat man die Dreifaltigkeitskirche wieder aufgebaut, außen im Barockstil, innen in moderner Form. Und obwohl man inzwischen weiß, dass Luther seine Schriften im nahen Bischofshof verteidigt hat, schmückt seit dem Wiederaufbau ein großes Mosaik von Luthers Auftritt vor Kaiser Karl V. den Orgelprospekt.

Dreifaltigkeitskirche

Weiter geht's, jetzt in der entgegengesetzten Richtung, vom „Marktplatz“ zum „Neumarkt“ und dort bis zum Abzweig der Andreasstraße (rechts), der man zum Domplatz folgt. Nun ist der katholische Dom St. Peter an der Reihe. Auch den muss der evangelische Pilger von außen und von innen in Augenschein nehmen. Zu guter Letzt geht es zum offiziellen End- oder Startpunkt des Lutherwegs, der evangelischen Magnuskirche, die sich südlich des Doms in der Dechaneigasse befindet, direkt hinter der Jugendherberge. Die Magnuskirche ist eine über 800 Jahre alte romanische Basilika, in der bereits ein Jahr nach Luthers Auftritt auf dem Reichstag evangelisch gepredigt wurde. In einer Meditationsinsel in der Kirche kann der Pilger seine Fahrt Revue passieren lassen oder, wenn er von Worms aus startet, seine Gedanken auf sein Ziel, die Wartburg, ausrichten.

Service-Infos Worms
Übernachtung: Vermittlung durch Tourist Information, Tel. 06241-8537306
Einkehr/Einkaufen: Im Bereich der City gibt es zahlreiche Möglichkeiten zur Einkehr und zum Einkaufen
Ev. Dreifaltigkeitskirche: Marktplatz 12, tagsüber geöffnet, Tel. 06241-23917; Kath. Dom St. Peter, geöffnet im Sommerhalbjahr 9-18 Uhr, Winterhalbjahr 10 - 17 Uhr, Tel. 06421-26527
Ev. Magnuskirche: Dechaneigasse 2 (nähe Dom), geöffnet 8 - 17 Uhr, Tel. 06421-23978
Bahnanschluss: Regionalverkehr in alle Richtungen

Start zur Pilgerfahrt Worms - Wartburg

1. Etappe

Länge 11 km
Worms zur Wartburg 356 km (Ostroute)

Worms-Zentrum - Abenheim

Start ist an der ev. Magnuskirche. Von dort geht es über die Dechaneigasse zum nur 150m entfernten Dom St. Peter. Nach Besichtigung des katholischen Doms steht die evangelische Dreifaltigkeitskirche, die Reformationskirche von Worms, auf dem Programm. Man erreicht die Dreifaltigkeitskirche über die Andreasstraße, den Neumarkt (links) und den Marktplatz. Zur Bedeutung der Kirche siehe Seite 81. Nach dem Kirchgang quert man die Straße „Marktplatz" und folgt einer Zufahrt zum Schlossplatz. Über eine Treppe zwischen dem Dom (links) und dem Heylsschlösschen (rechts) gelangt man in den Heylspark, wo die Gebäude des Bischofhofs standen. Hier fand Luthers Verhör statt. Hier trat Luther vor den Kaiser und die Reichsfürsten. Ein Kiesweg führt zu drei Tafeln, die die Stelle markieren, an der Luther beim Verhör und bei der Verweigerung des Widerrufs stand.

Man verlässt den Park indem man auf das Kunsthaus Heylshof zusteuert, ein an der Nordwestecke des Parks gelegene neobarocke Villa. Der Lutherweg führt links am Kunsthaus vorbei auf die Stephansgasse, die ampelgesichert gequert wird. Dann geht es parallel zum Lutherring durch einen Grünzug, in dem das imposante, 1868 eingeweihte Lutherdenkmal steht. Knapp 50 m weiter wendet man sich nach links und quert, wiederum durch eine Ampel gesichert, den verkehrsreichen Lutherring. Danach folgt man geradewegs der Wilhelm-Leuschner-Straße (Fußgängerzone) zum Hauptbahnhof.

Vom Bahnhof aus bis zum Schloss Herrnsheim ist der Weg mit dem gelben Zuwegzeichen des Rheinterrassenwegs markiert. Am Bahnhofsgebäude hält man sich rechts, womit man zu einer Gleisunterführung gelangt, die den Lutherwegpilger zum Auxerreplatz führt. Von dort aus geht es auf dem rechten Bürgersteig der breiten Von-Steuben-Straße bis zum Flüsschen Pfrimm. Unmittelbar vor der Brücke wendet man sich nach rechts und folgt dem Flüsschen über einen von Platanen gesäumten Parkweg. Der Weg geht in die ruhige Lohstraße über, auf die die Talstraße folgt. Nachdem man die verkehrsreiche Gaustraße gequert hat, verläuft der Lutherweg auf einem

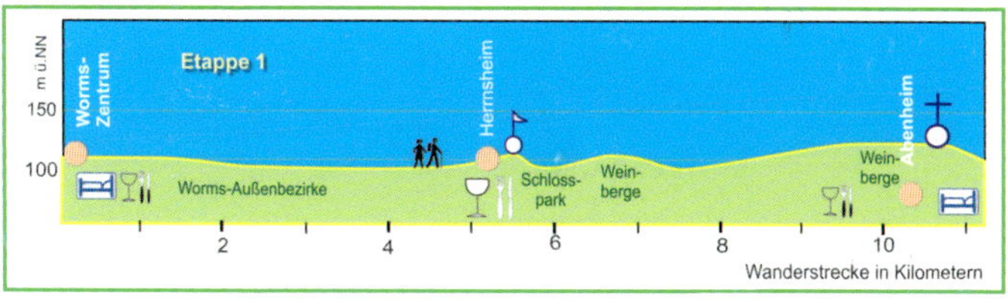

Wormser Dom

Fußweg, der direkt am Ufer der Pfrimm entlang führt. Achtung! Nicht die Fußgängerbrücke verpassen, die 300 m weiter über das Flüsschen führt. Am anderen Ufer wendet man sich rechts und folgt der Schoppstraße, die in einen Fußweg übergeht. Nach ca. 100 m biegt man links ab. Man gelangt so in die Nikolaus-Reuss-Straße, die auf die Schäferstraße mündet. Dort wendet man sich nach rechts und folgt der Schäferstraße, bis links ein Rad- und Fußweg abzweigt. Dieser Weg, der auf einer ehemaligen Bahntrasse verläuft, führt den Lutherwegpilger in den Wormser Ortsteil Herrnsheim.

Nach ca. 2 km heißt es aufpassen, dass man den Weg in den Ort nicht verpasst. Dort, wo der Radweg die Straße „Fahrweg" quert, hält man sich links und folgt kurz darauf geradewegs der Straße „Am Untertor". Der Lutherweg führt nun durch die Gassen von Alt-Herrnsheim zum Herrnsheimer Schloss, und zwar über die Schillerturmstraße (rechts), die Kettengasse (links). An deren Ende geht es rechts zum Tor des Herrnsheimer Schlosses.

Am Schloss beginnt der Rheinterrassenweg, dem der Lutherweg bis Worms folgt. Man hat am Schloss zwei Möglichkeiten zur Einkehr. Dann geht es durch den Schlosspark hinaus in die freie Flur, die zum großen Teil von Rebflächen eingenommen wird. Das Grailsbachtal wird gequert, dann wandert man durch hängige Reblagen nach Abenheim, dem Ziel der ersten Etappe. Wer an diesem Tag angereist ist und sich Worms angeschaut hat, wird froh sein, die erste Etappe hier beschließen zu können.

Wer sich noch nicht ausgelastet fühlt, kann unter Umgehung von Abenheim bis Osthofen oder Bechtheim weiter laufen. In beiden Orten gibt es Übernachtungsmöglichkeiten. Man hat so am nächsten Tag mehr Zeit für den besonders schönen Streckenabschnitt Bechtheim-Guntersblum. Zudem spart man gut 4 km (siehe Karte).

Service-Infos Abenheim
Übernachtung: Gästehaus und Weingut Cleres, Wonnegaustraße 59, Tel. 06242-99772; Hotel Falkenhof, Wonnegaustr. 102, Tel. 06424-2427; Pension an der Linde, Fronstr. 1, Tel. 06424-9129930
Einkehren: Zum Klausenberg, Wonnegaustr. 68; Pizzeria „Don Camillo", Rathausstr. 28; Pizzeria „Zum Danni", Welschgasse 28
Einkaufen: Bäckerei Bunn, Rathausstr. 30; Unteres Backhaus, Wonnegaustr. 41; Metzgerei Schwan, Klausenbergstr. 6; Nutzkauf Supermarkt, Wonnegaustr. 53
Kath. St. Bonifatius-Kirche: An der Kirche 4, tägl. geöffnet, Tel. 06242-2429; St.-Michael-Kapelle auf dem Klausenberg, geöffnet Mai-Sept. jeden 2. So im Monat

2. Etappe

Länge 24 km
Abenheim zur Wartburg 345 km (Ostroute)

Abenheim – Guntersblum

Wer in Abenheim übernachtet, steigt am nächsten Morgen über Rebfluren einen Kreuzweg zur Klausenkapelle (1) hinauf. Dann wandert man durch das weite Rebland Richtung Osthofen. Nach gut 1 Stunde stößt man auf den Friedhof der Ostheimer Bergkirche, über den der Rheinterrassenweg bzw. der Lutherweg links herum führt. Es lohnt ein Blick in den Friedhof, wo ungewöhnliche viele alte Grabsteine stehen (2). Auf der Straße Kirchberg gelangt man hinunter in den Ort. An der katholischen Kirche wird die Friedrich-Ebert-Str. gequert. Ein paar Schritte nach rechts, zum Pfarrhaus, dann biegt man links in das Tempelgässchen ein und kurz darauf nochmals links in die Tempelgasse. Am Ende der Gasse links und auf der Straße „Altbach“ zur Walter-Rathenau-Straße, der man rechts bis zur Ortsverbindung Osthofen-Bechtheim folgt. Diese führt durch einen alten Hohlenweg den Berg hinauf. Über dem Rand der Hohle schaut das Wahrzeichen Osthofens hervor, ein Weinberghäuschen, mit dem Namen Leckzapfen (3). Der Rheinterrassenweg führt links um zwei Häuser herum

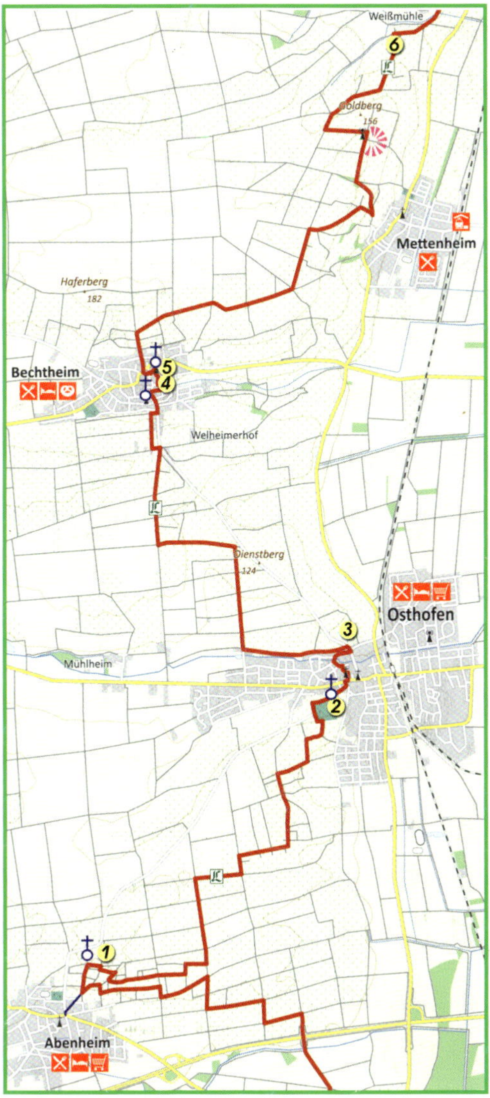

und folgt dann einem Fußweg, der auf einer ehemaligen Bahntrasse verläuft. Nach ca. 1 km biegt der Rheinterrassenweg rechts ab und steuert durch die Weinberge auf Bechtheim zu.

Service-Infos Osthofen
Übernachtung und Einkehr: Landhotel „Zum Schwanen", Friedrich-Ebert- Str. 40, Tel. 06242-9140; „Zum weißen Roß", Friedrich-Ebert- Str. 50, Tel. 06242-911410,
Einkaufen: Bäckerei Scheubeck, Friedrich-Ebert-Str. 37; Unteres Backhaus, Friedrich-Ebert-Str. 20; Metzgerei Kratz, Friedrich-Ebert-Str.18; VR-Bank, Friedrich-Ebert-Str. 15; Sparkasse, Friedrich-Ebert-Str. 19
Ev. Bergkirche Auf dem Kirchberg, Gemeindebüro, Tel. 06242 -91921
Bahnanschluss: Regionalverkehr auf der Strecke Mainz-Worms

Kurz nachdem man über die Kuhpfortenstraße in Bechtheim eingezogen ist, erscheint linker Hand der Turm der ev. Kirche, ein neoromanischer Bau, der 1910 geweiht wurde. Zuvor hatten Katholiken und Protestanten über 200 Jahre die in der Dorfmitte stehende Basilika St. Lambertus gemeinsam genutzt. Der Rheinterrassenweg steuert auf St. Lambertus zu: zunächst rechts über die Riederbachstraße, dann links über die Aegidiusstraße, wo man auf einen alten Waschbrunnen (4) stößt. Hier haben früher die Bechtheimer Frauen die Wäsche gewaschen. Hier wuschen sich Pilger, um gereinigt unter der St. Albertus-Reliquie entlang zu schreiten. Vom Brunnen aus geht es geradewegs in eine Gasse, die nach ein paar Metern rechts abknickt. Ein paar Schritte in der geänderten Richtung nur, dann wendet sich der Terrassenweg nach links und führt über öffentliches Grün auf eine Treppe zu, über die man auf den Kirchhof von St. Lambertus gelangt (5). Die in ihrer Gestalt recht ursprünglich wirkende Basilika steht tagsüber offen. Weiter geht´s von der Kirche zum Marktplatz und dort rechts über den „Steig bei der Warte" wieder hinauf in die Weinberge.

Basilika St. Lambertus, Bechtheim

Halt! Wer noch einen weiteren Waschbrunnen sehen will, den Lambertusbrunnen, unternimmt am Abzweig Ludwigstraße einen kurzen Abstecher nach rechts.

Service-Infos Bechtheim
Übernachtung: Gästehaus Weinreich, Riederbachstr. 33, Tel. 06242-7675; weitere siehe www.bechtheim.de
Einkehren: Weinhaus Lohmann, Steig bei der Warte 16; Pizzeria Sole Mio, Heßlocher Str. 15
Einkaufen: Bäckerei Tempel, Neugasse 12; VR-Bank, Winzerstr. 5
Kath. Kirche St. Lambert, Kirchgasse 3, Pfarramt Osthofen, Tel. 06242-1434
Ev. Kirche, Am Markt 3, Tel. 06242-1504

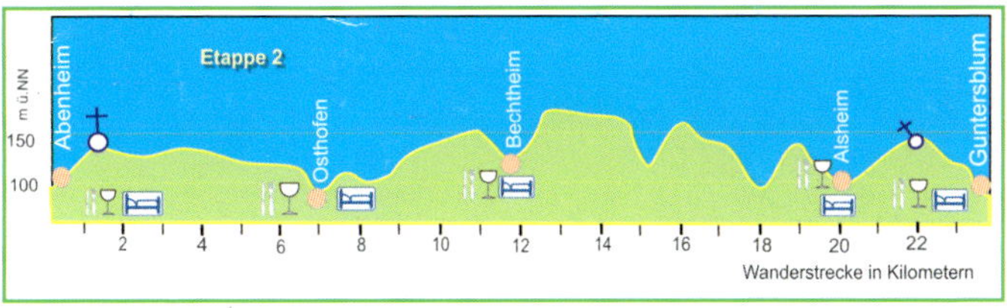

Hinter Bechtheim zieht sich der Rheinterrassenweg auf einen Höhenrücken hinauf, der komplett mit Reben bestanden ist, ein Rebenmeer mit der Lagenbezeichnung „Gotteshilfe". An einer Stelle hat man am Wegrand Rebstöcke verschiedener Traubensorten gepflanzt. Nach dieser Besonderheit, die Teil des Bechtheimer Weinlehrpfades ist, wieder gleichförmige Rebstockreihen, soweit das Auge reicht. Schließlich erscheint am Horizont die Silhouette des Odenwaldes. Das Rheintal kommt in Sicht, und so heißt die dortige Weinlage auch passend „Rheinblick".

Gut 500 m nach einem Linksschwenk heißt es aufpassen! Der Rheinterrassenweg zweigt rechts vom asphaltierten Weg ab und führt über einen Grasweg auf den im Rheintal liegenden Ort Mettenheim zu. Kurz vor dem Ort vollführt der Weg eine Spitzkehre und der Wanderer muss den eben gemachten Höhenverlust wieder ausgleichen. Na gut, der Weg ist das Ziel, und der ist hier sehr schön. Zudem gibt es auf der Höhe eine Schanze mit Bank und Aussicht. Über die nach Norden gerichteten Hänge des Goldberges geht es wieder bergab. Man wandert durch die Goldberghohl (6), deren Steilwände die Karren der Winzer in den Lößlehm gegraben haben. Hinter dem Hohlweg quert der Rheinterrassenweg ein Seitental und steigt dann erneut die Rheinfront hinauf, aber nicht bis an die Oberkante. Er verläuft vielmehr auf halber Höhe oberhalb des Weindorfs Alsheim. Ein beschilderter Abzweig führt rechts hinunter ins Dorf und dort weiter zum Bahnhof. Auch der Originalweg führt schließlich nach Alsheim hinunter, wobei er den Ort allerdings nur streift.

Wer sich traut, einem Grasweg am Fuße der Weinberge zu folgen, kann den erneuten Anstieg vermeiden. Abkürzer werden noch in anderer Hinsicht belohnt. Als erstes stößt man auf das „Alte Kelterhaus", eine bemerkenswerte Gaststätte und zugleich Kleinkunststation (7). Man hält sich weiter geradeaus. Der Weg wird zu einem schmalen, von Efeu gesäumten Pfad, der sich nach rechts wendet und über eine Treppe auf die Straße „Kellerpfad" hinunter führt. Man hält sich geradeaus und biegt nach ca. 100 m links in die Mühlestraße ein. Dort steht auf dem Eckgrundstück die Alsheimer Heidenturmkirche (8). Der Helm des mittelalterlichen Kirchturms hat morgenländische Züge, daher die Bezeichnung Heiden- oder Sarazenenturm (siehe hierzu S. 74). Schön ist auch der alte Parkfriedhof, der sich hinter der Kirche den Hang hinauf zieht.

Weiter geht's auf der Mühlestraße entlang, bis diese in die Langstraße übergeht. Rechts zweigt die Taubertstraße ab. Wer es nicht eilig hat, folgt der Taubertstraße bis zum Fachwerkrathaus (9), womit man zugleich in der Dorfmitte ist. Aufmerksame Wanderer machen

in der Taubertstraße die Zuweg-Markierung des Rheinterrassenwegs aus. Markiert wird der südliche Zugang zum Bahnhof. Am Rathaus macht man kehrt und folgt dem nördlichen Zuweg, der über die Mittelgasse (halbrechts) zur Mehlpfortenstraße und weiter zum Rheinterrassenweg führt.

Service-Infos Alsheim
Übernachtung: Gasthof Hubertushof, Mainzerstr. 1, Tel. 06249-5095
Einkehr: Hubertushof; Gasthaus zur Stadt Columbus, Bahnhofstr. 1; Marie´s Scheune, Kesselgasse 5; Zum alten Kelterhaus, am südwestl. Ortsrand (geöffnet Mi-Sa ab 17 Uhr, So bei schönem Wetter ab 11 Uhr)
Einkaufen: Bäckerei Reuther, Bachstr. 14; Metzgerei Briese, Bachstr. 51; Goldberg-Apotheke, Bachstr.26; EDEKA- u. Lidl-Markt, Gimbsheimer Str.
Ev. Kirche St. Bonifatius, Kellerpfad 7, Pfarrer Nollert, Tel. 06249-5193 u. Wein- u. Kulturbotschafterin Melitta Schleich, Tel. 06249-5192, Gruppen-Führungen
Bahnanschluss: Regionalverkehr auf der Strecke Mainz-Worms

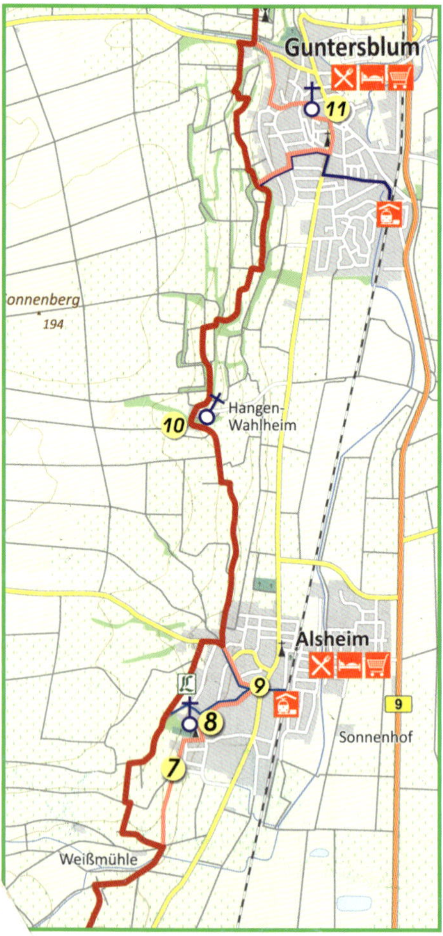

Über den Wahlheimer Weg geht es nun ganz regulär auf dem Terrassenweg Richtung Guntersblum, dem nächsten Etappenziel. Kurz hinter einem Hohlweg wird der Weiler Hangen-Wahlheim erreicht. Direkt vor dem ersten Haus führt rechts ein Stichweg zur Ruine der Kirche St. Magdalena, der ehemaligen Pfarrkirche des Weilers (10).

Guntersblum

Noch ca. 1 ½ km durch die Weinberge, dann steht man oberhalb von Guntersblum. Hier heißt es aufpassen, damit man nicht den Zuweg in den Ort (gelb markiert) verpasst. Der Rheinterrassenweg verläuft nämlich oberhalb des Ortes durch die Weinberge. Der Zuweg und mit ihm der Lutherweg zweigen gut 1 km nachdem man eine Hütte passiert hat, rechts ab. Zunächst geht es kurz steil bergab, dann geradeaus auf der Straße „Am Weiberdeich“ zur nächsten Kreuzung. Dort links in die Götzenstraße und kurz darauf wieder rechts in die Schloßstraße. Man stößt so auf die „Promenade“, eine Grünanlage, hinter der sich das alte Guntersblumer Schloss erhebt, heute Sitz der Gemeindeverwaltung. Hier rechts in die Alsheimer Straße. Man ist nun mitten im Ort. Wer in Guntersblum übernachtet, sollte einen Abendspaziergang durch das Dorf machen. Als erstes muss man sich in der Kirchstraße (sie biegt links von der Alsheimer Straße ab) die ev. Heidenturmkirche anschauen (11) (siehe hierzu S. 74). Wer Lutherwein kaufen möchte, folgt vom Kirchplatz der Julianenstraße auf die Hauptstraße, die rechts in Richtung Schwanhof, dem Weingut der Familie Schuppert, führt.

Service-Infos Guntersblum
Übernachtung: Vermittlung durch Touristinfo des Rathauses, Tel. 06429-902-112, www.guntersblum.eu
Einkehr: Weingut Burghof Oswald, Alsheimer Str. 11; Pizzeria Da Roberto, Kurzer Flurweg 10 gegenüber ALDI; Landhotel Pfälzer Hof; Hauptstr.33; Zum Adler, Marktplatz.
Einkaufen: ALDI und REWE am nördlichen Ortsrand, Im Zentrum: Bäckerei Reuther, Kirchstr. 12; Metzgerei Sekulla, Promenade 22; Sparkasse, Promenade 34; Volksbank, Markplatz,Weingut Schwanhof, Hauptstr. 8 (Lutherwein)
Ev. Kirche, Kirchstr. 2, Pfarrer Hoffmann, Tel. 06249-2366, die Kirche steht täglich von 10-18 Uhr offen. Führung meist auch spontan möglich
Bahnanschluss: Regionalverkehr auf der Strecke Mainz-Worms

3. Etappe

Länge 20 km
Guntersblum zur Wartburg 321 km (Ostroute)

Guntersblum - Trebur

Am nächsten Morgen folgt man von der Heidenturmkirche aus der Julianenstraße (links) in Richtung Weinberge. Man stößt auf den Kellerweg, dem man rechts bis zur Einsheimerstraße folgt. Dort links zum Ortsrand, wo man auf den Rheinterrassenweg trifft. Nun geht es zum Römerturm hinauf (1), einem Aussichtspunkt, von dem aus man die Strecke bis Oppenheim überblickt. Und wie es am Terrassenweg so ist, kaum steht man auf der Höhe, da geht es hinunter ins nächste Tal. Beim Dorf Ludwigshöhe steigt man dann wieder die Rheinfront hinauf, wo man bald auf den Oppenheimer Krötenbrunnen (2) trifft. Man befindet sich dort 80 m über dem Rheintal. Die Hänge sind hier relativ steil und die Weinlagen dementsprechend

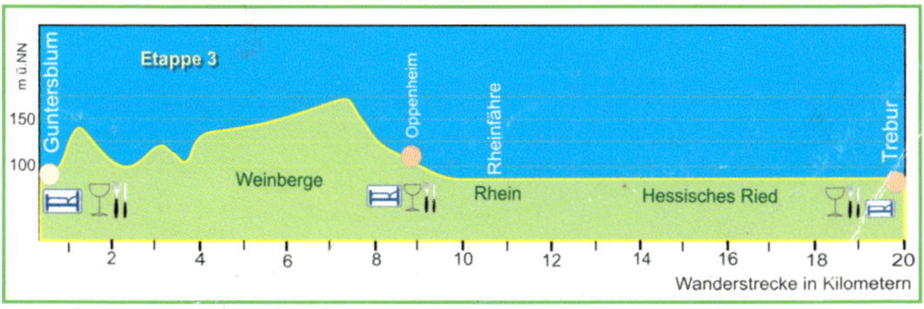

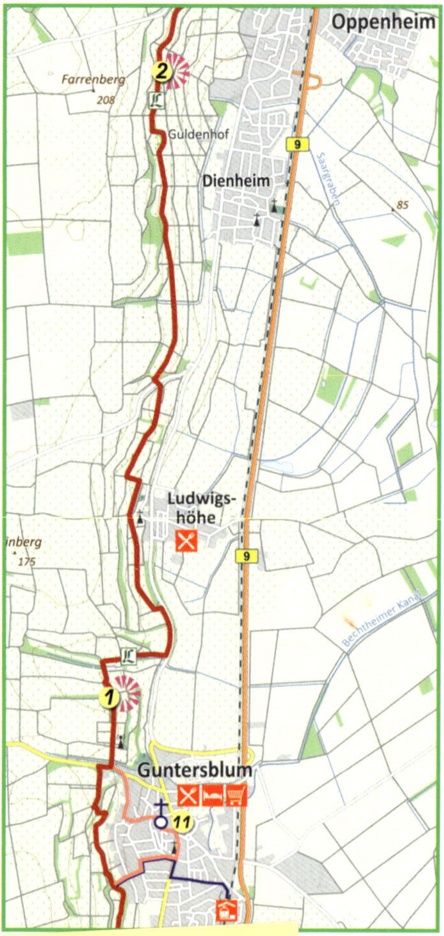

recht gut. Trauben der Einzellagen Herrenberg, Sackträger und Schlossberg bringen Spitzenweine hervor.

Am Brunnen sorgen eine steinere Kröte und ein kleines Ungeheuer für Aufmerksamkeit. Für den Lutherwegpilger sicherlich ebenso interessant ist der Blick auf die markante gotische Kirche, die hinter den Rebzeilen hervorschaut. Gleich einer Kathedrale dominiert sie die Silhouette von Oppenheim. Nicht weit vom Krötenbrunnen stößt man auf eine schmale Straße. Auf ihr links knapp 100 m bergan, dann rechts an einem Friedhof hinunter zum Gautor, durch das man in die Oppenheimer Altstadt gelangt, wo man dem Rheinterrassenweg bzw. seinem Zuweg Ade sagt.

Die Schupperts vom Weingut Schwanhof

Am Marktplatz lässt es sich auf Restaurant- oder Caféterrassen gut rasten. Danach geht es zur Katharinenkirche hinauf (3), einem rheinhessischen Kleinod mit langer Baugeschichte, die im 15. Jh. ihren Abschluss fand. Neben den drei gotischen Hallen (Ostchor, Langhaus und Westchor) sind vor allem die Glasmalereien auf den Fenstern bemerkenswert. Mehr zur Oppenheimer Kirche siehe S. 71 u. 72.

Man kehrt zurück zum Marktplatz und folgt der Krämerstraße hinunter zur Mainzerstraße (links), wo sich einst der Gasthof „Zur Kanne“ befand (Haus Nr. 11/13) (4).

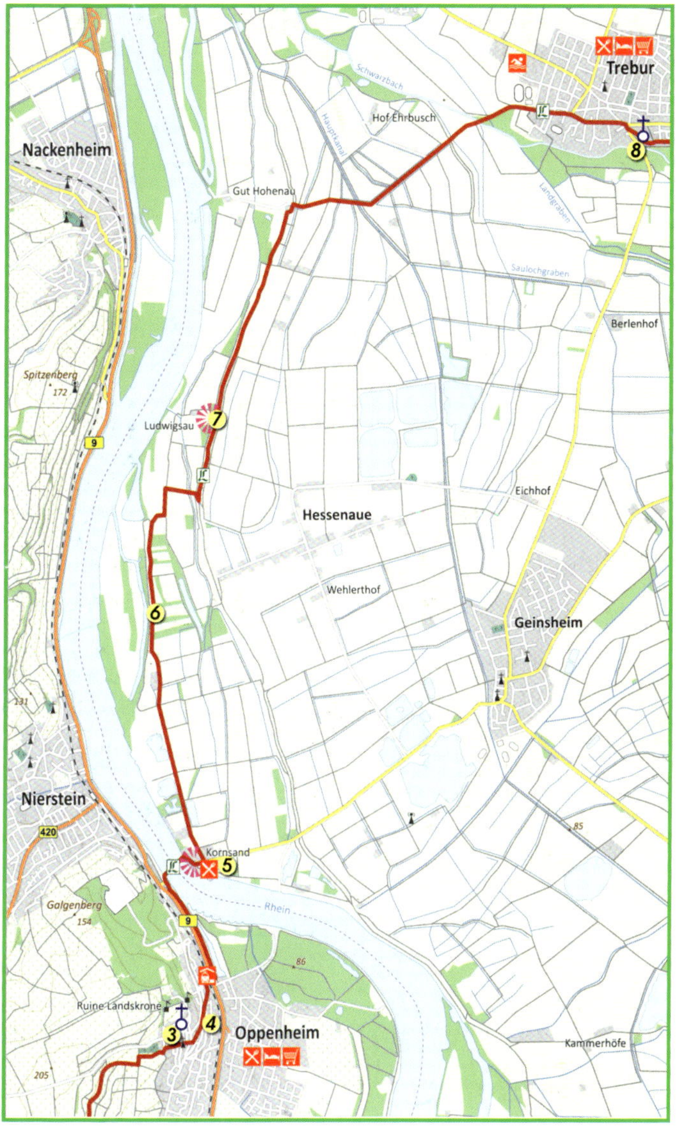

Luther hat auf der Hinreise im Gasthof „Zur Kanne" übernachtet. Warum sollte er das nicht auch auf der Rückreise getan haben?

Weiter geht's, der Mainzerstraße und der Bahnhofstraße nach zum Bahnhof. Eine Fußgängerüberführung führt zur B9, wo man ampelgesichert auf die rechte Straßenseite gelangt. Dort wendet man sich nach links und folgt einem Rad- und Fußweg zum gut 1 km entfernten Fähranleger (5). Die Rheinfähre „Landskron" verkehrt ab Nierstein tägl. zwischen 7 und 21 Uhr in zumeist zwanzigminütigen Abständen. Aktuelle Auskünfte: www.faehre-nierstein.de

Service-Infos Oppenheim
Übernachtung: Vermittlung durch Touristinfo, Merianstr. 2, Tel. 06133-49090
Einkehren: Im Bereich der Altstadt gibt es zahlreiche Cafés und Restaurants
Einkaufen: Nähe Lutherweg: REWE-Markt, Wormserstr. 1; Löwen Apotheke Krämerstr. 2; Sparkasse, Wormserstr. 4,
Ev. Katharinenkirche täglich geöffnet Sommer (Ostern-31.Okt.) 8-18 Uhr, Winter 9-17 Uhr, Tel. 06133-2381
Bahnanschluss: Regionalverkehr auf der Strecke Mainz-Worms

Auf hessischer Seite warten der Biker-Treff „Zum Fährstübchen" und das Terrassenrestaurant Goldener Anker. 150 m weiter biegt der Lutherweg links ab und folgt einer Seitenstraße, die zu einem Dauer-Camping-Platz führt. Noch ein paar Felder und ein Aussiedlerhof, dann geht es ins Naturschutzgebiet „Großer Goldgrund bei Hessenaue" (6), in dem man eine Ahnung davon bekommt, wie vielfältig die Landschaft vor der Rheinregulierung war. Gut zwei km weiter wendet sich der Lutherweg nach rechts. Der Weg führt auf den neuen Rheindamm, wo man sich links hält. Gut 2 ½ km geht es auf der Dammkrone entlang, rechts die intensiv genutzte Feldflur des Rieds, links das Deichvorland, das nur von einem niedrigen Sommerdeich geschützt wird. In dem Vorland liegt, vom Deich gut einzusehen, der denkmalgeschützte Dreiseithof Ludwigsau (7), den der Naturschutzbund zu einem Naturerlebniszentrum für Kinder und Familien ausgebaut hat (Infos Tel. 06147-204879). An einem Bauernhof, der direkt am Deich liegt, geht die Deichwanderung zu Ende. Bis zum Etappenziel Trebur folgt der Lutherweg einer Straße, die an schönen Tagen von Ausflüglern belebt ist.

Trebur empfängt den Lutherwegpilger mit einem kleinen Eiscafé. Von dort folgt man der Hauptstraße und der Groß-Gerauer-Straße zur Oberpforte, wo die ev. Laurentiuskirche (8) steht. In der Kirche befindet sich die 1750 geschaffene Holzstatue „Luther mit dem Schwan". Die Laurentiuskirche steht auf einem geschichtsträchtigen Ort. Hier befand sich einst eine Kaiserpfalz, in der im Jahr 1053 kein Geringerer als Heinrich IV., der spätere Canossagänger, zum König gekrönt wurde.

Service-Infos Trebur
Übernachtung: Hotel-Restaurant Zum Erker, Hauptstr.1; Naturfreundehaus, Kleine Grabengasse 9, Tel. 06147-7822; Privatunterkünfte siehe www.trebur.de bzw. Tel. 06147 208-16/35 (Gemeindeverwaltung)
Einkehr: Hotel-Restaurant Zum Erker, Hauptstr.1, Tel. 06147-91480; Gaststätte Turnhalle, Hauptstr 60; Pizzeria Assunta, Astheimer Str. 16; Pizzeria Prosecco, Hauptstr. 23; Eiscafe Mediterraneo, Hauptstr. 54; Cafe zu mir, Hauptstr. 9; Trewwerer Äpplergarten, Erlenhof, Außerhalb 13
Einkaufen: Bäckerei Lerch, Hauptstr. 40; Bäckerei Abels, Groß-Gerauer-Str. 2; Rathaus-Apotheke, Hauptstr. 50; VR-Bank, Hauptstr. 28; Kreissparkasse, Hauptstr. 12
Ev. Laurentiuskirche: Obere Pforte 26, Gemeindebüro 06147-3177

4. Etappe

Länge [illegible]
Trebur zur Wartburg 301 km (Ostroute)

Trebur - Walldorf

Der Startpunkt für den Weg nach Walldorf liegt direkt an der Laurentiuskirche. Man folgt einem Deich, der die Treburer vor Rheinhochwasser schützt, das über den Schwarzbach ins Ried vordringt. Knapp 700m hinter dem Erlenhof, in dessen „Äpplergarten" im Sommer Apfelwein der Marke Eigenbau ausgeschenkt wird, wendet sich der Lutherweg links zur Ortsverbindung Trebur-Nauheim. Neben der Straße verläuft ein Radweg, dem der Lutherweg (rechts) zunächst durch die Feldflur, dann durch Spargelfelder und alte Obstbestände folgt. Nach 1 ½ km ist der ca. 10.000 Einwohner zählende Ort Nauheim erreicht.

Zu Luthers Zeiten war Nauheim noch ein Dorf von nicht einmal 200 Einwohnern. Nach dem Zweiten Weltkrieg siedelten sich im Ort Flüchtlinge aus dem Egerland und dem Erzgebirge an. Unter ihnen befanden sich viele Musikinstrumentenbauer. Bis heute werden in Nauheim Musikinstrumente hergestellt. Die 1753 erbaute Kirche steht mitten im „Dorf" (1). Der Lutherweg führt über die Bahnhofstraße in den Ort hinein und mittels einer Fußgängerunterführung auf die andere Seite der Bahn. Dann geht es rechts über die Wilhelm-Leuschner-Straße in Richtung Ortskern. Der Lutherweg führt über die Vorderstraße ins alte Dorf hinein und über den Heinrich-Kaul-Platz und die Waldstraße wieder hinaus. Die nördlich anschließende Siedlung quert man auf einem Fußweg, der am Schwarzbach entlang führt.

Service-Infos Nauheim

Übernachtung: Hessischer Hof, Bahnhofstr. 37, Tel. 06152-5108020; Zum Rosengarten, Unter der Muschel 24, Tel. 06152-61106; Hotel Garni Zum Egerländer, Unter der Muschel 40, Tel. 06152-98730;
Einkehr: Nero´s Restaurant-Cafe, Georg-Mischlich-Platz 3; Star Döner & Pizza, Bahnhofstr. 34; Restaurant Zum Rosengarten, Unter der Muschel 24; Restaurant Hessischer Hof, Bahnhofstr. 37
Einkaufen: EDEKA-Markt, Berzallee 16; Penny-Markt, Am Schafsteg 1; Netto-Markt, Im Rod 1; Bären-Apotheke, Königstädter Str. 38; VB-Bank, Bahnhofstr. 15, Georg-Mischlich-Platz; Sparkasse, Charvieu-Chavagneux-Platz 12-14
Ev. Kirche Heinrich-Kaul-Platz 4, neben dem alten Rathaus, Tel. 06152-6798
Bahnanschluss: Richtung Wiesbaden und Darmstadt

Ein schmaler Waldriegel, dann folgt der Ort Königstädten, bis zum Ende des Zweiten Weltkriegs ein Dorf. Aufgrund der Flughafennähe wurde Königstädten durch einen alliierten Luftangriff zerstört. Mit dem Wiederaufbau wuchs Königstädten rasch an. Heute hat der zu Rüsselsheim gehörende Ort über 9000 Einwohner. Der Lutherweg führt über die stracks verlaufende Adam-Fosshag-Straße durch die neue Siedlung zum alten Ortskern. Dort stößt man auf die im Stil der fünfziger Jahre wiedererstandene Kirche, man kommt an wieder hergerichteten Fachwerkhäusern vorbei und hat die Möglichkeit, auf der Terrasse des Gasthauses „Zur Krone" eine Rast einzulegen

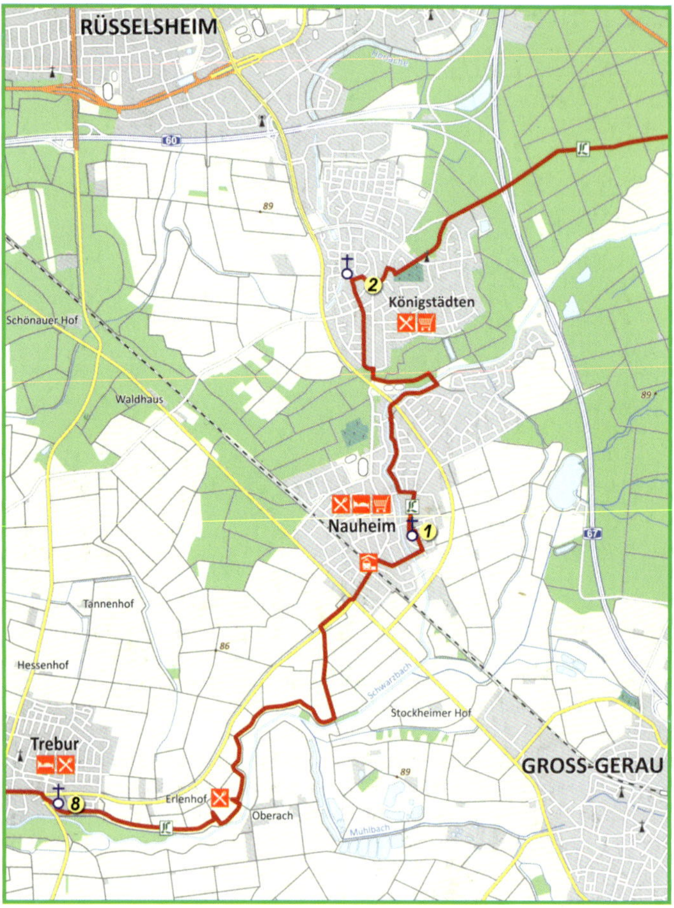

(2). Über ruhige Straßen und Fußwege geht es zum Ort hinaus und in die Kiefernforste des Mönchbruchs hinein.

Service-Infos Königstädten (OT von Rüsselsheim)
Einkehr: Restaurant Zur Krone, Bismarckplatz 7; Ristorante Girasole, Im Reis 7; Restaurant Da Franco, Kohlseestr. 42; Pizzeria Calabria, Spessartring 46
Touristinformationen über Rüsselsheim: Tel. 06142 83-2347, E-Mail tourismus@ruesselsheim.de
Einkaufen: Bäckerei Bender, Rathausstr. 8, Penny-Markt, Im Reis 47
Ev. Kirche, Rathausstr. 6, Tel. 06142-32191.

3 km sind es bis zum Jagdschloss Mönchbruch. Eine Landmarke auf dieser Waldstrecke ist die Brücke über den Schwarzbach. Ca. 1 km weiter stößt man auf das Jagdschloss Mönchbruch (3) und die Mönchbruchmühle. Das Schloss wurde 1730 von dem Landgrafen Ernst-Ludwig von Hessen-Darmstadt erbaut. Heute beherbergen das Schloss und seine Nebengebäude ein Hotel-Restaurant mit Biergarten.

Der Lutherweg quert die verkehrsreiche Bundesstraße 486. Ein Wildzaun wird passiert, dann geht es auf einer Allee durch die

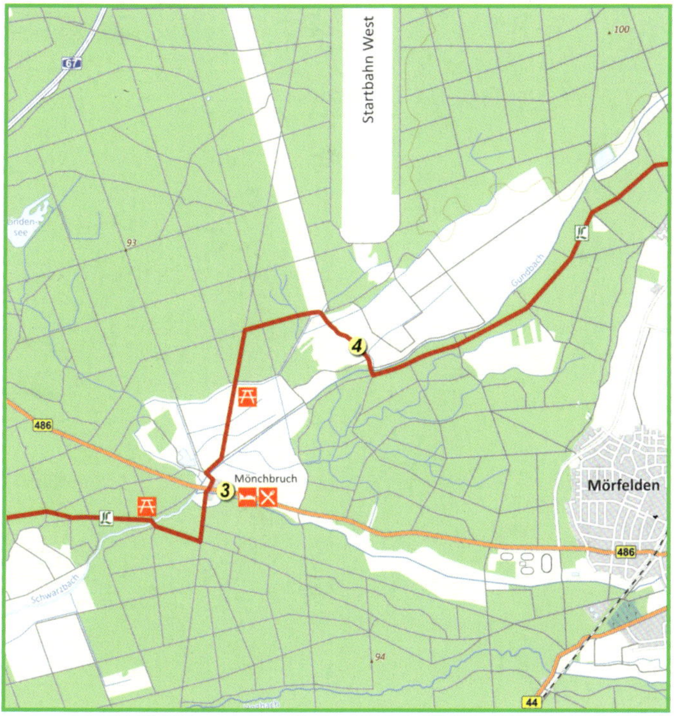

Mönchbruchwiesen, die ein Eldorado für seltene Vogelarten und Fledermäuse sind. Von einem Beobachtungsstand kann man des Öfteren Damwild grasen sehen. Die Allee und mit ihr der Lutherweg steuern auf den Wald zu. Nach gut 1 km geht es erneut durch die Wiesen und zwar auf einem leicht gewundenen, von windschiefen Bäumen gesäumten Weg (4), ein sehr schöner Wegabschnitt, der leider in unmittelbarer Nähe von der Startbahn West des Frankfurter Flughafens liegt.

Jagdschloss Mönchbruch

Weiter geht's auf einem Wanderweg zu der 1699 von piemontesischen Glaubensflüchtligen gegründeten Siedlung Walldorf. 14 Familien ließen sich auf Einladung des Landgrafen von Hessen-Darmstadt in der Nähe des Mönchbruchs nieder und errichteten Häuser, die sich am „grand chemin", der heutigen Langstraße von Walldorf reihten. Der Lutherweg führt über die Langstraße nach Walldorf hinein, wo man gleich zu Beginn (Langstr. 96) am Waldenser-Museum vorbeikommt (5).

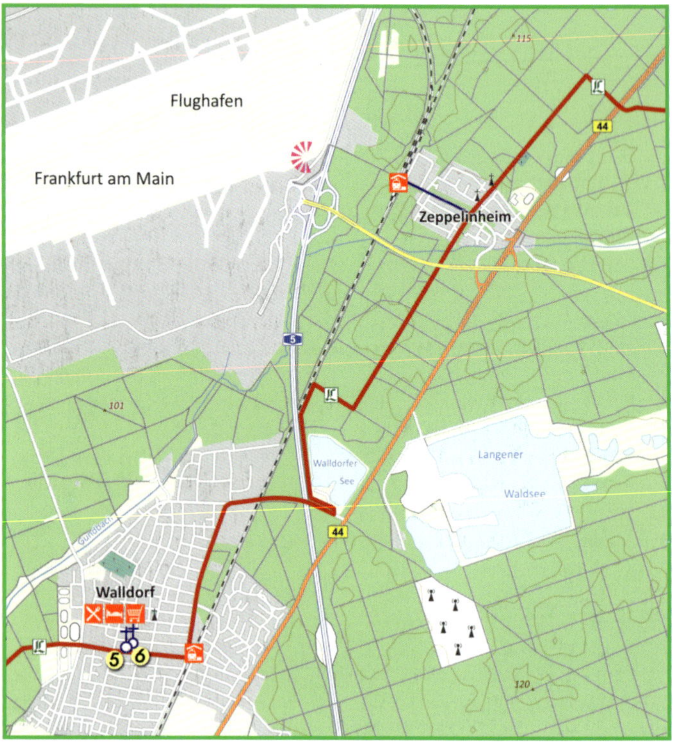

Schräg gegenüber vom Museum, Langstraße 67, steht die Anfang des 19. Jahrhunderts errichtete Waldenser Kirche, auch Alte Kirche genannt (6). Die Neue Kirche und das Gemeindezentrum befinden sich nebenan in der Ludwigstr. 64. Die Langstraße war lange Zeit der Mittelpunkt von Walldorf. Im Norden der Stadt ist in den letzen Jahren ein Einkaufs-, Gewerbe- und Hotelzentrum entstanden, das dem alten Ortskern Konkurrenz macht. Hoffen wir, dass in der Langstraße zumindest das Andenken an die Waldenser erhalten bleibt.

Service-Infos Walldorf

Übernachtung: Hotel Zum Löwen****, Langstr. 68, Tel. 06105-9490; Gästehaus Schröder, Coutandinstr. 45, Tel. 06105-5582; im Gewerbezentrum im Norden der Stadt gibt es mehrere Airport-Hotels. Im Mönchbruch, Jagdschloss, Übernachtung und Einkehr, Tel. 06105-92430.

Einkehren: In der Langstr., der Ludwigstr. und der Farmstr.

Einkaufen: Einkaufscenter im Norden der Stadt und in der Farmstraße

Alte Kirche (Waldenserkirche) Langstr. 67. Neue Kirche und Gemeindezentrum Ludwigstr. 64, geöffnet Mo-Fr-10-1 Uhr

Bahnanschluss: S-Bahn auf der Strecke Frankfurt-Mannheim

5. Etappe

Länge 22 km
Walldorf zur Wartburg 278 km (Ostroute)

Walldorf - Frankfurt Zentrum

Der Lutherweg führt von der alten Ortsmitte über die Langstraße zum Walldorfer S-Bahnhof. Dort wendet er sich links und folgt der Farmstraße über 1,3 km zum Gewerbekomplex im Norden der Stadt. Am Kreisel Ecke Einkaufszentrum folgt man der Aschaffenburger Straße über die Bahn und die Autobahn in den Wald. Ca. 250 m hinter der Autobahnbrücke macht der Lutherweg einen „U-Turn" wobei er links zum Walldorfer Bagger-Badesee führt. Man umgeht den See links. Noch ein kurzes Stück an der Bahn entlang, dann geht es durch den Wald zum Flughafenort Zeppelinheim. Der Lutherweg führt geradewegs durch den Ort hindurch. Knapp 1 km hinter Zeppelinheim wendet der Weg sich nach rechts, die B44 wird auf einer Brücke überquert und wenig später langt man am Gehspitzweiher an (1). Der Weiher ist ein Paradebeispiel dafür, wie man aus einer ehemaligen Lehmgrube ein wertvolles Naturreservat entwickeln kann. Was man dafür tun muss? Ganz einfach: der Natur freien Lauf lassen.

Weiter geht's durch Wald nach Neu-Isenburg, ein Ort, der wie Walldorf im Jahre 1699 von Glaubensflüchtligen gegründet wurde, aber nicht von piemontesischen Waldensern, sondern von französischen Protestanten, Hugenotten genannt. Graf Philipp von Isenburg hatte ihnen auf seinem Territorium Land zugewiesen. Das erste, was man von Neu-Isenburg zu sehen bekommt, ist der S-Bahnhof, der am westlichen Ende der Stadt liegt. Nachdem man die Gleise unterquert hat, wandert man zwischen Wald und Häusern am nördli-

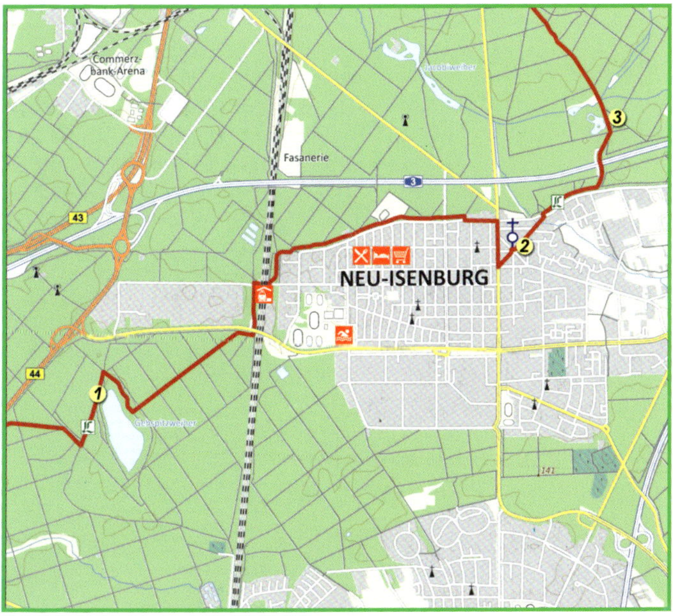

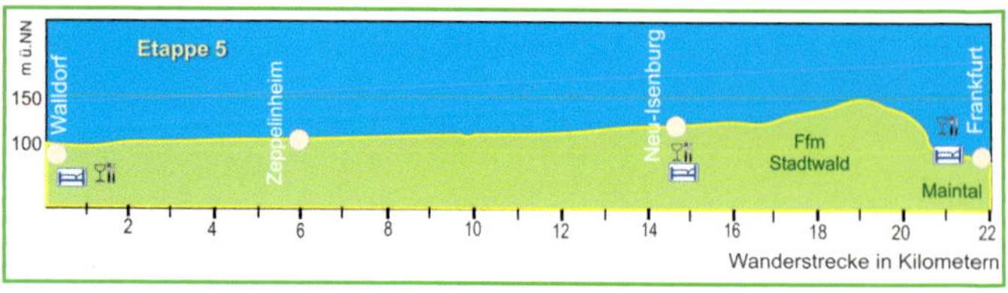

chen Rand der Stadt entlang. Über die Frankfurter Straße geht es schließlich mitten in die 37.000 Einwohner zählende Stadt hinein, und zwar auf der linken Straßenseite. Nur 130 m und schon steht man vor dem ersten Haus der ursprünglichen Hugenottensiedlung, dem Gasthaus zum Löwen, ein Fachwerkbau aus dem frühen 18. Jahrhundert, der heute das Heimatmuseum beherbergt. Neben dem „Löwen" führt die Löwengasse ins Zentrum der alten Siedlung, deren quadratischer Umriss in Luftbildern noch gut zu erkennen ist. Diagonale Gassen führen zum Marktplatz.

Der Lutherweg folgt der Frankfurter Straße bis zur Kronengasse. Auf ihr geht es zum Marktplatz, wo das Kirchgässchen abzweigt. Am Ende dieser Gasse steht die 1755 geweihte Hugenottenkirche (2). Sie dient als Pfarrkirche einer reformierten Gemeinde, die Calvin in Ehren hält. Das Erbe der französischen Einwanderer ist also nicht ganz verloren gegangen.

Service-Infos Neu-Isenburg
Übernachtung: Hotel Central, Frankfurter Str. 11, Tel. 06102-22533; Hotel ALFA, Frankfurter Str. 123, Tel. 06102-358980, weitere siehe www.neu-isenburg.de
Einkehren und Einkaufen: Im Zentrum Neu-Isenburgs gibt es zahlreiche Einkehr- und Einkaufsmöglichkeiten
Ev. Reformierte Gemeinde in der alten Hugenottenkirche, Am Marktplatz 8, Tel. 06102-326220
Bahnanschluss: S-Bahn auf der Strecke Frankfurt-Darmstadt

Über die Pfarrgasse und die Bansastraße verlässt der Lutherwegpilger Neu-Isenburg und taucht in den Wald ein, der sich zwischen Neu-Isenburg und Frankfurt schiebt. Zunächst geht es noch auf einer Brücke über die neunspurige A3. Danach empfängt uns die Natur: erst der Kesselbruchweiher (3), dann herrlicher Wald mit mächtigen Buchen und natürlich aufkommendem Jungwuchs.

An der Babenhäuser Landstraße beginnt das Stadtgebiet von Frankfurt. Ampelgesichert gelangt man über die mehrspurige „Landstraße" zur Hainstraße, wo im ersten Haus links ein Grieche zur Rast einlädt. Über die Hainstraße geht es am Südfriedhof vorbei und durch Wohngebiete. Es folgt eine Gefällstrecke, die hinunter zur Offenbacher Landstraße führt. Hier hält man sich links, um gleich darauf rechts in die Darmstädter Landstraße einzubiegen. Sie leitet den Lutherwegpilger unter Bahngleisen hindurch ins alte Zentrum von Sachsenhausen. 200 m hinter der Bahn biegt der Lutherweg links ab und folgt der Schifferstraße zum Schaumainkai, und zwar fast genau an der Stelle, wo der Eiserne Steg über den Main führt. Man quert die von Touristen stark bevölkerte Fußgängerbrücke und gelangt so auf den Römerberg, wo die 6. Etappe des Lutherwegs beginnt.

Wer vor dem Gang über die Brücke dem „Frankfurter Bibelhaus Erlebnis-Museum" einen Besuch abstatten möchte, wendet sich am Schaumainkai links und steuert auf das Museum für angewandte Kunst zu. Durch das Museumsgelände hindurch gelangt man zur Metzeler Straße, einer Sackgasse, an deren Ende sich das Frankfurter Bibelhaus Erlebnis-Museum (B) befindet.

6. Etappe

Länge 14 km, Frankfurt Zentrum zur Wartburg 256 km (Ostroute)

Frankfurt-Zentrum - Bad Vilbel

Auf dem Römerberg, der scharenweise Touristen aus aller Herren Länder anzieht, steht die Alte Nikolaikirche (1). Sie ist die Kirche der ev. St. Paulsgemeinde und zugleich ein Haus, das für die evangelische Stadtkirchenarbeit in Frankfurt steht. Die Alte Nikolaikirche ist tagsüber geöffnet, im Sommer auch bis in den späten Abend hinein. Man ist auf „Laufkundschaft" eingestellt. Freitags organisiert der Kirchenvorstand ein Programm für Passanten, Touristen und Ruhesuchende. „Abendkirche" nennen sie das. Beginn ist jeweils um 20 Uhr. Musikalische Darbietungen spielen in der „Abendkirche" eine große Rolle. Gottesdienste finden sonntags um 9 Uhr 30 statt.

Luthers Herberge

Luther hat bei seiner Hinreise nach Worms in Frankfurt in der Buchgasse im Gasthaus „Zum Strauß" übernachtet. Es spricht nichts dagegen, dass er dies auch bei seiner Rückreise getan hat. Das Gasthaus existiert nicht mehr. Es musste 1896 der Anlage der Bethmannstraße weichen. Gleichwohl führt der Lutherweg zur Ecke Buchgasse/Bethmanstraße, wo sich das Gasthaus befand (2). Weiter geht's über den „Kornmarkt" zur Hauptwache.

Dort, direkt unter den himmelhoch aufragenden Bankentürmen, behauptet die Katharinenkirche (3) das Terrain. Sie ist eine Gemeindekirche für dreitausend Mitglieder und zugleich ein Kirche für Passanten. Sie ist ein Zufluchtsort in der Betriebsamkeit der City, ein Ort des Gebets und der Ruhe. An Wochenenden, vor allem im Winterhalbjahr, dient die Katharinenkirche als Raum für die Obdachlosenarbeit. Engagierte Gemeindemitglieder laden die, die kein

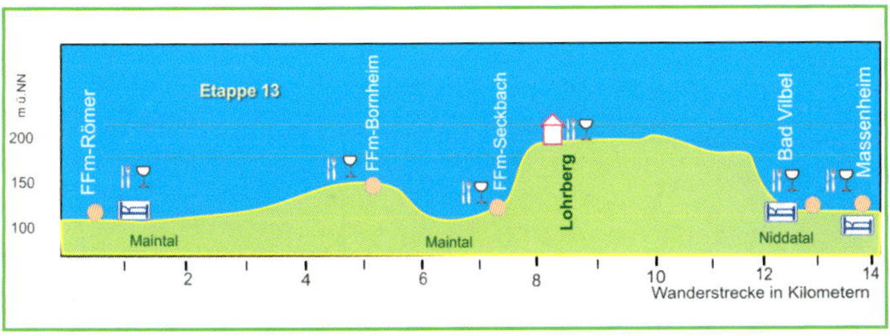

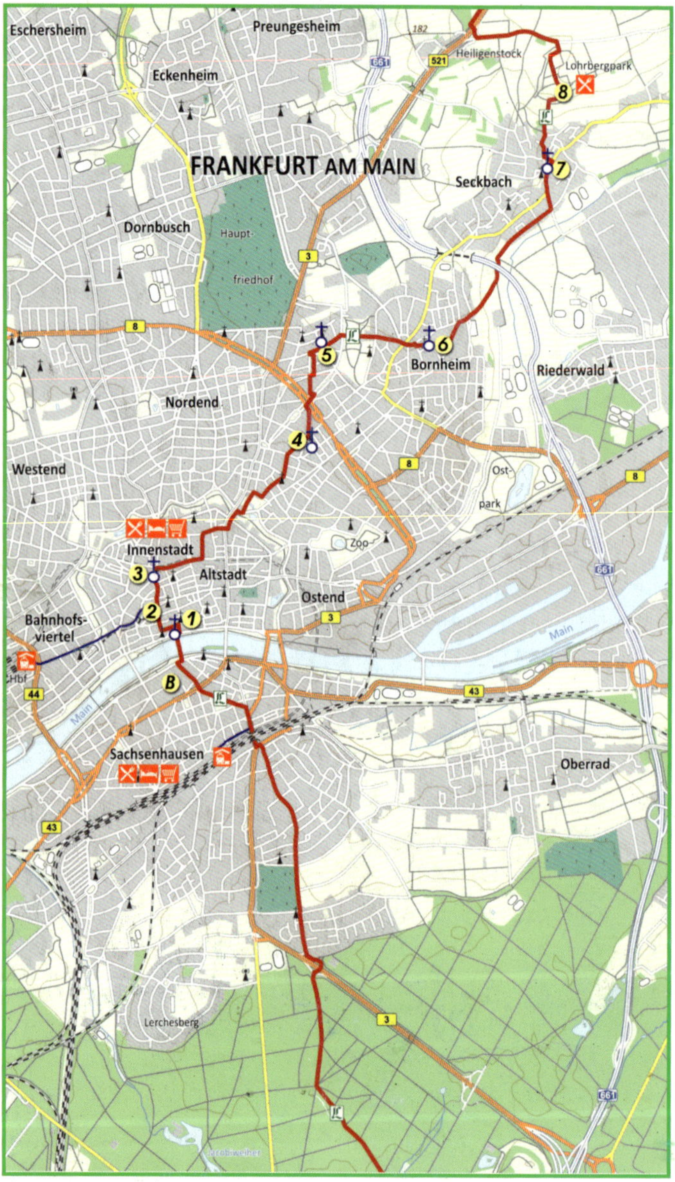

Dach über dem Kopf haben oder Menschen, die mit der Rente nicht auskommen, zum Brunch oder zum Kaffee ein.

Der Vier-Kirchen-Weg vom Zentrum zum Lohrberg

Lutherwegpilger verlassen die Frankfurter Innenstadt über die Zeil. Ca. 400 m geht es auf der Frankfurter Einkaufsmeile entlang, dann biegt man links in die Schäfergasse ein und folgt der Vilbeler Straße zum Anlagenring. Die Konrad-Adenauer-Straße wird gequert, dann links ein kurzes Stück an der verkehrsreichen Straße entlang und über die Seilerstraße und die Friedberger Anlage hinweg zum Bethmannpark.

Der Lutherweg führt links um den Park herum und folgt dann der Elkenbach- und der Burgstraße zur Martin-Luther-Kirche (4). Das Äußere der Kirche überrascht: Zwischen zwei modernen, von Glasfronten geprägten Bauten ragt ein neogotischer Turm empor. Er stammt von einer Vorgängerkirche, die 1883 zur 400. Wiederkehr von Luthers Geburtstag errichtet wurde. Im Zweiten Weltkrieg wurde die Kirche zerstört. 1954 war der Turm wiederhergestellt und ein Kirchensaal angebaut. Besonders gelungen sind die Glasmalereien der Fenster. 1990 wurde der Kirchenraum um einen Gemeindesaal sowie um die beiden Vorbauten erweitert.

Von der Lutherkirche ist es nicht weit zur Wartburgkirche (5). Man folgt der Martin-Luther-Straße, bis diese in die Hallgartenstraße mündet. Dort hält man sich rechts und schon hat man den schlanken, in den sechziger Jahren erbauten Turm der Wartburggemeinde im Blick. Man achte auf die Bienenkästen im Kirchturm. Aber nicht nur die Immen haben hier ein Zuhause. Neben den Kirchenfenstern hängen Nistkästen und vor der Kirche blühen Blumen und duften Kräuter. Auf jeden Fall sollte man in die Kirche schauen, denn auch hier wird man vom Farbenspiel der Glasfenster gefangen genommen.

Von der Wartburgkirche geht es quer durch den Günthersburgpark und in gleicher Richtung weiter über die Weidenbornstraße zur Seckbacher Landstraße. Der Lutherweg quert die mehrspurige „Landstraße" und steuert über die Eulengasse und die Turmstraße (rechts) auf das Zentrum des schon 1877 von Frankfurt eingemeindeten Dorfs Bornheim zu, genauer gesagt auf die spätbarocke Johanniskirche (6). Wegen ihres Turmhelms wird sie im Volksmund als Zwiwwelkersch bezeichnet. An der Kirche hält man sich rechts und gleich wieder links, um auf der Großen Spillingsgasse zur Berger Straße zu gelangen. Auf der Berger Straße links hinauf zur Kreuzung mit der Eulengasse und der Enkheimer Landstraße und auf letzterer (rechts) bis an die von Hochhäusern dominierte Randbebauung von Bornheim. Dort geht die Enkheimer Landstraße in den Enkheimer Steg über. Man folgt dem Steg durch eine Kleingartenkolonie und unter der Stadtautobahn hindurch zu der bereits zu Seckbach gehörenden Zeuläckerstraße. Auf ihr gelangt man zur Straße „Im Trieb", der man links bergan zur Wilhelmshöher Straße folgt. Nun ist es nicht mehr weit

Lutherkirche in Frankfurt

bis ins alte Zentrum von Seckbach. Nach ca. 150 m kommt man an der ev. Marienkirche vorbei (7), ein Barockbau aus dem Jahr 1710; nach ca. 300 m führt links die Hofhausstraße mitten ins „alte Dorf" hinein. Wie man sieht, hat das tausendjährige Seckbach im Kern einiges von seinem dörflichen Charakter bewahrt. Über die Hintergasse gelangt man zur Alsfelder Straße, die in einen Fußweg übergeht. Auf diesem Weg geht es ziemlich steil durch Gärten auf den Lohrberg hinauf.

Auf dem Lohrberg (8)

Ein Weinberg und Parkwiesen mit Blick über das Maintal. Dazu die Skyline der Frankfurter City, die sich hinter einem Grünzug wirkungsvoll in Szene setzt. Nicht zu vergessen das Bistro des MainÄppelHaus und die Lohrberg-Schänke, wo man Äbbelwoi, Handkäs un´ grie´ Soß´ bekommt. An sonnigen Wochenenden ist hier der Teufel los. Auf dem Gelände des MainÄpelHaus gibt es übrigens einen Hofladen, in dem man auch Lohrberg-Riesling bekommt.

Service-Infos Frankfurt
Übernachtung: Vermittlung durch Touristinfo, Am Römerberg 27, Tel. 069-2123880
Kirchen am Lutherweg
Alte Nikolaikirche, Römerberg 11, im Sommer tägl. geöffnet von 10-20 Uhr, im Winter von 10-18 Uhr, Gemeindebüro Saalgasse 17, Tel. 069-284235
Katharinenkirche, An der Hauptwache, Tel. 069-7706770, geöffnet M -Fr von 14 -19 Uhr.
Lutherkirche, Stadtteil Nordend-Ost, Martin-Luther-Platz 1, tägl. von 10-18 Uhr geöffnet. Ansprechpartner für Pilger: Pfarrer Reiner Haberstock Tel. 069-434432 und Steffen Walther Tel. 06142-93239
Wartburgkirche Stadtteil Nordend-Ost, Hartmann-Ibach-Str. 108, Kontakte und Kirchenschlüssel über Pfarrer Thomas Diemer, Tel. 069-94592546; Johanniskirche Bornheim, Turmstr. 10, Tel. 069-94547814
Marienkirche Seckbach, zwischen Wilhelmshöher Str. u. Zentgrafenstr., Tel. 069-479131;
Bahnanschluss: Am Hauptbahnhof alle Zugklassen; Frankfurt Süd, S-Bahn und Regionalverkehr

Der Lutherweg führt durch Kleingärten hindurch zum Lohrberg-Parkplatz. Dort hält man sich links und folgt dem „Berger Weg" zur Friedberger Landstraße, der großen Ausfallstraße Frankfurts Richtung Bad Vilbel. Über eine Fußgängerbrücke gelangt der Lutherwegpilger gefahrlos auf die gegenüberliegende Straßenseite, wo sich der Lutherweg rechts wendet und entlang der „Landstraße" dem Parkfriedhof Heiligenstock zustrebt. Der Weg führt am Friedhof vorbei und durch die Siedlungen Sudetenland und Heilsberg hinunter ins Tal der Nidda. Dabei folgt man zunächst der Alten Frankfurter Straße, bis hinter der Kreuzung Schlesienring/IglauerWeg links ein Fußweg abzweigt, auf dem der Lutherweg bis zur Straße „Pommernweg" verläuft (ca. 500 m). Dort geht es dann rechts bergab, an der nächsten T-Kreuzung kurz links und gleich wieder rechts in die Straße „Am Kreuz". Nach knapp 100 m kommt man an der Kirche der ev. Heilig-Geist-Gemeinde vorbei (9). Weiter geht's, immer noch bergab, dann quer durch eine Grünanlage zur Berliner Straße und auf ihr links, bis diese auf den Berkersheimer Weg stößt. Hier hält man sich rechts und folgt einem Fußweg, der zwischen Straße und Bahn verläuft. Dann, nach ca. 200 m, geht es links unter der Bahn hindurch.

Wer in Bad Vilbel übernachten möchte, bleibt dem Berkersheimer Weg bis zum Südbahnhof treu. Vom Bahnhof ist es nicht mehr weit bis ins Zentrum von Bad Vilbel. Man folgt der Straße „Am Südbahnhof" zu einem Kreisel, von dem aus die Frankfurter Straße in die Altstadt führt. Das neue und sehenswerte Zentrum von Bad Vilbel ist der Niddaplatz mit seiner neuen Stadtbibliothek, die mitsamt einem Café die Nidda überbrückt. (10). Über die Bibliotheksbrücke hinweg gelangt man in den Kurpark und zum Kurhaus, wo sich ab 2017 die Touristinformation befindet.

Auch im Vilbeler Ortsteil Massenheim existiert eine Übernachtungsmöglichkeit. Der Weg nach Massenheim führt vom Kurpark aus links über den Niddatalradweg. Nach gut 1 km, an der zur Kläranlage führenden Niddabrücke, ist die Originalroute des Lutherweges wieder erreicht.

Service-Infos Bad Vilbel
Übernachtung: Vermittlung durch Tourist-Info, Parkstr. 15, Tel. 06101-602247
Einkehren und Einkaufen: In Bad Vilbel gibt es zahlreiche Einkehr- und Einkaufsmöglichkeiten
Ev. Heilig-Geist-Kirche Heilsberg, Am Kreuz, Tel. 06101-86130
S-Bahnanschluss: auf der Strecke Friedberg-Frankfurt

Der Lutherweg folgt ein kurzes Stück dem Niddatalradweg, dann wendet er sich nach rechts und quert auf einer Brücke die B3. Weiter geht es, nahe dem Erlenbach, auf Pfaden und Parkwegen nach Massenheim. Das alte Ortszentrum befindet sich rechts auf einer Anhöhe über dem Erlenbachtal. Der Lutherweg bleibt im Tal.

Service-Infos Massenheim
Übernachtung: Hotel Ahrenshof, an der Kirche 1, Tel. 06101-545162
Einkehren: Restaurant Zum Knoche, Rathausstr. 4; Zum Mühlengrund, Im Mühlengrund 9; Pizzeria Bella Italia, Mühlstr. 4; Café Brauns Living, am Weißen Stein 2
Einkaufen: Bäckerei Seipler, Hainstr. 30
Ev. Gotteshaus „An der Kirche" 6-8, Tel. 06101-41077

7. Etappe

Länge 25 km
Massenheim zur Wartburg 242 km

Bad Vilbel – Friedberg

Nieder-Erlenbach, der nächste Lutherwegort, gehört seit 1972 zur Stadt Frankfurt. Dennoch hat der Ort zumindest im alten Zentrum seinen dörflichen Charakter bewahrt. An der Ecke „Zur Charlottenburg"/"Alt Erlenbach" steht die ev. Dorfkirche (1), an der drei Themenwege zusammentreffen: der Lutherweg 1521, die Bonifatius-Route und der Waldenserpfad. Hinter dem Ortszentrum folgt der Lutherweg noch ein gutes Stück dem Erlenbach. Vor den Sportstätten wendet er sich dann nach rechts und steigt auf einen Höhenzug hinauf in Richtung Petterweil.

Service-Infos Nieder-Erlenbach
Übernachtung und Einkehr: Landhaus Alte Scheune***, Alt-Erlenbach 44, Tel. 06101-544000
Einkehren: Restaurant Dorfschänke, Neue Fahrt 7; Pizzeria Da Bruno, Neue Fahrt 10; Äppelwoi Stübchen, Zur Obermühle 15
Einkaufen: Bäckerei Moos, Alt- Erlenbach 27; Erlen-Apotheke, Alt-Erlenbach 59; Sparkassen-Filiale, Alt-Erlenbach 37
Ev. Kirche: Ecke Alt-Erlenbach/Zur Charlottenburg Tel. 06101-41134

Petterweil

In Petterweil folgt der Lutherweg der Alten Heerstraße, auf der aller Wahrscheinlichkeit Luther entlang gefahren ist. Nach ca. 200 m, kurz vor der Einmündung der Sauerbornstraße, achte man rechts auf eine Linde, die im Volksmund als Lutherlinde bezeichnet wird. Weiter geht's auf der Alten Heerstraße hinunter zur ev. Martinskirche (2). Es ist eine sehr alte Kirche, deren Entstehungsgeschichte bis in das 8. Jahrhundert zurück reicht. Der Küster, Horst Preißer, führt Pilger gerne durch die Kirche und berichtet über die Kirchengeschichte. Für Pilgergruppen kann nach Voranmeldung im Gemeindehaus eine Mittagsrast organisiert werden. An der Kirche wendet sich der Lutherweg nach rechts und folgt der Schlossstraße zur Heitzhöfer Straße, auf der es links zum Ort hinaus geht. Hinter Petterweil wandert man wieder durch die weite Feldflur der fruchtbaren Wetterau. Links erscheinen die bewaldeten Höhen des Taunus, rechts verläuft das Tal der Nidda, das jedoch nicht einzusehen ist.

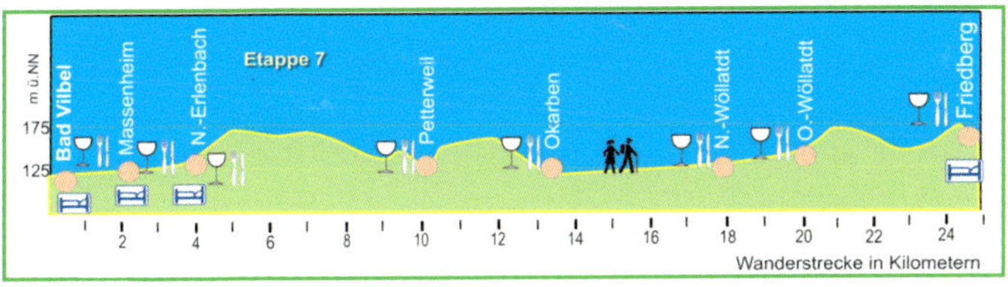

Der Lutherweg steuert auf das Wäldchen des Altenbergs zu, das sich als schmales Band 2 ½ km in Nord-Südrichtung erstreckt. Auf einem naturbelassenen Weg geht es in sanftem Auf und Ab durch erholsame Natur. Leider biegt der Lutherweg schon nach 1 Waldkilometer wieder rechts in die Feldflur ab. Dort steuert er geradewegs auf den am Ufer der Nidda liegenden Ort Okarben zu.

Service-Infos Petterweil
Einkehren: Alt Petterweil, Alte Haingasse 50; Restaurant Zum Adler, Martins-Kirchgasse 8; Pizzeria La Rosa, alte Heerstr. 7
Einkaufen: Bäckerei Jäger, alte Heerstr. 9; Metzgerei Becker, Am Dicken Turm 4; Paracelsus-Apotheke, Sauerbornstr. 15; Nahkauf-Supermarkt Vilbeler Str. 5-7
Ev. Martinskirche, an der Alten Heerstraße Nr. 1, Tel. 06039-939429, Kirchenführungen Horst Preißer, Tel. 06039-1084, Mobil 0172-6582981

Okarben

In Okarben geht es natürlich zur ev. Kirche. Das 1708 geweihte Gotteshaus steht mitten im Ort auf historischem Grund. Es gab eine Vorgängerkirche, eine Kapelle, die man im 11. Jh. auf dem Gelände eines ehemaligen römischen Kastells errichtet hatte. Der Lutherweg kommt über die Hauptstraße in den Ortskern hinein und biegt kurz vor der Kirche halblinks in die Friedhofstraße ein. Am Friedhof geht es links, auf einem Wirtschaftsweg zwischen Bahn und Nidda, nach Nieder-Wöllstadt.

Service-Infos Okarben
Einkehren: Gaststätte Zum Niddatal, Untergasse 34; Bürgerhaus, Hauptstr. 72 (ab 17 Uhr)
Einkaufen: Okärber Backstübchen, Hauptstr. 35a; Groh Holzofenbäckerei, Untergasse 34; Römer-Apotheke, Saalburgstr. 2; tegut-Markt, Friedhofsweg 2; Sparkasse, Hauptstr. 33
Ev. Kirche: Hauptstr. 39, Tel. 06039-41660
S-Bahnanschluss: auf der Strecke Friedberg-Frankfurt

Nieder-Wöllstadt

In Nieder-Wöllstadt folgt der Lutherweg der Frankfurter und der Friedberger Straße, was früher schwer erträglich gewesen wäre, weil sich der Verkehr der B3 mitten durch den Ort quälte. Seit Ende 2016 braust der Berufsverkehr über eine Umgehungsstraße und das alte Dorf ist wieder lebenswert. Und so kann der Lutherwegpilger auch die in der Ortsmitte stehende Dorfkirche in Ruhe in sich aufnehmen.

Weiter geht's nach Ober-Wöllstadt auf einem Radweg entlang der alten B3. Nach ca. 1 km stößt man auf ein Wäldchen, durch das der Rosbach fließt. Hier wendet sich der Lutherweg nach rechts und folgt dem Bachauewald über den Kapellenweg zum Sportzentrum von Ober-Wöllstadt. Dort geht es rechts über die Gartenstraße wieder in

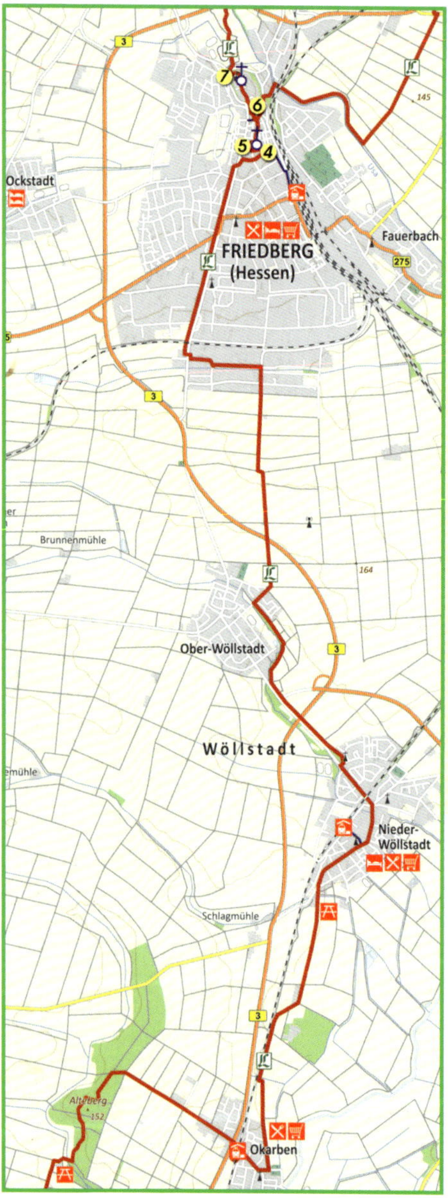

die Feldflur. Auf einer Anhöhe wird der Blick frei auf Friedberg, dem nächsten Etappenort des Lutherwegs.

Service-Infos Nieder-Wöllstadt

Übernachtung und Einkehr: Hessenschänke, am Atzelberg 16, Tel. 06034-4455

Einkehren: Ristorante Alba Chiara, am Atzelberg 16; Pizzeria La Quattro, Friedrich-Ebert-Str. 12

Einkaufen: Metzgerei Kromm, Bahnhofstr. 19; Hinnerbäcker, Frankfurter Str. 59; Apotheke, Frankfurter Str. 56; Geldautomat Sparkasse, Frankfurter Str. 33

Ev. Kirche: Frankfurter Str. 31, Pfarrer Peter Meier-Rhöm, Tel. 06034-2279 , Öffnung der Kirche für Pilgergruppen nach Voranmeldung

S-Bahnanschluss: auf der Strecke Friedberg-Frankfurt

Friedberg

Leider muss man, um in die historische Altstadt zu gelangen, zunächst durch ein Gewerbegebiet wandern. Der direkte Weg bleibt versperrt, da sich zur Zeit noch das Kasernengelände der ehemals in Friedberg stationierten US-Army wie ein Riegel vor die Stadt legt. Mit der vollständigen Erschließung des Geländes wird aber sicher ein Durchgang geschaffen. Der Lutherweg führt derzeit noch über die Freseniusstraße und die Mielestraße sowie die Straße „Am Straßbach" zur Frankfurter Straße, die nach 1 km in die Kaiserstraße übergeht, dem Friedberger Boulevard.

Das Wetteraumuseum (4)

Die Kaiserstraße weitet sich nach ca. 700 m zum Elvis-Presley-Platz. Wer es noch nicht weiß: Elvis hatte von 1958-1960 in den

Friedberger Ray Barracks seinen Militärdienst absolviert. Über die Haagstraße geht es nun zum Wetterau-Museum, wo man einen kompletten Gang durch die Geschichte der Wetterau unternehmen kann.

Im Wetteraumuseum wird auch das Thema Luther und die Reformation aufgegriffen. Neben Stadtansichten aus dem 16. Jahrhundert kann der Lutherwegwanderer das berühmte „Lutherschwert" bestaunen, einen Bihänder, der – so sagte man bis vor kurzem - dem Reichsherold Caspar Sturm gehörte, was heute angezweifelt wird. Das Schwert soll sich aber seit 1600 im Besitz der Nachkommen Sturms befunden haben. Unbestreitbar ist, dass Caspar Sturm Luther von Wittenberg nach Worms und zurück bis Friedberg begleitet hatte. In Friedberg schrieb Luther an den Kaiser einen langen und an seinen Freund Spalatin einen kurzen Brief. Luthers Aufenthalt in Friedberg ist also im wahren Sinne des Wortes verbrieft. Nicht ganz so sicher ist man sich in Hinblick auf sein Quartier. Der Erzähltradition nach geht man davon aus, dass er in einem Gasthaus in der Kaiserstr. Nr. 32 übernachtet hat, heute Bettenhaus Decher.

Die ev. Kirche Unserer lieben Frau (5)

Vom Wetteraumuseum zur ev. Stadtkirche Unserer lieben Frau, die sich direkt gegenüber befindet. Für den Besuch der Kirche sollte man sich Zeit nehmen. Das gotische Gotteshaus besticht im Innern durch seine Raumwirkung. Himmelwärts strebende Pfeiler verleihen dem Mittelschiff, das ohne Emporen auskommt, etwas Großartiges. Darüber hinaus verfügt die Kirche im Bereich des Altars und des Chors über ein bemerkenswertes vorreformatorisches Inventar, das auf der Lutherwegroute seinesgleichen sucht (siehe Lutherwegbuch S. 112 ff).

Von der Kirche aus führt der Lutherweg über die Augustinergasse, in der sich das Augustinerkloster befand. Hat Luther vielleicht hier übernachtet? Heute beherbergen die Gebäude die Stadtbibliothek und das Stadtarchiv. Weiter geht's zum Fünffingerplatz. Hier verzweigt sich der Lutherweg in eine West- und eine Ostroute, die in der Nähe von Laubach wieder zusammentreffen. Die Westroute wurde bei der Hinreise dargestellt. Jetzt ist die Ostroute an der Reihe und die führt vom Fünffingerplatz (rechts) über die Usagasse zur Altstadt hinaus.

In der Friedberger Stadtkirche

Auf dieser Route entgehen dem Lutherwegwanderer zwei wichtige Sehenswürdigkeiten Friedbergs, die Mikwe (6) und die Friedburg mit dem Adolfsturm (7). Die Mikwe in der Judengasse ist über einen Abstecher von weniger als 100 m zu erreichen. Für die Besichtigung des großen Burgareals muss man hin und zurück einen Extrakilometer einplanen. Die Beschreibung der Mikwe und der Burg findet man auf den Seiten 53 und 54.

Man sollte einen etwas längeren Aufenthalt in Friedberg einplanen. Der nächste Etappenvorschlag ist dementsprechend auch nur 12 km lang.

Service-Infos Friedberg
Übernachtung: Hotel Hanauer Hof, Fauerbachstr.6, Tel. 06031-5575; Hotel Goldenes Fass, Haagstr. 43, Tel. 06031-16880
Einkehr und Einkaufen: Im Bereich der Kaiserstraße existieren viele Möglichkeiten, einzukehren und einzukaufen
Ev. Kirche „Unserer lieben Frau" an der Engelsgasse,Tel. 06031-91524, geöffnet Di - Fr 14.30 - 17 Uhr; Sa u. So 11-17 Uhr, im Winter bis 16.30.
Bahnanschluss: IC, Regionalverkehr und S-Bahn auf der Strecke Gießen-Frankfurt

8. Etappe

Länge 12 km
Friedberg zur Wartburg 217 km (Ostroute)

Friedberg - Wölfersheim

Start für die 8. Etappe ist am Fünffingerplatz. Von dort folgt man der Usagasse und im weiteren Verlauf einem Fußweg hinunter zur Alten Bahnhofstraße. Dort hält man sich links, um kurz darauf an einer Ampelanlage rechts hinüber in den Mühlweg zu wechseln. Der Lutherweg führt hier bis hinter die erste von drei dicht aufeinander folgenden Bahnbrücken. Zwischen der ersten und der zweiten Brücke zweigt links ein Fußweg ab, dem man bis über das Flüsschen Usa folgt. Hinter der Brücke biegt man rechts auf einem Fuß- und Radweg ein. Gut 1 km geht es so der Usa entlang. Dann wendet sich der Lutherweg nach links und führt auf einem Wirtschaftsweg, leicht ansteigend, durch die Feldflur Richtung Dorheim.

Dorheim und der Löwenbrunnen

An der nächsten Straße hält man sich kurz links, um gleich wieder rechts auf einen Wirtschaftsweg einzubiegen, der an der Ortsumgehung und der Bahn entlang nach Dorheim hinein führt. Gleich zu Beginn des Ortes kommt man an der Umfassungsmauer des Dorheimer Schlosses vorbei, ein Herrenhaus, in dem eine Linie der Grafen von Solms-Laubach wohnt. Von der mittelalterlichen Anlage stehen noch ein Mauerturm und, am Eingang zum Herrenhaus, ein Turmstumpf (1). Am Marktplatz hält man sich links und folgt der Wetteraustraße zur Wetterbrücke und einer Regionalbahnlinie.

Wer der kleinen, aus Basaltbruchsteinen gefügten Dorfkirche einen Besuch abstatten will, hält sich zunächst rechts. Nach ca. 100 m gelangt man links über eine kurze Stichstraße zur Kirche.

Zurück zur Wetterbrücke und der Bahn. Hinter den Gleisen biegt der Lutherweg links in die Schwalheimer Straße ein, auf der man an der Abfüllanlage eines Sprudelherstellers vorbeikommt. Dann erreicht man ein Wäldchen, in dem sich zwei natürliche Mineralbrunnen befinden, der Löwen- und der Sauerbrunnen (2 u. 3). Der Löwenbrunnen sprudelt, für jedermann nutzbar, im Tiefgeschoss eines Jugendstilpavillons empor. Das Wasser prickelt wie Champagner

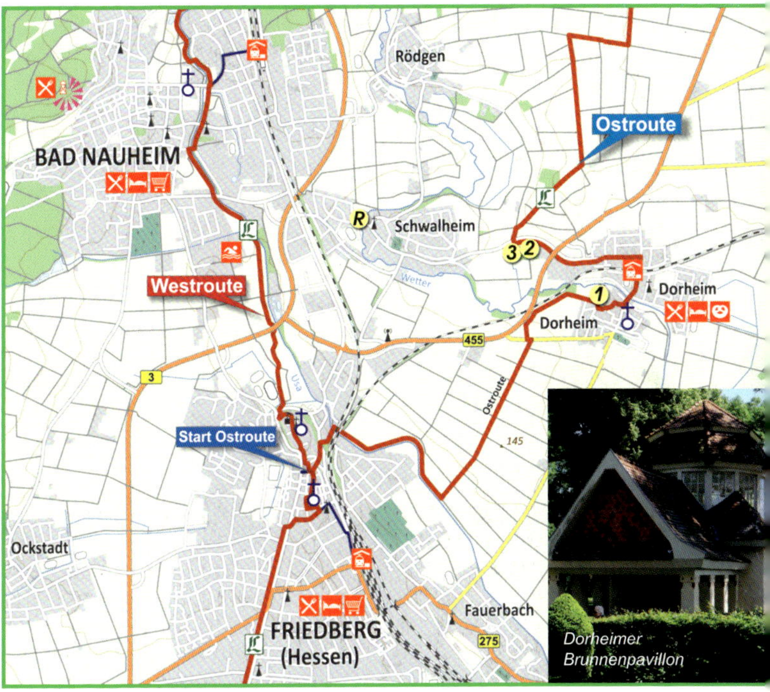

Dorheimer Brunnenpavillon

und ist leicht salzig. Das Wasser des Sauerbrunnens kommt unter einer kupfernen Haube hervor. Es ist salziger als das Wasser des Löwenbrunnens. Neben den Brunnenanlagen steht ein altes Brunnenwärterhäuschen, in dem sich ein Nobelrestaurant etabliert hat.

Service-Infos Dorheim
Übernachtung und Einkehren: Hotel Dorheimer Hof***, Wetteraustraße 66 - 70, Friedberg-Dorheim, Tel. 06031-73700;
Gaststätte Thüringer Haus, Wetteraustraße 47, Tel. 06031 5360
Einkaufen: Bäckerei Migot, Marktplatz 2; Germania-Apotheke, Wetteraustr. 39; Sparkassen-Filiale, Wetteraustr. 44
Ev. Kirche an der Wetteraustr. hinter Apotheke, Tel. 06031-5128
Bahnanschluss: Nahverkehr nach Friedberg

Nach Wölfersheim

An der Brunnenanlage wendet sich der Lutherweg nach links und folgt einem Wirtschaftsweg auf einen flachen Höhenrücken. Bis Wölfersheim geht es nun durch eine weite Feldflur. Das heutige Wölfersheim ist aus einem Marktflecken (Wölfersheim) und einem Dorf (Södel) entstanden. 187 Jahre lang lebte man in Wölfersheim vom Braunkohlebergbau. 1994 wurde der Grubenbetrieb eingestellt. Heute pendeln viele Einwohner nach Frankfurt. Der Lutherweg führt zunächst durch den Ortsteil Södel. Dann geht es über die Hauptstraße ins neue Zentrum von Wölfersheim. Am Rathaus wendet sich die Hauptstraße nach links. Der Lutherweg folgt dagegen der geradeaus führenden Bahnhofstraße.

Mit den Wolken ziehen

Aufgehoben
hoch getragen
mit den Wolken
weiter zieh`n

Staunend folgen
ihren Bahnen
ihrem Werden
und Vergehen

Am blauen Himmel
Bilder malen
federleicht und
tränenschwer

Aufgehoben
hoch getragen
im Vertrauen
weiter zieh`n

Britta Laubvogel

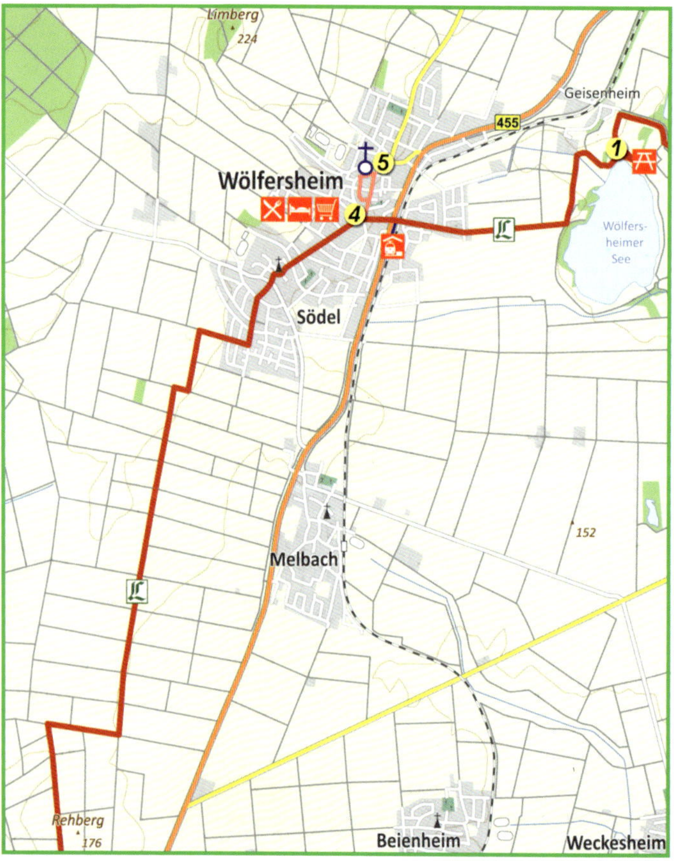

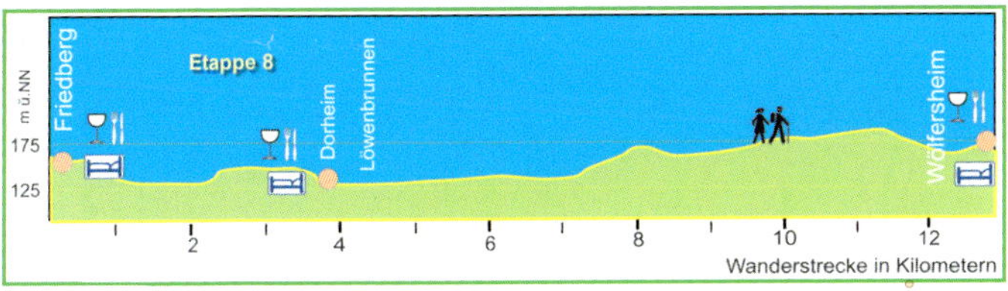

Wer das alte Zentrum von Wölfersheim kennen lernen möchte, folgt der Hauptstraße, die kurz hinter dem Rathaus am Weißen Turm (4) vorbeiführt, ein Wehrturm an der Mauer, die den Marktflecken vor Überfällen schützte. Die Hauptstraße geht in die Poststraße über und die stößt auf die Kirchgasse. Hier links zur ev.-reformierten Kirche von Wölfersheim (5). Über die Brauhofgasse gelangt man wieder zurück zur Hauptstraße und zum Rathaus. Auf diesem Weg kommt man am Schwarzen Turm vorbei.

Service-Infos Wölfersheim
Übernachtung und Einkehr: Hotel Wetterau, Södeler Weg 4, Tel. 06036-983800
Einkehren: Ratsschänke Sodila, Kirchplatz 3; Pizzeria-Ristorante Isoletta, Hauptstr. 52; Eiscafé, Hauptstr. 86; Döner-Pizzahaus , Hauptstr. 77; Mama´s Burger, Hauptstr. 57; Antik-Café, Heyenheimer Weg 17
Einkaufen: Metzgerei Hoos, Södeler Str. 27; Hinnerbäcker, Hauptstr. 63; Geldautomat VB-Bank, Hauptstr. 58; Einkaufsmärkte und Sparkassenfiliale am Bahnhof
Ev. Kirche Wingertstr. 16, Tel. 06036-5034
Bahnanschluss: Nahverkehr nach Friedberg

9. Etappe

Länge 23 km
Wölfersheim zur Wartburg 205 km

Wölfersheim - Nonnenroth

(*Man kann natürlich auch schon in Hungen übernachten.)*

Von der neuen Stadtmitte aus führt der Lutherweg zum kürzlich wiederbelebten Wölfersheimer Bahnhof. Über den Heyenheimer Weg geht es in die Feldflur, wo man bald auf den Wölfersheimer See stößt (1). Der See, dessen Ufer ansprechend und naturnah gestaltet sind, ist nach Aufgabe des Braunkohletagebaus entstanden. Leider ist Baden aufgrund der schlechten Wasserqualität verboten.

Berstadt

Und wieder geht es durch die Feldflur. Auf einer Brücke über die Autobahn Gießen-Hanau und einer Brücke über die Berstädter Ortsumgehung gelangt man nach Berstadt. Der Lutherweg steuert auf das alte Dorfzentrum, den Tanzhof und die benachbarte Kirche zu (2). Auf einem Fußweg geht es an der Kirche vorbei zur Brückenstraße. Dort wendet man sich rechts und folgt der „Oberpforte" in die Feldflur Richtung Utphe.

Zuvor kommt man am ehemaligen Gemeindegasthaus vorbei (Oberpforte 1), auf dessen einstiger Außentreppe Luther der Berstädter Erzähltradition nach gepredigt hat.

Andrea Krüger für Hungen im Vorstand des Vereins Lutherweg in Hessen

Service-Infos Berstadt

Übernachtung: Berstädter Hof, Untergasse 10, Tel. 06036-7575761; Alte Dorfschule Familie Mantz, Licher Str. 10, Tel. 06036-386927; Hannelore Zimmermann, Burggasse 4, Tel. 06036-386927, „Indoor-Camping" für Pilgergruppen im Pfarr- u. Gemeindehaus, Tel. 06036-980092

Einkehren: Gaststätte Zur Brücke , Kellergasse 1 (nur abends); Berstädter Hof, Untergasse 10; Gaststätte Familie Michel in der Mehrzweckhalle, Oberforte 39, mit Biergarten (nur abends)

Einkaufen: Bäckerei Müll, Kellergasse 1; Einkaufszentrum im Industriegebiet; VB-Bank Filiale, Licher Str. 12

Ev. Kirche am Tanzhof/Licherstr., Lutherwegbeauftragte Frau Möller-Seeling, Tel. 06036-980092

Utphe und die Knappenseen

Anderthalb km geht es durch die Feldflur. Dann führt der Lutherweg in den Ort Utphe, der im Kern seinen dörflichen Charakter bewahrt hat. Um das 1780 erbaute Fachwerkrathaus und das ehemalige Solms-Laubacher Hofgut sieht es richtig romantisch aus (3). Man kann in aller Ruhe auf der Weedstraße durch das alte Dorf schlendern. Der Durchgangsverkehr berührt das Ortszentrum nicht. Die Weedstraße wird hinter Utphe zur Anliegerstraße, die zwischen zwei großen Tagebauseen hindurch führt, den oberen und den unteren Knappensee. Die Seen sind für die Vogelwelt reserviert. Am Ortsende gelangt man rechts über die Straße „Am Heegweg“ zu einem Ausguck, von dem man den Unteren Knappensee überblicken kann (4). Auch die östlich anschließende Aue des Flüsschens Horloff ist als Naturschutzgebiet ausgewiesen. Neben dem Storch und dem Kiebitz leben hier zahlreiche vom Aussterben bedrohte Arten. Zudem dienen die Horloffwiesen als Rastplatz für Zugvögel.

Einkaufen in Utphe: Metzgerei Eiser, Berstädter Str. 3

Am Trais-Horloffer oder dem Inheidener See

Der Lutherweg führt am westlichen Ufer des Oberen Knappensees nach Trais-Horloff. Um zu verhindern, dass die Wasservögel beim Brutgeschäft gestört werden, ist das Seeufer mit Heckenzügen abgeschirmt. In Trais-Horloff führt der Lutherweg über den Utpher Kirchenpfad zur ev. Dorfkirche (Infos Tel. 0640-6156). Der „Pfad“ heißt so, weil die Utpher selbst keine Kirche haben. An der alten Dorfstraße wendet sich der Lutherweg nach rechts, um gleich darauf links über den Wolfskauter Weg Kurs auf den Inheidener See zu nehmen, einen Braunkohletagebausee, der als Badesee ausgewiesen ist.

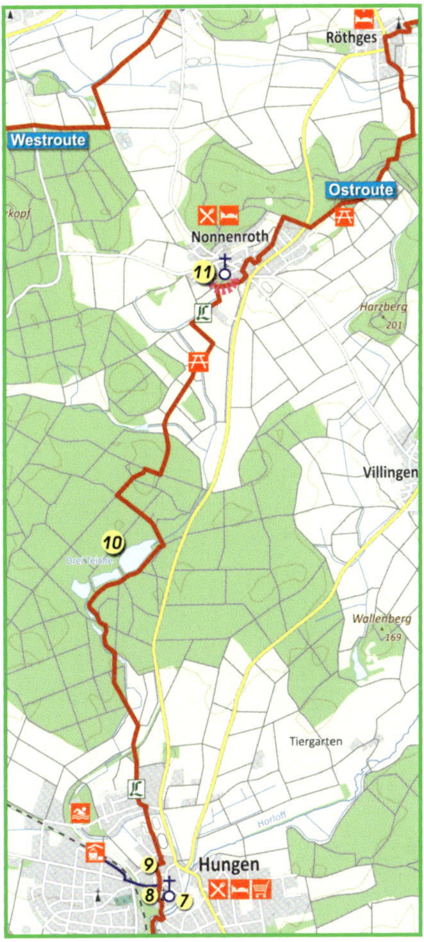

Der Lutherweg führt am östlichen Seeufer entlang, wo sich neben zahlreichen Wochenendhäusern der Badestrand befindet. Hier gibt es auch einen Kiosk (5). Zwischen Inheiden und Hungen folgt der Lutherweg über ein längeres Stück der Bahnstrecke Gießen-Nidda. Etwas abseits vom Lutherweg liegt das Hofgut Grass mit zwei Museen und einem Restaurant (6). Infos unter www.hof-grass.de.

Übernachtung in Inheiden: Pension Raab, In der Hohl 2, Tel. 06402-9574

Hungen

Kurz vor Hungen führt der Lutherweg durch die Hungener Schweiz. Die Horloff hat sich hier durch eine Basaltdecke gefräst und eine „Schlucht“ geschaffen. Über einen Fußpfad steigt man auf den Liebfrauenberg, dem bis in die Stadt ragenden Ausläufer eines Basaltrückens. Auf dem Liebfrauenberg stehen die ev. Stadtkirche der reformierten Gemeinde Hungen (7) und das Hungener Schloss (8), in dem sich in den siebziger Jahren ein Wohnprojekt etabliert hat, (siehe Lutherwegbuch S. 174 ff).

Von der Kirche führt der Lutherweg hinunter zum Marktplatz und geradewegs weiter in die Brauhofstraße. Dort befindet sich die Hungener Käsescheune, in der Schafskäse aus heimischer Schafsmilch produziert wird (9). Phantastisch! Wo gibt es so etwas noch? Die Produktion ist rundum gläsern. Sogar einen Blick in den Reifekeller kann man werfen. In der Käsescheune kann man nicht nur Käse kaufen, sondern auch gut essen. Zudem befindet sich im ersten Stock die Ausstellung „Schaf und Natur“. Hungen bezeichnet sich ja auch als Schäferstadt, und das nicht ohne Grund. Hungen hat einen Schäfer mit dem schönen Namen Meisezahl unter Vertrag, einen Schäfer von echtem Schrot und Korn, der die stadteigene Schafherde hütet. Und das ist noch nicht alles: Alle zwei Jahre wird in Hungen ein Schäferfest gefeiert, mit Schäferlauf, Wetthüten und Festzug.

Kirche von Nonnenroth

Service-Infos Hungen
Übernachtung: Hotel am Markt, Liebfrauenberg 3, Tel. 06402-518851; Gasthaus zur Reichskrone, Obertorstr. 12, Tel. 06402-7204
Einkehren: Sterntaler, Obertorstr. 29; Zum Otto, Obertorstr. 13; Unter den Linden, Am Grassee 10; Käsescheune, Brauhofgasse 2
Einkaufen: Metzgerei Bender, Obertorstr.16; REWE-Markt am Nordrand der Altstadt, Untertorstr. 38; Hungener Käsescheune, Brauhofstr. 3; Sparkasse, Obertorstr. 3; Volksbank, Kaiserstr.17; Hof-Apotheke, Kaiserstr. 16; Apotheke Phönix Kaiserstr. 19;
Ev. Stadtkirche auf dem Liebfrauenberg, Tel. 06402-9851, geöffnet tägl. 9-19 Uhr.
Bahnanschluss: Regionalverkehr auf der Strecke Gießen-Nidda

Nonnenroth

Von Hungen geht es auf dem Lutherweg geradewegs in die Natur, zunächst einmal in die Hubbach-Wiesen, die der Hungener Stadtschäfer gern mit seiner Herde aufsucht. Auf die Wiesen folgt Wald, ein schöner Wald, mit drei großen Teichen (10). Noch gut 1 km Wald, dann öffnet sich das Gelände wieder und man wandert durch eine abwechslungsreiche Flur auf Nonnenroth zu. Die Kirche steht hier nicht mitten im Dorf, sondern auf einem Hügel am südlichen Ortsrand (11). In Nonnenroth gibt es eine aktive Lutherweggruppe, die von Pfarrer Hartmut Lemp, Werner Leipold und Erich Butteron, allesamt im Kirchenvorstand, angeführt wird. Die Männer haben einen Förderantrag für den Kauf von Schäferwagen gestellt. Sobald der Antrag genehmigt ist, können Pilger in einem solchen Wagen übernachten.

Übernachtung in Nonnenroth: Landhotel Nonnenroth**, Hauptstr. 2, Tel. 06402-809790,
Ev. Kirche Nonnenroth: Auf dem Kirchberg, Tel. 06402-7109

10. Etappe

Länge 19 km
Nonnenroth zur Wartburg 182 km

Nonnenroth - Mücke

Von Nonnenroth geht es durch hügeliges Gelände nach Röthges und weiter zum Hessenbrückenhammer, einem Gasthaus an der alten Heerstraße (1). Der seltsame Name des Gasthofs stammt von einem Eisenhüttenbetrieb, in dem einst mit einem Hammer Roheisen geschmiedet wurde. Am Hessenbrückenhammer treffen die Ost- und die Westroute des Lutherwegs wieder zusammen.

Übernachtung in Röthges: Haus Herrenhof, Burgstr. 13, Tel. 06405-500160
Einkehr: am Hessenbrückenhammer, Tel. 06405-1484

Durchs Territorium der Stadt Laubach

Vom Hessenbrückenhammer aus geht es zunächst auf einem Radweg Richtung Laubach. Nach knapp 1 km, in einer Rechtskurve, trennt sich der Lutherweg vom Radweg und verläuft über die Aue

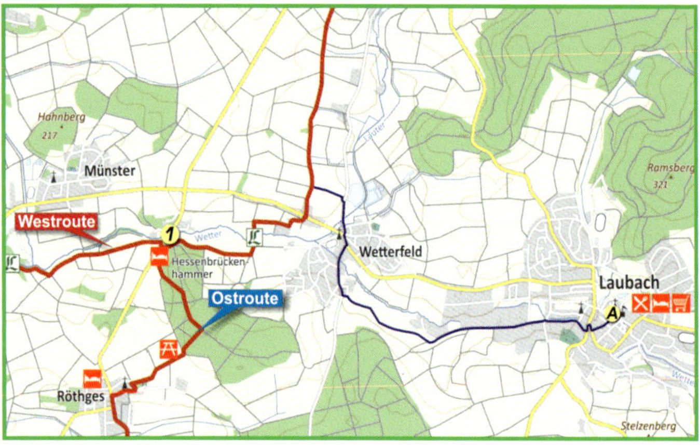

der Wetter, um am anderen Ufer auf den Laubacher Ortsteil Wetterfeld zuzusteuern.

Wer Zeit und Muße hat, sollte einen Abstecher zum ca. 3,5 km entfernten Laubach unternehmen, vor allem wegen der Schlossbibliothek, in der Bücher aus der Lutherzeit präsentiert werden. Eine Beschreibung der Schlossbibliothek und ihrer Schätze findet man im Lutherwegbuch S. 164 ff.

Von Wetterfeld ist es nicht mehr weit bis Grünberg. Der Lutherweg verläuft parallel, aber mit deutlichem Abstand zur Alten Heerstraße, auf der Luther gefahren ist.

In Grünberg

Grünberg wurde auf einem basaltenen Höhenzug gebaut, sodass man die Stadt schon von weitem erblickt. Über die „Neustadt" schreitet man Richtung Altstadt bergan. Nach ca. 500 m wendet sich der Lutherweg nach rechts und folgt der Hintergasse zum „Museum im Spital", dem Stadtmuseum (2). Dort befinden sich u.a. Exponate zu den vor der Reformation in Grünberg ansässigen Antonitern und eine gut gemachte Amazonas-Ausstellung, die auf den Berichten des Grünberger Forschungsreisenden Theodor Koch-Grünberg basiert. Jetzt geht es in die Stadtmitte und zwar über die Hintergasse, das Brückelchen, die Judengasse und einen Fußweg, der zur ev. Stadtkirche führt. Wer eine mittelalterliche Kirche erwartet hat, ist vielleicht enttäuscht. Die gotische Kirche ist 1816 eingestürzt. Doch auch die Mitte des 19. Jh. errichtete Ersatzkirche ist bemerkenswert, nicht nur wegen des lebensgroßen Lutherbilds in der Eingangshalle,

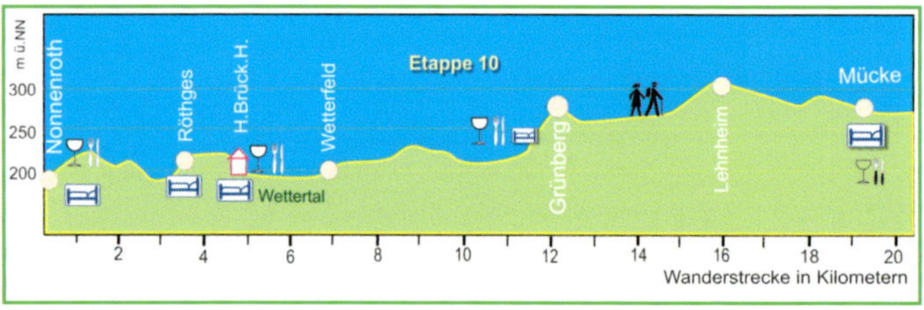

sondern auch wegen des doppelten Bodens, den man im 20. Jh. eingebaut hat (3). Schauen Sie mal hinein. Den Schlüssel organisiert Dekan Norbert Heide (Tel. 0173980729). Ein paar Schritte von der Kirche entfernt befinden sich der Löwenbrunnen und ein altes Wasserförderhäuschen. Direkt hinter dem Häuschen fällt das Gelände steil ins Brunnental ab, von dem man früher das Wasser herauf pumpte. Von der Kirche geht es über die Kronengasse zum Marktplatz, in dessen Umfeld Cafés und Bistros zur Rast einladen (4).

An der Ecke Marktgasse befand sich einst ein Fachwerkhaus, in dem Luther übernachtet haben soll. Die Wahrscheinlichkeit, dass dies zutrifft, ist hoch. Am 29. April hatte Luther in Friedberg an seinen Freund Spalatin geschrieben: „…Heute fahren wir nach Grünberg…“ Original „…Hodie ad gronbergung vehimur…“.

Ehemaliges Lutherhaus in Grünberg

Der Lutherweg führt die Marktgasse hinunter und biegt an deren Ende rechts in die Rosengasse ein. Das

Quartier zwischen Rosengasse und Stadtmauer wird vom ehemaligen Chorherrenstift der Antoniter eingenommen (5). Mit der Reformation fielen die Gebäude an den hessischen Landgrafen in Marburg, der die Immobilie zu einem Witwensitz für seine Frau ausbauen ließ. Über die Bedeutung und das Wirken der Antoniter berichtet das Lutherwegbuch (S. 160). Hinter dem Schloss steht ein eindrucksvolles Fachwerkhaus, das den Antonitern als Wirtschaftsgebäude diente. Während einer Pestepidemie – der Landgraf hatte das Schloss bereits seinem Besitz einverleibt – hatte das Gebäude den Professoren der Universität Marburg als Zuflucht gedient.

Service-Infos Grünberg
Übernachtung: Seminarhotel Jakobsberg***, Jakobsweg 9, Tel. 06401-91580; Sporthotel Grünberg ****, Am Tannenkopf 1, Tel. 06401-8020
Einkehren und Einkaufen: In der Altstadt von Grünberg und dessen engerem Umkreis gibt es mehrere Restaurants, Bistros und Cafés und gute Einkaufsmöglichkeiten
Ev. Stadtkirche An der Stadtkirche, für Kirchenschlüssel Dekan Norbert Heide, Tel. 0173980729
Bahnanschluss: Regionalverkehr der Strecke Fulda- Gießen

Nach Mücke

Der Lutherweg verlässt die Altstadt über einen Fußweg, der links von der Rosengasse abzweigt und unter der B49 hindurchführt. Dann geht es „Am Rondell" wieder bergauf und schließlich rechts über den Lehnheimer Weg am Bahnhof vorbei und in die freie Flur hinaus nach Lehnheim. Die Bahn wird gequert, dann Lehnheim und weiter geht's durch Felder und Wald nach Mücke OT Merlau.

Der Lutherweg führt über die Straße „Im Herrnhain" in den Ort hinein. Dann geht es rechts am Bahnhof, an Supermärkten und

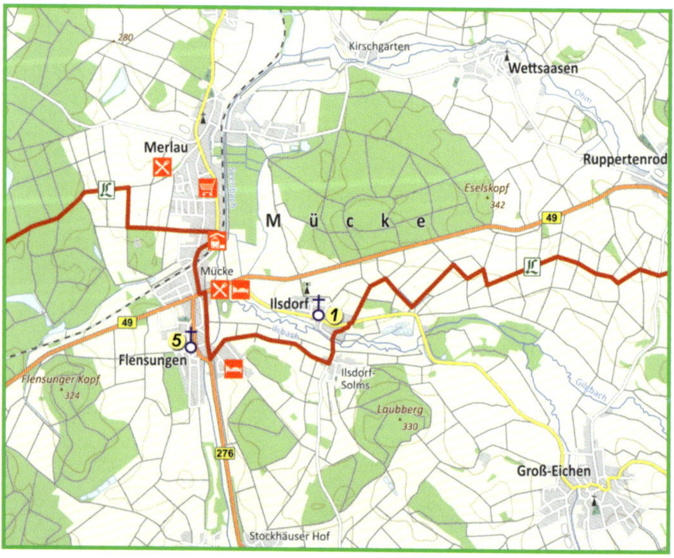

zwei Restaurants vorbei und über die Bahnlinie hinweg in den Ortsteil Flensungen. Mit Hilfe einer Ampel gelangt man über die B 49. Auf der anderen Straßenseite hält man sich links, um nach ca. 40 m rechts in einen Fußweg einzubiegen, der auf einer ehemaligen Bahntrasse verläuft. Man folgt diesem Weg, bis er auf die Straße „In der Au“ stößt (ca. 500 m). Dort geht es links Richtung Ilsdorf, wobei die Straße bald in einen Wirtschaftsweg übergeht. Wer im Chrischona-Freizeitdorf Flensunger Hof übernachten will, biegt zuvor rechts in die Straße „Am Flensunger Hof“ ein.

Der Bahnterrassenweg umgeht den Dorfmittelpunkt von Flensungen. Wer die Kirche nicht verpassen will, biegt nach ca. 350 m rechts ab und folgt dem Seenbachweg zur Hauptstraße, über der die Kirche steht (5). In vorrefomatorischen Zeiten war die Kirche Ziel von Wallfahrten. Das alte Steinkreuz vor der Kirche stammt von einem „Crutzeweg“.

Service-Infos Mücke OT Flensungen/Merlau
Übernachtung und Einkehr: Am Flensunger Hof 10, Tel. 6400-5090; Gaststätte „Zur alten Mücke“, Gießener Str. 1, Tel. 06400-950972; Landhotel Gärtner ***, Bahnhofstr. 11, Tel. 06400-95990,
Einkaufen: REWE-Markt, Flensunger Weg 77; Neukauf-Markt, Bahnhofstr. 44; Ohm-Apotheke, Bahnhofstr. 122; Sparkasse, Bahnhofstr. 119
Ev. Kirche OT Flensungen: im Winkel, Pfarrer Holger Becker, Tel. 06634-8695
Bahnanschluss: Regionalverkehr der Strecke Fulda- Gießen

11. Etappe

Länge 22 km
Mücke zur Wartburg 163 km

Mücke – Groß-Felda

Am nächsten Morgen steht nach kurzem Einlaufen eine ganz besondere Kirche auf dem Programm, die Fachwerkkirche von Ilsdorf (1). Sie stand bis Mai 1983 im 10 km entfernten Bernsfeld. Wie die Kirche nach Ilsdorf kam und weshalb darüber sogar die Bild-Zeitung berichtet hat, das erfährt man im Lutherwegbuch (S. 158) oder bei einem Gespräch mit der Ilsdorfer Pfarrerin Kerstin Kiehl (Tel. 06405-917592). In der Kirche befindet sich ein Emporengemälde von Luther mit dem Schwan.

Im Tal der Ohm

Weiter geht's in leichtem Auf und Ab durch die Feldflur nach Ruppertenrod, wo eine weitere Fachwerkkirche wartet (2). Sie ist deutlich größer als die in Ilsdorf und steht mitten im Dorf. In der Kirche legen die Landfrauen jedes Jahr im September einen Früchteteppich aus,

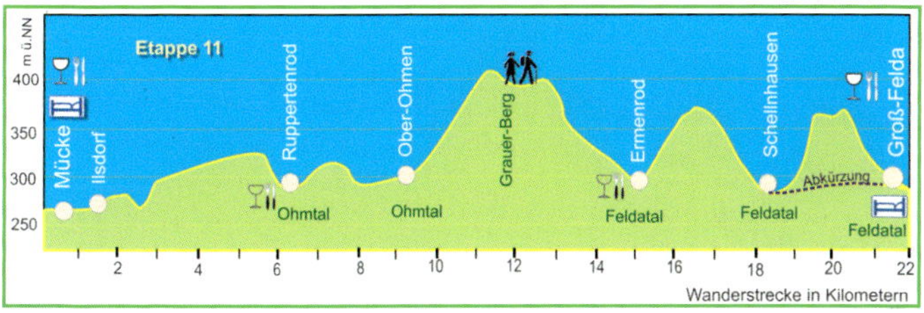

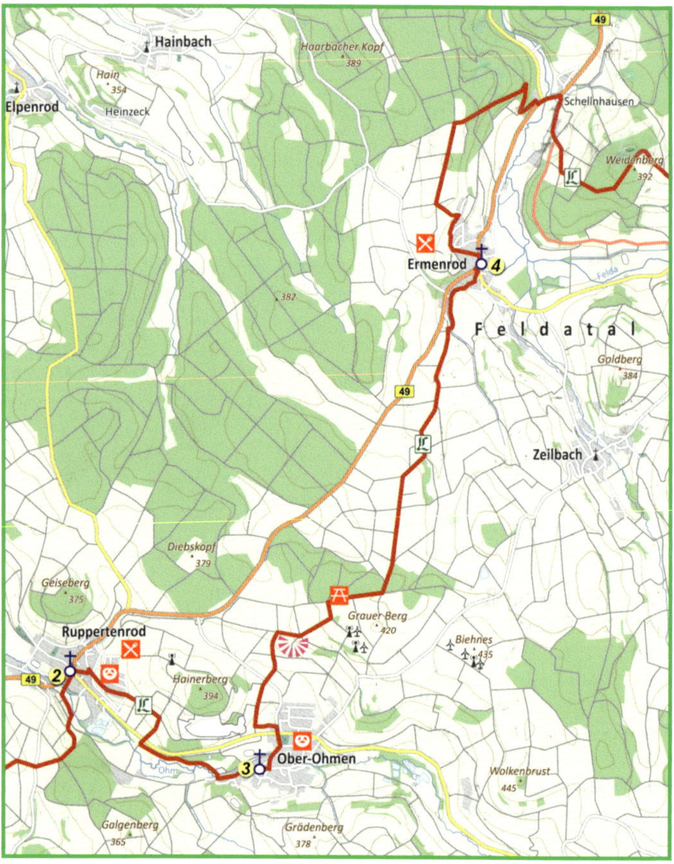

der bis in den November zugänglich ist. Dazu wird in der Kirche Ware aus fairem Handel angeboten.

Service-Infos Ruppertenrod
Einkehr: Pizzeria Italia , Hindenburgstr. 28
Einkaufen: Bäckerei Naucim Dauletiar, Mühlgasse 5
Ev. Kirche: Mühlgasse, Pfarrer Markus Witznick Tel. 06400-950897. Kirchenschlüssel bei Beate Becker, Mühlgasse 1, gegenüber der Kirche.

Ober-Ohmen

Von Ruppertenrod aus wandert man durchs Tal der Ohm nach Ober-Ohmen. Das Dorf, das früher zum Besitz der Riedesel Freiherren zu Eisenbach gehörte, war einst für die benachbarten Dörfer der zentrale Kirchenort. Dementsprechend konnte man sich dort eine große, massiv gebaute Kirche leisten, in deren Chorturm vor Kurzem mittelalterliche Fresken freigelegt wurden (3).

Einkaufen in Ober-Ohmen: Metzgerei Irzinger, Schnepfenhain 8; Bäckerei Richter, Goethestr. 14; Hannawald Lebensmittelmarkt, Friedensstr. 15.
Ev. Kirche Ober-Ohmen: Am Römer, Pfarrer Markus Witznick, Tel. 06400-950897. Kirchenführung für Gruppen: Karlheinz Lichau, Am Steinmühl 5, Tel. 06400-8164. Kirchenschlüssel bei Gertrud Horst, Am Römer 4, gegenüber der Kirche.

Hinter Ober-Ohmen geht es auf den 400 m hohen Grauen Berg hinauf, auf dessen breitem Rücken sich Windräder drehen. Wir befinden uns jetzt am Rande des Vogelsberges, einer Vulkanlandschaft mit einer schildförmigen Aufwölbung, von der aus Bäche und kleine Flüsse Täler in den Basalt gefräst haben. Für den Wanderer zwischen Mücke und Alsfeld bedeutet dies, dass er immer wieder Höhenzüge überwinden muss, wobei sich die Anstiege jedoch in Grenzen halten.

Ermenrod und die Fachwerkkirche Nr. 3

Vom Grauen Berg führt der Lutherweg ins Tal der Felda, nach Ermenrod. Kurz vor dem Dorf, am Hang gegenüber dem Lutherweg, erscheinen Palisaden. Dahinter verbirgt sich eine Greifvogelwarte, die 80 Greife und Eulen präsentiert und regelmäßig Flugschauen veranstaltet. Mitten im Ort stoßen wir auf die Fachwerkkirche Nummer drei, die zudem den Namen Luthers trägt (4). Und noch etwas Bemerkenswertes: Der Pfarrer der ev.-lutherischen Gemeinde, Thomas Harsch, bietet für Pilgergruppen Andachten mit Reisesegen an, und er feiert ab und an eine echte lutherische Messe mit Messgewändern und Wechselgesängen.

Einkehr in Ermenrod: Froschkönigs Bauernstube, Grünberger Str. 9; Zum Feldatal bei Moro, Alsfelder Str. 21
Ev. Martin Lutherkirche in Ermenrod: Alsfelderstr., Pfarrer Thomas Harsch, Tel. 06634-360; Kirchenschlüssel bei Claudia Westrupp, Tel. 06637-1289, Alsfelder 15a, oder bei Christiane Seim, Tel. 06637-589, Plattenweg 1

Von der Kirche aus folgt man der B 49 gut 100 m in Richtung Alsfeld, dann geht es links ab und über die Straße „In der Hohl", auf den Steinluckweg und schließlich auf einem Naturweg auf die Höhe über dem Dorf, wo schöne Hutebäume stehen. Weiter geht's halbrechts durch die Feldflur und im Wald im Zickzack hinunter nach Schellnhausen, ein Dorf, das noch kleiner ist als Ermenrod. Der Lutherweg folgt der B 49 über die Felda hinweg ins „Dorfzentrum". Manch einer mag sich fragen, warum man bei Ermenrod einen Berg erklommen hat. Die Antwort: weil es zwischen Ermenrod und Schellnhausen, außer der B49, keinen Talweg gibt.

Ca. 100 m hinter der Feldabrücke führt der Lutherweg links in eine schmale, von Höfen gesäumte Straße. Am letzten Gehöft verzweigt sich die Straße. Der Lutherweg hält sich links und steigt auf einem

Wirtschaftsweg bergan. Nur 40 m weiter stößt man auf eine Kreuzung. Hier führt der Lutherweg geradeaus und steigt weiter bergan, Richtung Friedhof.

Wer jetzt einen Übernachtungsplatz sucht, biegt hier rechts ab und folgt einem Wirtschaftsweg, der ohne nennenswerte Steigungen in gut 2 ½ km nach Groß-Felda führt (rosa Linie). Dort gibt es ein Landhotel mit dem verlockenden Namen Oase sowie in der Schellnhäuserstraße ein Haus mit Ferienwohnungen.

Service-Infos Groß-Felda
Übernachtung: Landhotel und Restaurant Zur Oase, Hauptstr. 24, Tel. 06637-460; Ute Scheldake, Ferienwohnungen, Schellnhäuser Pfad 6, Tel. 06637-555
Einkehr: Restaurant Zur Oase (s. oben); Pizzeria Costa Smeralda, Hauptstr. 57;
Einkaufen: Bäckerei Richter, Hauptstr. 27; Metzgerei Ruppenthal, Hauptstr. 18; Dehn´sche Apotheke, Hauptstr. 28,; Sparkassen-Filiale, Ermeröder Str.3; VR-Bank, Schulstr 10; Tegut Lebensmittelmarkt, Hauptstr. Richtung Kestrich
Ev. Kirche, Hauptstr. 35, Tel. 06637-1547

12. Etappe

Länge 22 km
Groß-Felda zur Wartburg 141 km

Groß-Felda - Alsfeld

Von Groß-Felda führt ein markierter Zuweg hinauf zum Lutherweg. Oben geht es links ca. 1 km über die freie Höhe mit Blick auf den Vogelsberggipfel. Dann senkt sich der Weg ins Tal des Göringer Bachs, der im Dautzenröder Teich (1) seinen Anfang nimmt. Hier lädt ein Rastplatz zum zweiten Frühstück ein.

Weiter geht's, am Waldrand entlang, in ein Seitental hinauf und schließlich durch Wald zur Haberkorneiche, die den Scheitelpunkt eines Höhenzuges markiert (2). Nun geht es am Rande eines Waldwiesentals, das mit dem Buchhölzer Teich (3) einen schönen Abschluss findet, sanft bergab. Der Lutherweg schlägt einen Halbkreis um den unter Naturschutz stehenden Teich und steigt dann zum gegenüber liegenden Waldsaum hinauf. Von dort geht es geradewegs durch die Feldflur auf die kleine Stadt Romrod zu.

Romrod

Romrod kann mit einem großen Schloss, einer Museumsscheune, und einer restaurierten Synagoge punkten. Über die Straße „Am

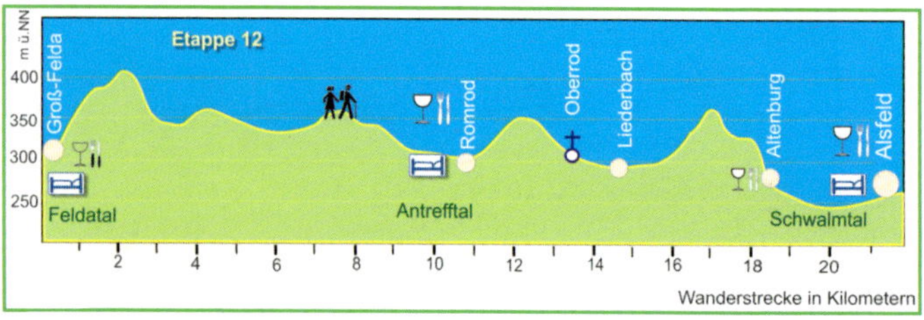

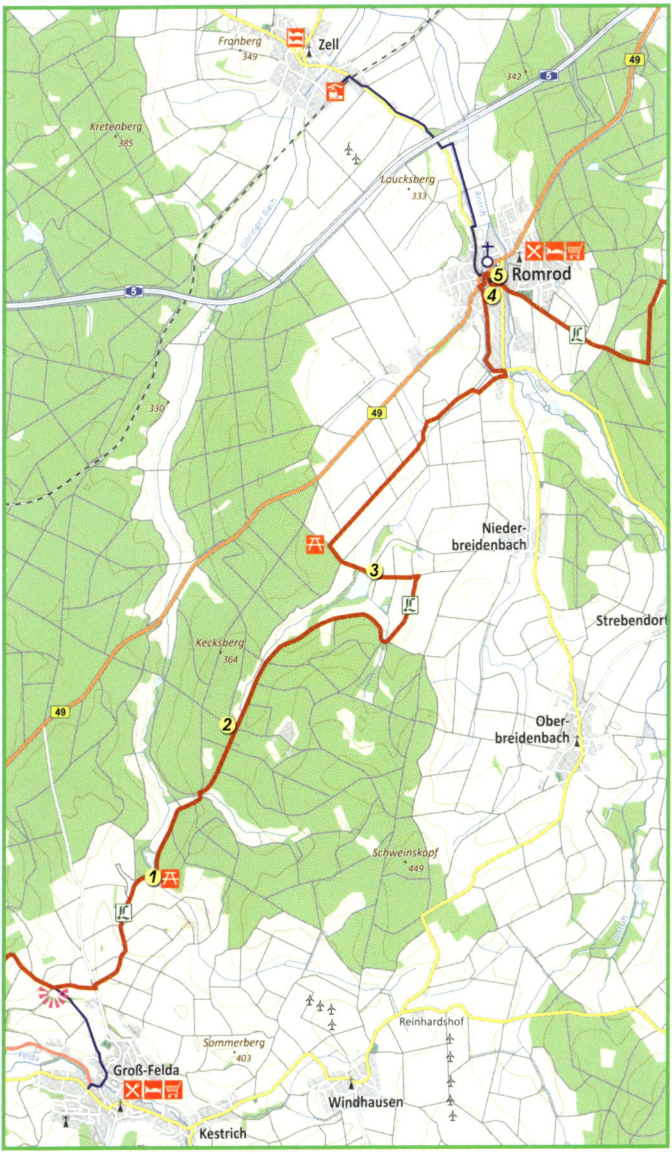

Ocherbach" geht es in den Ort hinein. Ein alter Steg führt über den Bach zum „kleinen Museumsufer" (4.) Die Museumsscheune beherbergt eine Ausstellung zu Ausgrabungen im Romröder Schloss. Bei der Besichtigung der ehem. Synagoge bekommt man eine kleine Mikwe zu sehen. Nicht zu vergessen, in der Museumsscheune befindet sich die Geschäftsstelle des Lutherwegvereins.

Um zum Schloss (5) zu gelangen, braucht man nur rechts um die Ecke zu biegen. Dabei kommt man zugleich an der ev. Schlosskirche vorbei. Der Schlosshof und der kleine Schlosspark sind frei zugänglich. Um ins Innere des Schlosses zu gelangen, bucht man eine Schlossführung

(Tel. 06636-562, Mobil 0160-92224434). Das Schloss wurde in seiner heutigen Form vom Großherzog von Hessen-Darmstadt gestaltet und zwar als „Feriensitz“ und Jagdschloss. Der Lutherweg schlägt gegen den Uhrzeigersinn einen Halbkreis um das Schloss (Schlossallee). Dann quert er die Neue Straße und führt geradewegs aus Romrod hinaus. Nach ca. 1 km taucht der Weg in den Wald ein. An der darauf folgenden Kreuzung wendet sich der Lutherweg nach links und führt in das Wiesental des Liederbachs.

Service-Infos Romrod
Übernachtung: Landhaus Göbler, Krummacker 21, Mobil 01520-751 9492; Neues Landhotel Vogelsberg***, Kneippstraße 1, Tel. 06636-890; Hotel Schloss Romrod****, Alsfelder Str. 7, Tel. 06636-9181700; private Pilgerherberge bei Bernd Rausch, im OT Zell, Birkenstr. 2, Tel. 06636-454 und bei Eleonore Hansel, im OT Zell, Am Schildchen 7, Tel. 06636-612
Einkehr: Landgasthaus Tenne, Alsfelder Str. 5; Gaststätte Burghof, Neue Str. 8; Ristorante Al Castello, Alter Talweg 1.
Einkaufen: Bäckerei Lind, Alsfelder Str. 27; Metzgerei Becker, Alsfelder Str. 8; REWE-Markt, Zeller Str. 5-7; Schloss-Apotheke, Hügelstr. 2; Sparkasse, Zeller Str. 7; VR-Bank, Schlosstr. 5.
Ev. Kirche Alsfelder Str., Pfarrer Friedhelm Sames, Tel. 06636-226
Bahnanschluss: im OT Zell, Regionalbahn Gießen-Fulda

Die Kirche von Oberrod

Im Liederbachtal steht unter dem Schirm mächtiger Bäume eine einsame Kirche (6). Es ist die Kirche des vor Jahrhunderten wüst gefallenen Ortes Oberrod. Dafür überrascht der tadellose Zustand des Gotteshauses. Zudem reihen sich im Kirchhof Gräber. Die Erklärung: Die Kirche von Oberrod wird seit langem von der ev. Gemeinde Liederbach genutzt. Die Kirche ist verschlossen. Doch wer sich telefonisch bei Frau Zimmermann anmeldet (Tel. 06631-918390), für den hält sie den Kirchenschlüssel parat. In der Kirche gibt es neben einem Taufbecken aus dem 13. Jahrhundert ein kleines Lutherbild mit Schwan zu sehen. Das Bild wurde 1805 gemalt.

Weiter geht's, am Bach entlang nach Liederbach. Dort wendet sich der Lutherweg nach rechts. Man wandert durch Felder, dann steigt man durch Wald auf einen Höhenzug. An einer Waldwiesenecke wendet sich der Lutherweg im spitzen Winkel nach links und führt über den Gänsberg hinweg nach Altenburg.

Schloss Altenburg und Weg in die Alsfelder Altstadt

Gleich hinter den ersten Häusern von Altenburg, noch auf der Höhe, kommt man an einem Schloss der Riedesel Freiherren zu Eisenbach vorbei (7). Die Schlosskirche wird heute von der ev. Gemeinde Eifa-Altenburg genutzt. Der Lutherweg führt über die Schlossbergstraße ins Schwalmtal hinunter. Die Bahnlinie Fulda –Gießen wird gequert, dann geht es auf einem Fußweg entlang der Schwalm auf Alsfeld zu. Kurz hinter der Autobahnbrücke nutzt man eine Fußgängerbrücke, um ans andere Ufer der Schwalm zu gelangen. Ein Parkweg leitet den Wanderer zum Erlenteich und dem Alsfelder Schwimmbad. Direkt hinter dem Bad wendet man sich rechts und folgt der Straße „An der Bleiche“, bis links ein Fußweg abzweigt. Auf diesem geht es hinauf zur Straße „Hofwiesenweg“. Dort hält man sich rechts, um gleich wieder links in den nächsten Fußweg einzubiegen. Der führt zum Klostermauerweg hinauf. Man wendet sich nach links und kommt so zur Volkmarstraße. Von der Ecke Volkmarstraße/ Klostermauerweg blickt man auf das ehemalige Klosterspital, das sich an die 3 m dicke Stadt- bzw. Klostermauer lehnt. Von dieser Mauer soll Tileman Schnabel, der Reformator Alsfelds, gepredigt haben.

Ehem. Augustinerkloster in Alsfeld mit Dreifaltigkeitskirche

In Alsfeld - Vom Augustinerkloster zur Walpurgiskirche

Ein paar Schritte weiter (rechts) geht der Blick auf den Haupttrakt des Klosters, in dem sich die Zellen der Mönche befanden (8). Doch man schaut auf leere Fensterhöhlen. Das Mönchsgebäude ist eine Ruine. Die Klosterkirche, Dreifaltigkeitskirche genannt, ist dagegen intakt und auch noch „im Betrieb“. Es ist die Winterkirche der Alsfelder Stadtgemeinde. Die eigentliche Stadtkirche, die Walpurgiskirche, kann nicht beheizt werden.

Ob Luther im Augustinerkloster übernachtet hat, darüber streiten sich die Gelehrten. Es gibt nicht wenige, die behaupten, dass Luther am Marktplatz, im Gasthof „Zum Schwan“ Quartier bezogen hat.

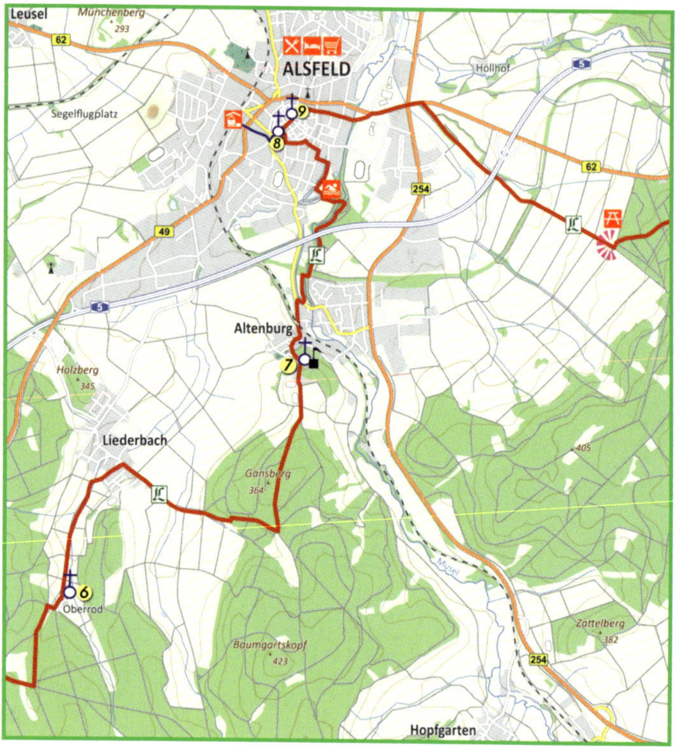

Am Ende der Volkmarstraße wendet sich der Lutherweg nach links und folgt dem „Roßmarkt" zum „Mainzer Tor", wo es im spitzen Winkel rechts in die Mainzer Gasse geht (Fußgängerzone). Dort, wo die Mainzer Gasse auf den Markplatz mündet, steht rechts das Alsfelder Hochzeithaus (Markt 7), ein Massivbau aus dem 16. Jahrhundert. Früher boten in dem von Pfeilern getragenen Erdgeschoss Metzger ihr Fleisch an. Heute befindet sich hier ein Cafe´-Restaurant. Schauen Sie sich auch das gegenüberliegende Fachwerkhaus an (Markt 6) an und achten Sie dabei auf die Ständerfiguren im ersten Stock. An der Ecke zur Mainzer Gasse blickt Jost Stumpf, ehemals Bürgermeister der Stadt und Bauherr des Hauses, auf die Passanten. Er ist in der Tracht seiner Zeit, dem frühen 17. Jahrhundert gekleidet.

Der Marktplatz wird optisch von dem mit Erkern geschmückten Rathaus dominiert (erbaut 1512). Links lugt der Turm der ev. Walpurgiskirche hervor.

Eine viertel Drehung nach rechts und man blickt auf das Grundstück Markt 12, auf dem einst der Gasthof Zum Schwanen stand, das mögliche Quartier Luthers.

Heute steht hier ein Massivbau aus dem Ende des 19. Jahrhunderts. Wenn Sie sich jetzt um 180 Grad wenden, schauen Sie auf das ehemalige Weinhaus (Markt 3), ein unverputzter Renaissancebau, in dem das Touristenbüro untergebracht ist.

Der Lutherweg führt links am Rathaus vorbei zum Portal der Walpurgiskirche (9). Im Innern der Kirche gibt es viel zu sehen: Bilder im Überschwang, dazu Statuen und Schnitzwerk (Lutherwegbuch S. 143-145). Natürlich werden auch die Reformatoren dargestellt. Wer wie Luther in Alsfeld übernachtet, sollte auch dem Regionalmuseum in der Rittergasse – keine 100 m vom Marktplatz entfernt – einen Besuch abstatten. Schon allein die Häuserfronten des Museums mit ihren Statuen und Schnitzwerk sind es wert.

Service-Infos Alsfeld
Übernachtung: Vermittlung durch Tourist Center Alsfeld, Markt 3, Tel. 06631-182165, Öffnungszeiten: im Sommer Mo-Fr 9-18 Uhr, Sa 10-14 Uhr, im Winter Mo-Fr 9-16 Uhr, Sa 10-13 Uhr,
Einkehr und Einkaufen: In der Altstadt gibt es zahlreiche, Gaststätten, Restaurants und Cafés sowie gute Einkaufsmöglichkeiten
Ev. Walpurgiskirche am Kirchplatz (Sommerkirche), geöffnet vom 1. Mai bis zum 15. Oktober Mo-Sa von 10.30 bis 12.30 und von 13.30 bis 15.30; So nach erst nach dem Gottesdienst
Ev. Dreifaltigkeitskirche (Winterkirche) Am Rossmarkt, Besichtigung nach Rücksprache mit dem Gemeindeamt Tel. 06631-4496
Bahnanschluss: Regionalbahn Fulda- Gießen

13. Etappe

Länge 20 km
Alsfeld zur Wartburg 119 km

Alsfeld – Grebenau

Am nächsten Morgen folgt man der Hersfelder Straße zum nordöstlichen Rand der Altstadt, wobei man noch einmal in Fachwerk schwelgen kann. Dann geht es hinunter zur Schwalm und auf der von Gewerbebauten gesäumten B62 zu einem Straßenkreuz, das geradewegs mit Hilfe einer Ampel gequert wird. Nur noch 100 m entlang der B62, dann biegt der Lutherweg rechts in einen Wirtschaftsweg ein. Der führt unter der Autobahn und dem Damm der

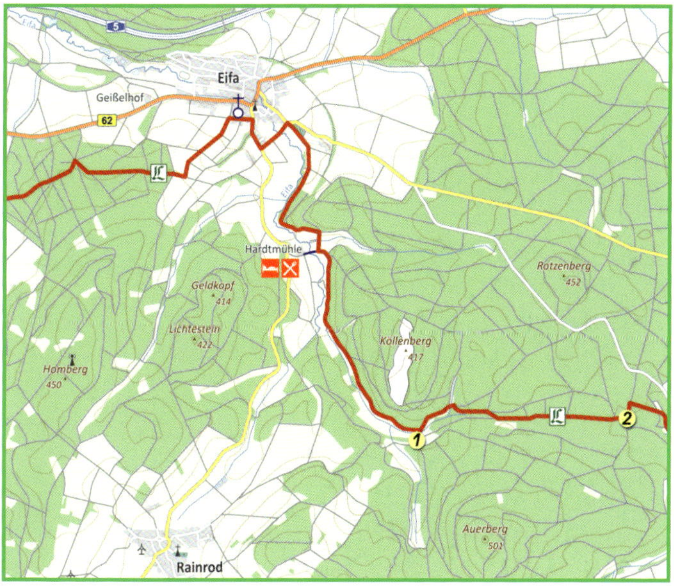

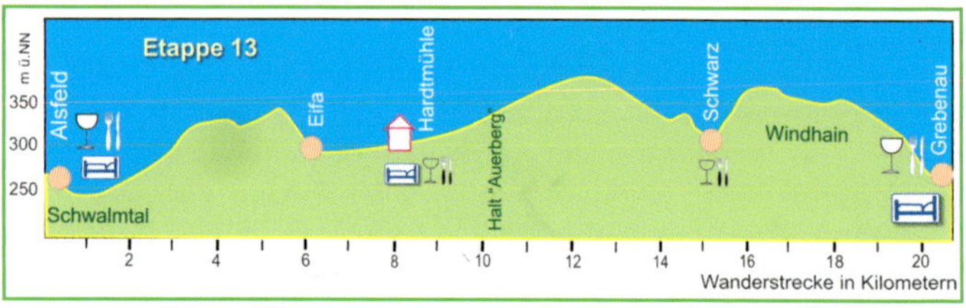

ehemaligen Bahnstrecke Alsfeld-Hersfeld hindurch und dann immer geradeaus zum Rand eines großen Waldes, wo man einen schönen Blick zurück auf Alsfeld hat.

Der Lutherweg verläuft nun gut anderthalb km durch Wald, dann geht es durch die Feldflur zum südlichen Ortsrand von Eifa hinunter. An den ersten Häusern biegt man rechts in die Straße „Am Kirchberg" ein, wo ein moderner Kirchenbau steht. Die alte Kirche, die Magdalenenkapelle, steht, wie es sich gehört, mitten im Dorf. Gott sei Dank wurde sie weder abgerissen noch umgewidmet.

Der Lutherweg führt nicht nach Eifa hinein. Er folgt (rechts) der Rainroder Landstraße bis zum letzten Bauernhof von Eifa (ca. 300 m). Dort quert der Weg das Eifatal. Am gegenüberliegenden Talrand hält man sich rechts und folgt einem Weg, der talaufwärts führt, immer mit Blick auf die Eifa. Nach einiger Zeit quert der Lutherweg ein Seitental und stößt auf eine Allee, an der man sich eigentlich links halten müsste. *Aber es empfiehlt sich ein Abstecher nach rechts zur nur 150 m entfernten Ausflugsgaststätte Hardtmühle, die auch Pensionszimmer bereitstellt (Tel. 06631-4362).*

Während der Rast im Biergarten kann man sich auf die nächsten Wanderkilometer freuen, denn der Weg durch die Waldwiesenlandschaft des oberen Eifatals ist ausgesprochen schön. Der Lutherweg folgt einem Wanderweg, der am westlichen Talrand verläuft. Links der steil ansteigende Waldhang des Köllenbergs, rechts, eine Kastanienreihe, dahinter die Eifawiesen, ab und an unterbrochen von sumpfigem Erlenwald.

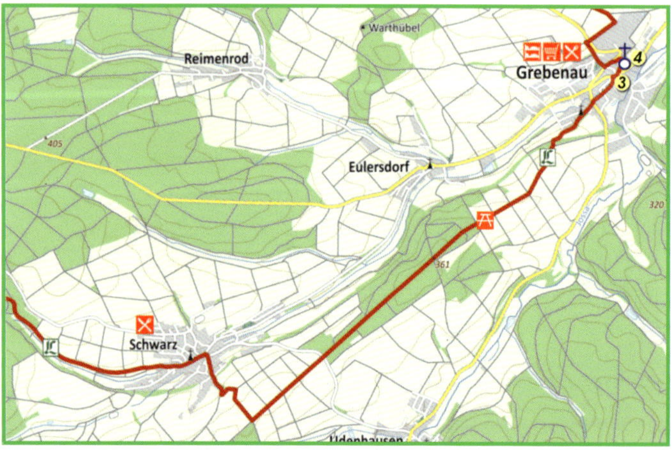

Nach gut zwei km zweigt rechts ein Weg zum knapp 100 m entfernten Häuschen der Wander-Haltesstelle „Auerberg" der stillgelegten Strecke Alsfeld-Hersfeld ab (1).

Der Lutherweg bleibt noch ca. 350 m dem Waldrand treu. An der nächsten Weggabelung geht es dann rechts in den Wald hinein. Nach einer Viertelstunde sollten Sie mal nach rechts über den Wegrand hinaus, den Hang hinunter schauen. Man blickt in einen tiefen Einschnitt, in dem einst die roten Triebwagen der Gründchenbahn verkehrten. Schließlich stößt man auf einen breiten Forstweg, der rechts die Bahntrasse überbrückt (2). Ein kurzer Blick von der Brücke: Auf dem Schotterbett entwickelt sich „Urwald". Der Lutherweg führt nicht über die Brücke. Er wendet sich nach links. 200 m weiter biegt er rechts ab und folgt einem Waldweg ins Leimelbachtal, das in den Gründchenort Schwarz führt.

Einkehren in Schwarz: Gastwirtschaft Jöckel, Rainröder Weg 4; Bergschänke, Alsfelder Str. 46
Ev. Kirche in Schwarz: Ecke Rainröder Weg/Wisselbachweg, Pfarrerin Xenia Mai, Tel 06646-256

Zum Gründchen werden die fünf zu Grebenau gehörenden Orte gerechnet, die aus Alsfelder Sicht hinter dem Wald liegen. Der Lutherweg führt mitten durch Schwarz hindurch und steigt dann über die Feldflur zu einem langgestreckten Höhenzug hinauf, dem Windhain. Dort geht es nahezu schnurgerade auf die kleine Stadt Grebenau zu.

Grebenau

Über eine Hohle geht es in den Ort hinein. Ein kurzer Schlenker nach links und gleich wieder nach rechts, dann folgt der Lutherweg der Borngasse, die entlang der offen fließenden Schwarza zum Marktplatz führt. Am unteren Ende der Borngasse, kurz vor dem Marktplatz, befindet sich rechter Hand das Bürgermeisteramt, ein schlichter Natursteinbau, in dem sich einst eine Johanniter-Komturei befand (3). Die Johanniter hatten sich im Mittelalter in Grebenau angesiedelt, waren aber während der Reformation vom hessischen Landgrafen vertrieben worden. Am Marktplatz lugt aus der Pfarrgasse die 1740 erbaute ev. Stadtkirche hervor (4). Natürlich führt der Lutherweg an der Kirche vorbei. Das nächste Ziel ist die Burg Herzberg. Doch die erreicht man erst im Verlauf der nächsten Etappe.

Service-Infos Grebenau
Übernachtung: in privaten Pilgerherbergen: Hans-Werner Krug, Am Weidenhohl 5, Tel. 06646-1345; Ursula Raatz, Am Kirchenpfad 27, Tel. 06646-14 69
Einkehren: Pizzeria Viva Holzofen, Bornwiesenweg 1, Tel. 06646-918653
Einkaufen: EDEKA-Supermärkte, Marktplatz 10 und Alsfelder Warte 12; Metzgerei Ziesche, Alsfelder Warte 8; Bäckerei Lind, Alsfelder Warte 1; Paracelsus Apotheke, Hersfelder Tor 23, Tel. 06646-96160 , Geldautomaten VR-Bank u. Sparkasse Marktplatz 13 u. Alsfelder Warte 14

Grebenau - Niederaula

Über die Pfarrgasse und die Straße „Am Berg" geht es zur Stadt hinaus. Es steht ein beträchtlicher Anstieg bevor. Das Zwischenziel, die Burg Herzberg, befindet sich auf einer Höhe von 500 m über dem Meer. Da mag manch einer über den kurz hinter Grebenau folgenden Abstieg ins Tal des Biebener Bachs murren, doch der Höhenverlust macht nur ca. 30 m aus. Am Biebenbach hält man sich links und biegt gleich wieder rechts in ein Seitentälchen ein, in dem man gemächlich Höhe gewinnt. Sobald man in den Wald kommt, geht es jedoch, wie man so schön sagt, zur Sache. Langsam, damit man nicht aus der Puste kommt. Positiv: Der Anstieg verläuft über einen Naturpfad, was angesichts des forcierten Ausbaus der Waldwege zu Holzabfuhrstraßen inzwischen eine Seltenheit ist. Am Ende des Steilanstiegs wendet sich der Lutherweg nach links und verläuft relativ gemütlich zur Herzberg-Auffahrt. Dort geht es rechts auf einer von PKW benutzen Straße in wenigen Minuten zur Burg hinauf (1).

Eine Rampe führt über den Burggraben zum äußeren Burgtor. Dahinter befindet sich die Burgschänke (Mi Ruhetag). Wer die Kernburg besichtigen möchte, muss dort einen geringen Eintritt entrichten. Eigentümer der Burg Herzberg sind die Freiherren von Dörnberg, die die Burg 1447 vom hessischen Landgrafen übertragen bekommen hatten. Und wie jeder, der ein altes Haus übernimmt, hatten sie die Burg nach ihrem Gusto umgebaut, natürlich entsprechend dem Zeitgeschmack als Festung mit mächtigen Ecktürmen. Von der alten Burg blieb nur die Kapelle. Alljährlich an Himmelfahrt feiern die umliegenden Gemeinden auf dem Herzberg einen Gottesdienst, allerdings nicht in der Kapelle, dafür würde der Platz nicht reichen. Der Himmelfahrtsgottesdienst findet auf der großen Wiese der Oberburg statt.

Breitenbach am Herzberg

Weiter geht's nach Breitenbach am Herzberg, ein Ort im Landkreis Hersfeld-Rotenburg.

Da Breitenbach sich im Besitz der Freiherren von Dörnberg befand und der 1496 geborene Hermann von Dörnberg ein Anhänger von Luthers Lehren war, wurde Breitenbach bereits 1523 evangelisch.

Burg Herzberg

4 km sind es von der Burg bis hinunter nach Breitenbach, eine Waldstrecke ohne Steilabstiege. Das erste Gebäude von Breitenbach, auf das man stößt, ist eine Hephata-Werkstatt, (2) eine Schreinerei, in der ehemals Suchtabhängige rehabilitiert werden. Gruppen können die Werkstatt nach Anmeldung unter Tel. 06675-505 besichtigen.

Service-Infos Breitenbach am Herzberg
Einkaufen an der Hauptstraße: Apotheke, Haus Nr. 74, Sparkasse, Nr. 52; Metzgerei Köhler, Nr. 50; Raiffeisen-Bank, Nr. 44; Fleischerei Ziesche, Nr. 38, Bäckerei Reidt, Nr. 26, Bäckerei Schaake, Nr. 9; Sylkes Nahkauf Nr. 18; Fischgeschäft Geisel Nr. 20
Ev. Kirche Hauptstr. Ecke Eichenstr. , Pfarrerin Hannelore Weide-Jatho, Tel. 06675-337.

Der Lutherweg folgt der Straße „Zum Herzberg" auf die andere Talseite, wo es auf der Hauptstraße der Länge nach durch den Ort geht. Dabei kommt man an mehreren Geschäften und an der 1858 erbauten ev. Dorfkirche vorbei. In der Kirche bewahrt man das sagenumwobene Sonnenkreuz (3) aus Oberjossa auf.

Oberjossa

Kurz vor dem Ortsausgang biegt der Lutherweg rechts von der Hauptstraße ab und folgt einem Wirtschaftsweg nach Oberjossa. Über die Talstraße geht es zur Jossamühle. Gegenüber der Mühle steht ein Häuschen, das mit seinem Dachreiter an eine Kapelle erinnert (4). Was es damit auf sich hat und welche Verbindungen es

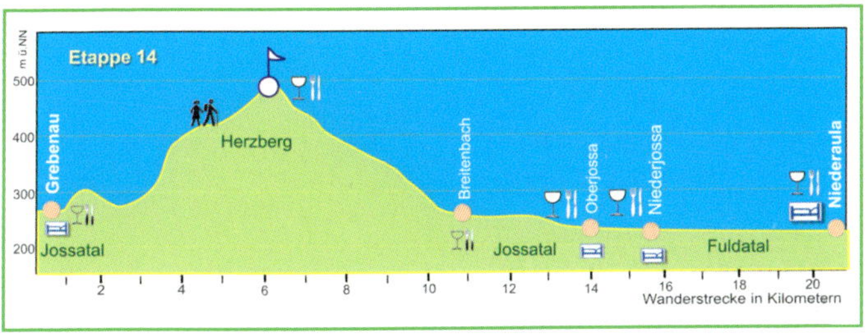

zum Sonnenkreuz gibt, erfährt man im Lutherwegbuch (S. 130 u. 131). An der Mühle wendet sich der Lutherweg nach rechts und führt über die Jossa hinüber zu den Höfen auf der anderen Talseite. Am letzten Hof biegt der Lutherweg links ab und folgt dem Radweg R7 Richtung Niederjossa.

Übernachtung und Einkehr Breitenbach OT Oberjossa: Landgasthof & Hotel Jossatal, Hersfelder Str. 10, Tel. 06675-227

Am Sportplatz von Niederjossa trennt sich der Lutherweg vom R7 und strebt links über die Straße „Am Bach“ auf die Ortsmitte zu, wo ein Kirchturm hervorschaut, der mit seiner massigen Gestalt an einen Wehrturm erinnert. Ein Zuweg führt zu der ev. Kirche hinauf, die von einer Ringmauer umgeben ist. Das Kirchenschiff stammt aus der Zeit des Barock (1727), der Turm aus dem „finsteren“ Mittelalter. Die unteren Fenster sind so schmal wie Schießscharten (5). Um die Kirche scharen sich die Häuser des Oberdorfs. Hier befinden sich auch Übernachtungsmöglichkeiten. Der Lutherweg führt über die Korngasse durchs Unterdorf. Ein kurzes Stück verläuft der Lutherweg an der Durchgangsstraße entlang. Dann geht es rechts und gleich wieder links über die Siedlungsstraßen zur Landesstraße Niederaula-Schlitz, der man rechts ohne Bürgersteig ca. 150 m durch ein Gewerbegebiet und und unter einer alten Bahnbrücke folgt. Direkt hinter der Bahn geht es links in eine Seitenstraße und unter der Brücke der A7-hindurch. Die Straße biegt rechts ab. Der Lutherweg folgt einem geradeaus führenden Wirtschaftsweg.

Übernachtung und Einkehr in Niederjossa: Gasthaus Zum Schwan, Jossastr. 3, Tel. 06625-460, Ferienbauernhof und Heuhotel Eckhart, Elsetstr. 2, Tel. 06625-1861
Ev. Kirche Niederjossa: Am Pfarrweg, Pfarrer Bernd Seifert, Tel. 06625-7878, Kirchenschlüssel bei Familie Pfeiffer im Haus gegenüber, Nordstr. 1

Der Lutherweg nimmt nun über einen Wirtschaftsweg Kurs auf Niederaula. Bis zur Talbrücke einer ICE-Strecke geht es am Rande der Fuldaaue entlang, immer dem Damm der alten Bahnstrecke Alsfeld-Hersfeld nach. Hinter der ICE-Brücke beginnt das Niederaulaer Gewerbegebiet. Der Lutherweg wendet sich rechts und kurz darauf wieder links. Dann geht es zwischen Gewerbegebiet und Fuldawiesen auf die Straße Mengshausen-Niederaula zu. Man folgt der

Straße (links) über die Bahn und das Flüsschen Aula hinweg nach Niederaula hinein. Ca. 300 m weiter biegt man links ab und gelangt so zur ev. Kirche (6). Ein Tipp: Auf der Empore unter der Orgel befindet sich ein origineller Grabstein aus dem 17. Jh. In den Anfangsbuchstaben des Textes steckt ein Rätsel.

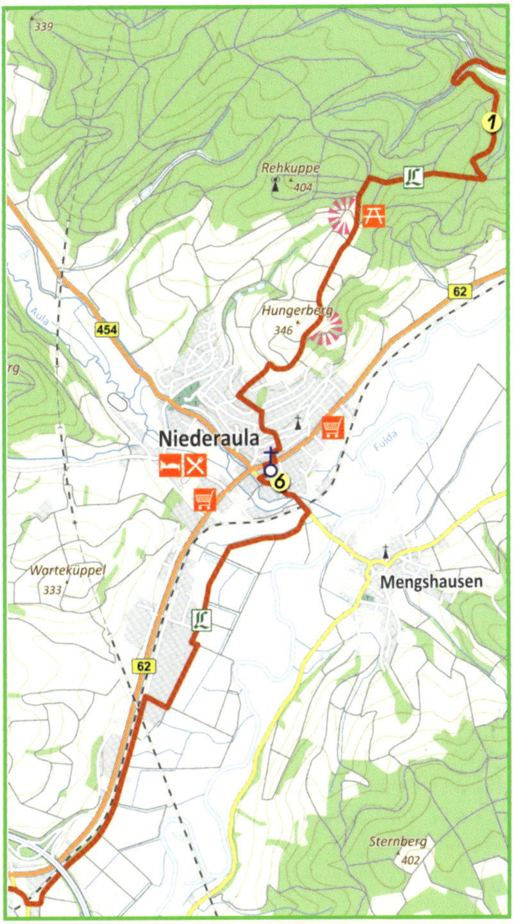

Service-Infos Niederaula
Übernachtung und Einkehr: Hotel – Restaurant Schlitzer Hof, Hauptstr. 1, Tel. 06625-3341; Landgasthof Zur Aulabrücke, Schlitzer Str. 7, Tel. 06625-344490
Einkehr: Restaurant Zum alten Forsthaus, Haupt-Str. 15; Landcafé Bianca, Ziegenhainer Str. 5; Central Grill, Hauptstr. 4; Apollo-Grill, Schlitzer Str. 24
Einkaufen: Bäckerei Steinweg Hauptstr. 11; Bäckerei Neuwirth, Roter Rain 7; Bäckerei Guter Gerlach, Hersfelder Str. 14; Metzgerei Schäfer, Hersfelder Str. 20; LIDL-Markt Hersfelder Str. 20; REWE-Markt mit Metzgerei Roth u. Bäckerei Gerlach, Schlitzerstr. 24; Sonnen-Apotheke, Hauptstr. 12; Sparkasse, Hauptstr. 15; VR-Bank, Bahnhofstr. 10
Ev. Dorfkirche: Am Kirchweg, offen April-Dez. von 9-18 Uhr, Tel. 06625-3322;
Evangelische Gemeinschaft Aulatal: An der Mulde 4, Tel. 06625-344027

15. Etappe

Länge 15 km
Niederaula zur Wartburg 78 km

Niederaula - Bad Hersfeld

Weiter geht's über die Aulaberge nach Beiershausen. Man könnte auch dem Radweg R1 durch das Fuldatal folgen und damit den Anstieg sparen. Auch Luther hat den Talweg genutzt. Den Machern des Lutherwegs schien aber der geradlinig verlaufende Radweg für

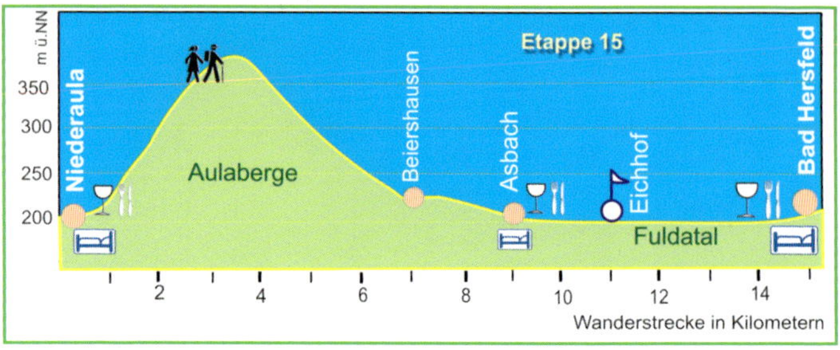

Wanderer nicht das Richtige zu sein. Also dann auf und über die Berge. Bevor es dort in den Wald geht, hat man einen schönen Ausblick über das Fuldatal, in dem Auerochsen weiden, Biber Burgen bauen und Störche ihre Jungen groß ziehen. Im Wald wendet sich der Lutherweg nach rechts und folgt einem Höhenweg, der am Rande der steil zur Fulda abbrechenden Berge entlang führt.

An einer Wildwiese mit Jagdkanzel beginnt der Abstieg. Es geht durch schönen Buchenwald, in dem zum Schutz der Spechte und ihrer Bruthöhlen keine Bäume gefällt werden dürfen (1). Nach einer Spitzkehre erreicht man das ehemalige Forsthaus Falkenbach. Hier wendet sich der Lutherweg nach rechts und führt durch ein Wiesental nach Beiershausen. Der Lutherweg dringt nicht in den Dorfkern vor, sondern folgt der Schützenstraße, am Dorfgemeinschaftshaus vorbei, in die Feldflur.

In Asbach

Gut 1 km Feldwege, dann ist man in Asbach. Der Feldweg stößt auf die Schulstraße, der man links zur Mühlstraße folgt. Dort geht es rechts über den Bachweg zur ev. Dorfkirche und auf einem Fußweg weiter zur B62. Mit Hilfe einer Fußgängerampel gelangt man auf die andere Seite der Straße. Ein paar Schritte weiter biegt der Lutherweg rechts in die Anliegerstraße „Am Lindeneck" ein und führt zu einem Bahnübergang. Hinter der Bahn geht es links auf einem Wirtschaftsweg in die Feldflur und im weiteren Verlauf rechts hinüber zum Radweg R1, dem man zur Eichmühle folgt.

Service-Infos Asbach
Übernachtung und Einkehr: Gasthof Hans-Heinrich Herzog , Alsfelder Str. 50, Tel. 06621-15691
Einkaufen: Brandaus Backstube, Alsfelder Str. 81; Norma-Markt, Alsfelder Str. 3; Sparkasse, Alsfelder Str. 41
Ev. Kirche Am Bachweg, Tel. 06621-14862

Von der Eichmühle ist es nicht mehr weit bis zum Schloss Eichhof (2), der ehemaligen Sommerresidenz der Äbte der Hersfelder Reichsabtei. Heute ist hier ein staatliches Versuchsgut untergebracht. Mit seinem trutzigen Bergfried macht das Schloss aber immer noch einen recht wehrhaften Eindruck. Anlass für den Bau von Wehranlagen waren die ständigen Auseinandersetzungen des Stifts mit der Stadt. Ein Wappen in der Hofeinfahrt aus dem Jahr 1571 erinnert an Abt Ludwig. Schauen Sie ruhig mal in den Hof hinein. Dort finden während der Festspielzeit Theateraufführungen statt, meist lange im Voraus ausverkaufte Komödien.

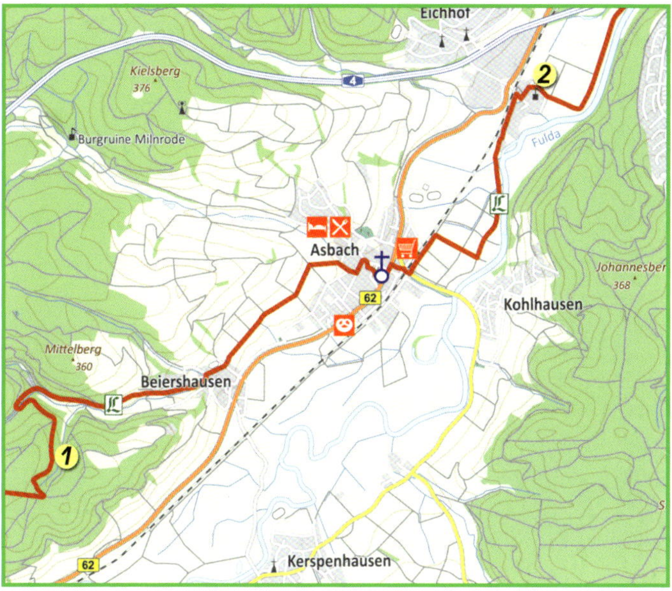

Auf seiner Rückreise von Worms ist Luther am Eichhof von Abt Krato empfangen worden. Seinen Kanzler hatte der Abt Luther sogar eine Meile entgegen gesandt, so groß war die Achtung des Abtes vor dem Reformator. Ob Abt Krato Luther innerhalb oder außerhalb der Sommerresidenz empfangen hat, wissen wir nicht. Jedenfalls zeigt man im Schloss stolz ein Lutherzimmer, dessen Täfelung Ende des 16. Jahrhunderts geschaffen wurde. Ehrlich wie man in Hersfeld ist, weist man darauf hin, dass Luther zu dieser Zeit bereits gestorben war. Auf jeden Fall ist der Abt noch am selben Tag mit Luther in die Stadt gefahren, wo Luther nach eigenen Aussagen reichlich bewirtet wurde (Luther-Brief an Spalatin, 14. Mai 1521 von der Wartburg.)

Vom Kurpark zum Stiftsbezirk

Luther und der Abt sind am Fuß des Tagebergs in die Stadt gefahren. Der Lutherweg führt dagegen am Ufer der Fulda entlang, was früher wegen der Fuldamäander und wegen vieler Sümpfe nicht möglich war. Heute kommt man auf diesem Weg an Sportstätten und zwei Strand-Restaurants vorbei, einem Lutherwegteilstück, das für Rollstuhlfahrer ausgewiesen ist. Unter der Bahn hindurch gelangt man in den Kurpark (3), der sich mit einem Jugendstil-Kurhaus präsentiert, im Volksmund als Wandelhalle bezeichnet. Im Inneren der von Licht durchfluteten Halle lässt es sich zwischen Zitrusbäumchen und anderen Immergrünen auf weißen Bänken angenehm verweilen. Im Eingangsbereich kann man kostenlos Heilwasser testen, und in der Halle werden des Öfteren Gemälde ausgestellt. Auch eine öffentliche Toilette ist vorhanden.

Das Kurhaus ist über einen Schmuckplatz mit dem Kurparkhotel verbunden. Der Lutherweg steuert auf das Hotel zu, folgt dann

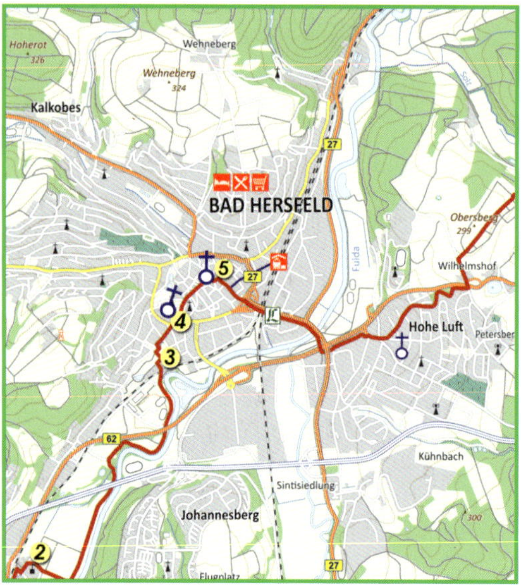

aber rechts einem Parkweg zum neu erbauten Brunnenpavillon. Im Sommerhalbjahr kann man hier das Wasser des Vitalis- und des Lullusbrunnens testen. Am Pavillon endet der Kurpark. Der Lutherweg folgt nun der von Linden gesäumten Straße „Am Kurpark“, und zwar auf der linken Straßenseite. So erreicht man einen Zebrastreifen, mit dessen Hilfe der Stadtring gequert wird. Auf der gegenüberliegenden Straßenseite geht es rechts an einem Ärztehaus und einer Apotheke vorbei. Danach biegt der Lutherweg links in eine Grünanlage ein, die auf einen Durchlass der Stadtmauer zuführt. Man gelangt so in den Bezirk der ehemaligen Reichsabtei Hersfeld (4), heute als Stiftsbezirk bezeichnet.

Das Kernstück des Stifts ist die Ruine der aus dem 12. Jahrhundert stammenden Abteikirche, ein romanischer Prachtbau, 105 m lang, 55 m breit, ursprünglich mit Doppelturmfassade. Der Nordturm des Westwerks war allerdings schon während der Bauarbeiten eingestürzt. Man hatte damals ein Provisorium errichtet, den Katharinenturm, einen Campanile, der im ehemaligen Kirchhof steht. Das Provisorium wurde fester Bestandteil der Anlage. Heute hängt im Katharinenturm die älteste Glocke Deutschlands, die um 1038 gegossene Lullusglocke. Zur Ruine wurde die Stiftskirche durch einen Brand während des Siebenjährigen Kriegs.

Die Stiftsruine ist die Bühne der Bad Hersfelder Festspiele, die alljährlich während der Sommermonate stattfinden. Während der Spiel- und Probezeit (Mai bis September) kann die Stiftsruine nicht besichtigt werden.

Auf dem Turm der Hersfelder Stadtkirche

Von der Klausur des Klosters sind nur der Kapitelsaal und die darüber liegenden Räume im Original erhalten. Es schließt sich ein stimmiger, im 19. Jahrhundert erbauter Trakt an, in dem heute die Festspielintendanz und die Requisitenverwaltung residieren.

Gegenüber dem Katharinenturm steht das 1517 erbaute Gästehaus des Abtes Krato, heute Sitz des Hersfelder Forstamtes. In diesem Haus befand sich möglicherweise das Quartier von Luther. Es kann aber auch sein, dass er in der benachbarten Abtsburg geschlafen hat oder in der Klausur. Luther berichtet in einem Brief an seinen Freund Spalatin, dass der Abt ihn in seinem Zimmer einquartiert habe. Zudem habe man ihn gedrängt zu predigen, was er am nächsten Morgen in aller Frühe dann auch getan hat, ob in der Abtei- oder in der Stadtkirche, da ist man sich nicht sicher.

Vom Katharinenturm führt der Lutherweg zum Linggplatz. Dabei passiert man die ehemalige Grenze zwischen Stift und Stadt, die durch ein steinernes Doppelkreuz markiert wird. Am Linggplatz und in der rechts abzweigenden Johannesstraße reihen sich Cafés und Restaurants.

Vom Linggplatz aus geht es zur Stadtkirche (5), ein gotischer Bau, der im Innern ohne schmückendes Beiwerk auskommt. Der zum Calvinismus übergetretene Landgraf Moritz hatte im Jahr 1605 einen Bildersturm angeordnet. Es lohnt, auf den Kirchturm zu steigen. Vom ca. 40 m hohen Turmumlauf hat man einen schönen Blick auf die Altstadt und auf die umgebenden Berge. Den Schlüssel bekommt man im Dekanats-Sekretariat im Martin-Lutherhaus gegenüber der Kirche. Gruppen buchen Turmbesteigungen über die Touristinformation. Sonntags ab halb 10 steht die Tür zum Turm offen. Dann steigen die Mitglieder des Posaunenchors auf den Turm und lassen in alle Himmelsrichtungen einen Choral erschallen. Wenn alle wieder unten sind, wird die Tür wieder geschlossen.

Der Lutherweg führt an der südlichen Seite der Kirche entlang und steuert auf einen Treppendurchgang zu, über den man hinunter zum Rathausplatz gelangt. Dort plätschert ein alter Brunnen, auf dem eine Statue von Bischof Lullus, dem Stadtgründer, thront. Bevor es die Klausstraße (Fußgängerzone) hinunter geht, werfe man einen Blick zurück zum Kirchturm und auf die prächtige Renaissance-Fassade des Rathauses. Nach 50 m Klausstraße biegt der Lutherweg rechts in die Breitenstraße ein, über die er die Altstadt verlässt.

Service-Infos Bad Hersfeld Innenstadt

Übernachtung: Tourist-Information, Am Markt 1, und Benno-Schilde-Platz 1, Tel: 06621-201-274

Einkehren: In der Breitenstraße, Weinstraße, am Linggplatz sowie in der Johannesstraße gibt es zahlreiche Cafés, Bistros und Restaurants

Einkaufen: In der Fußgängerzone kommt man an Bäckereien, Metzgereien, Apotheken und Bankfilialen vorbei. T-gut Supermarkt in der Benno-Schilde-Str. 8

Ev. Stadtkirche: am Kirchplatz, geöffnet 8- 17 Uhr

Ansprechpartner: Vors. Kirchenvorstand Helga Völker, Tel. 06621-968566; Pfarrer Frank Nico Jaeger, Tel. 06621-14486 u. Pfarrerin Dagmar Scheer, Tel. 06621-75889

Bahnanschluss: ICE, IC und Cantus an der Strecke Eisenach - Fulda

16. Etappe

Länge 17 km
Bad Hersfeld zur Wartburg 63 km

Bad Hersfeld - Friedewald

Luther hat am Morgen des 2. Mai oder -wenn er in Hersfeld zweimal übernachtet hat, wie der Historiker Dr. Michael Fleck argumentiert- am 3. Mai in Begleitung des Abtes und seines Kanzlers Hersfeld über das Peterstor verlassen. Dieser Strecke folgt auch der Lutherweg.

Das Stadttor existiert nicht mehr. An seiner Stelle geht es in den Untergrund, d.h. der Lutherweg folgt einer Bahnunterführung für Fußgänger und Radler. Der Weg verläuft knapp 500 m durch ein Gewerbegebiet, wo sich in der Kleinen Industriestraße ein Gemeindezentrum des Bundes freikirchlicher Pfingstgemeinden befindet (Tel. 06621-969239).

Als nächstes geht es über die Fulda und gleich darauf links durch einen Fußgängertunnel unter der verkehrsreichen „Lomokreuzung" hindurch. Der Lutherweg steuert nun auf die Siedlung Hohe Luft zu, in der Vertriebene aus Schlesien und anderen Ostgebieten nach dem Zweiten Weltkrieg eine neue Heimat fanden. Der Lutherweg folgt am linken Siedlungsrand der alten Friedewalder Straße, auf der man ohne viel Verkehr in Serpentinen auf den Sattel zwischen Petersberg und Obersberg gelangt. Am Beginn der Serpentinen biegt rechts die Schlosserstraße ab. An ihrem anderen Ende befindet sich die 1965 geweihte ev. Auferstehungskirche (Tel. 06621-2485).

Auf der Höhe quert der Lutherweg auf einer Straßenbrücke die neue B62, noch ein kurzes Stück auf der Zufahrt zur Modellschule Obersberg entlang, dann biegt der Lutherweg rechts in einen Feldweg ein. Die Stadt liegt hinter uns. Vor uns liegen das Tal der Solz, das Dorf Kathus und der Seulingswald, der sich bis an die Grenze von Thüringen erstreckt.

Kathus

Im Tal steuert der Lutherweg auf einen Steg zu, der über die Solz führt. Dann folgt man einem Hohlweg (1) bzw. einer Trasse der ehemaligen „kurzen Hessen" in den Ort Kathus. Auf der „Alten Straße" geht es zur neuen Kathuser Kirche. Ein paar hundert Meter weiter

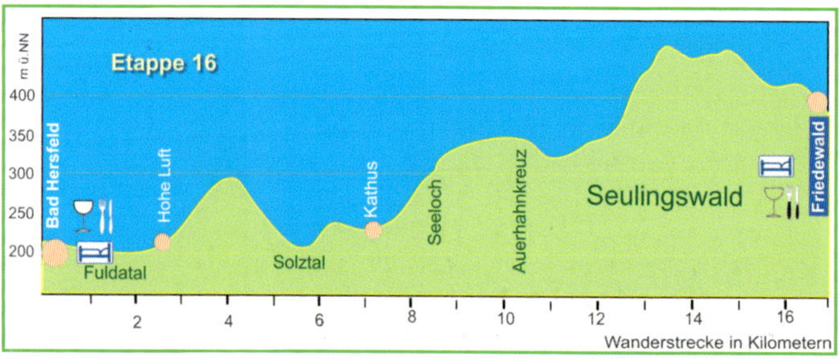

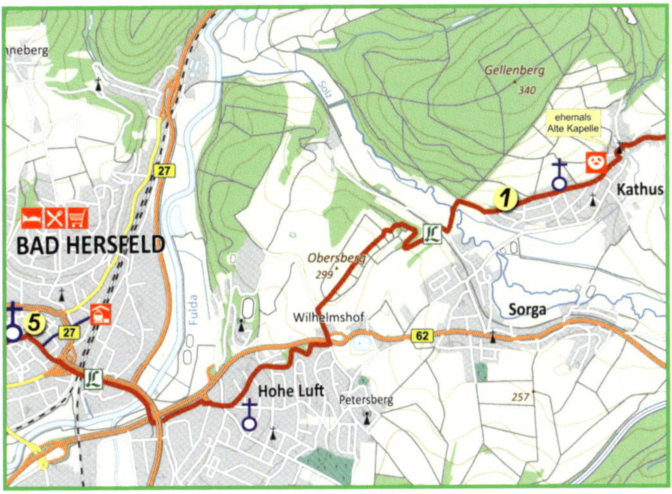

macht der Lutherweg über die Straße „Am Rehgarten" einen Schlenker nach links, ins alte Dorfzentrum. Dort stand einst die „Kapelle", eine Kombination aus Schul- und Bethaus. In den siebziger Jahren des vergangenen Jahrhunderts wurde die „Alte Kapelle" abgerissen und die neue Kirche an der Alten Straße errichtet. Der Grundriss der „Kapelle" ist im Pflaster dargestellt. Weiter geht's über die Forsthausstraße zum Friedhof, wo der Anstieg zum Seulingswald beginnt.

Einkaufen in Kathus: Bäckerei Paul, Chattenstr. 8, direkt am Lutherweg
Ev. Kirche Kathus: An der Alten Str. 21 , geöffnet April-Okt 15-18 Uhr, Pfarrer Christoph Biskamp, Tel. 06621-3328

Mitten in der Feldflur führt der Lutherweg am Kathuser Seeloch (2) vorbei, einem tiefen, mit Wasser gefüllten Erdfall, der schon seit 120.000 Jahren besteht. Ursache der Erdfälle sind Auslaugungsprozesse in den Salzlagerstätten unter den Buntsandsteinschichten. Auf der Wasseroberfläche hat sich aus Torfmoosen eine schwimmende Insel entwickelt, auf der Weiden und Birken wachsen, ein geheimnisvoller, ja magisch erscheinender Ort. Vom Seeloch sind es nur noch wenige hundert m bis zum Wald.

Bis dorthin habe der Abt ihn geleitet, schreibt Luther in seinem Brief an Spalatin. Der Abt des Kanzlers begleitete Luther sogar bis Berka „...wo er uns alle noch einmal bewirten ließ."

Der Weg durch den Wald führt hinauf zum nächsten Etappenziel, dem 390 m hoch gelegenen Ort Friedewald. 6 km lang ist die Waldstrecke, auf der man befestigten Forstwegen folgt. Eine Wegmarke auf diesem Streckenabschnitt stellt das Auerhahnkreuz dar (3). Auf dem Weiterweg kommt man an einer Forsthütte vorbei,

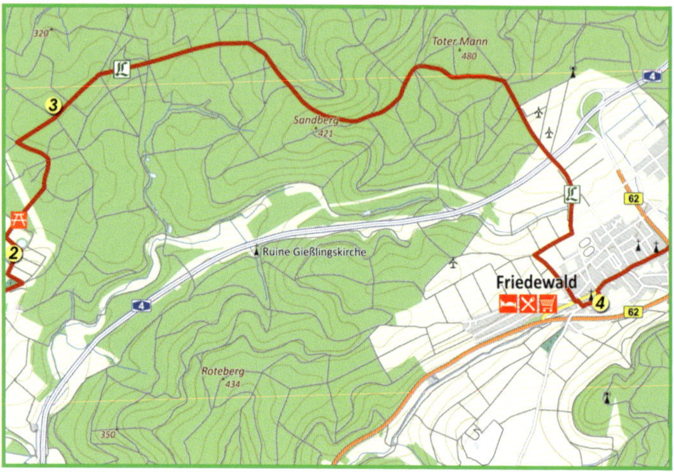

dem Meckbacher Häuschen, dann geht es durch herrlichen Buchenwald auf den Rücken des 480 m hohen „Toten Manns“ hinauf.

Friedewald

Noch vor dem Waldrand stößt der Lutherweg auf die alte Ortsverbindung Friedewald-Mecklar. Man folgt der alten Straße über die Autobahn, die hier durch den „Geleitgraben“ zieht. Der Geleitgraben, das war die Trasse der „kurzen Hessen“, über den die Wagen der Kaufleute (und Luthers Rollwägelein) den Schlussanstieg auf die Höhe des Seulingswaldes bewältigten. Der Lutherweg wendet sich kurz vor Friedewald nach rechts, um erst 400 m weiter endgültig auf den Ort zuzusteuern, genauer gesagt auf die ev. Dorfkirche und das landgräfliche Schloss (4). In der Motzfelder Straße stehen sich links die ev. Kirche und rechts das Friedewalder Schloss gegenüber.

Eine Tordurchfahrt führt in den geräumigen Schlosshof. Rechts blickt man auf das dreiflügelige Schloss, in das ein Schloss-Hotel eingezogen ist. Linker Hand befindet sich die Ruine der im 15. Jahrhundert erbauten Wasserburg. Ursprünglich befand sich an dieser Stelle eine Burg der Hersfelder Äbte. Aufgrund der Lage an der „kurzen Hessen“, an der sich über Zolleinahmen und Geleitschutz gut verdienen ließ, brachten die hessischen Landgrafen die Burg in ihren Besitz. 1476 errichtete Heinrich III. anstelle der Abtsburg eine Wasserburg.

1528 fand auf der Burg eine Unterredung zwischen Landgraf Philipp dem Großmütigen und dem Täuferführer Melchior Rinck statt, wobei es vor allem um die Erwachsenentaufe ging. Außerhalb von Hessen wurden viele Täufer für ihr Bekenntnis hingerichtet. Philipp führte auf Anraten von Martin Bucer später die Konfirmation ein, eine Bestätigung der Taufe. So gelang es, die Täufer in die Landeskirche zu integrieren.

Direkt neben der Wasserburg befindet sich das Heimatmuseum.

Service-Infos Friedewald
Übernachtung und Einkehr: Gasthaus zum Löwen, Hauptstraße 17, 36289 Friedewald, Tel. 06674 -9222-0; Göbel's Schloßhotel Prinz von Hessen, Schloßplatz 1, 36289 Friedewald, Tel. 06674 – 92240
Gasthaus & Hotel am Dreienberg, Hauptstr. 3-5, Tel. 06674 -92270; Rhönhof Lebensart, Am Scheunenrod 1, OT Hillartshausen , Tel.06674-900379 , (holen Pilger ab)
Einkaufen: Brandaus Backstube, Hersfelder Straße 3; Metzgerei Deist, Hauptstraße 15; Filialen der Sparkasse (Hauptstraße 35) und der VR-Bank (Hauptstraße 20)
Ev. Kirche gegenüber dem Wasserschloss, Tel. 06674-266, geöffnet April- Okt von 9-18 Uhr

17. Etappe

Länge 26 km
Friedewald zur Wartburg 46 km

Friedewald – Berka/Werra

Die vorletzte Etappe steht an. Sie führt durch den östlichen Teil des Seulingswaldes ins Werratal. Die vor dem Wanderer liegende Waldstrecke ist über 11 km lang, aber alles andere als eintönig. Nach knapp 2 km erreicht man die Wüstung des bereits im Mittelalter ab-

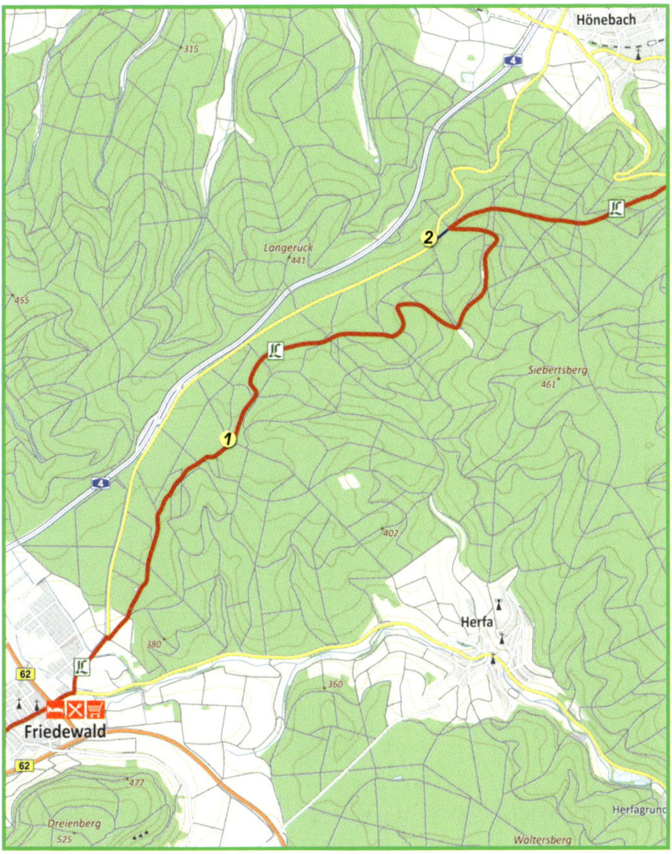

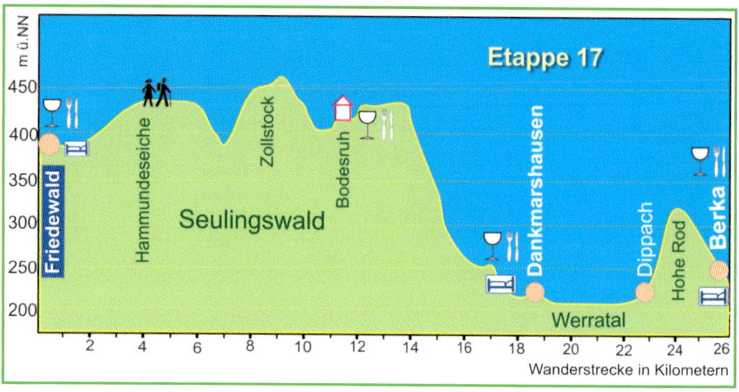

gängigen Dorfs Hammundeseiche (1). Die Grundmauern der Kirche und den Dorfbrunnen hat man wieder freigelegt. Unterhalb des Brunnens steht die Eiche, die dem Dorf den Namen gab, ein Methusalem mit einem Stammumfang von ca. 9 m. Als Martin Luther auf seiner Wormsreise hier vorbeikam, war das Dorf seit langem verlassen. Die Dorfeiche wuchs und gedieh wie eh und je.

Tipp: Knapp einen km oberhalb der Wüstung Hammundeseiche befindet sich das Nadelöhr, eine 1 m hohe Steinpforte aus dem 17. Jh. Wer hindurch kriecht, dem soll Glück beschieden sein.

Weiter geht's, durch Buchenwald zum Zollstock, ein Gedenkstein, der an die hessische Zoll- und Geleitstätte Friedewald und an die „kurzen Hessen" erinnert (2). Der Stein steht knapp 200 m abseits vom Lutherweg (links) an der Straße Friedewald-Hönebach. Man wandert nun knapp 6 km über den „Kamm" des Seulingswaldes. Nach 2 ½ km quert man die Straße Hönebach-Heringen und folgt der vom hessischen Dorf Kleinensee kommenden Straße. Am linken Straßenrand verlief zu DDR-Zeiten die innerdeutsche Grenze. Die Kleinenseer Straße führt nach 500 m steil hinunter ins Tal. Der Lutherweg bleibt auf der Höhe und folgt einer Stichstraße zur Ausflugsgaststätte Bodesruh (3). Ca. 150 m hinter dem Gasthaus steht das Mahnmal Bodesruh, ein Aussichtsturm aus Betonelementen - Baujahr 1963 – der an das Schicksal der Spätheimkehrer erinnert und zur friedlichen Wiedervereinigung Deutschlands mahnte (4).

Weiter geht's auf der Höhe zur Kaliabraumhalde von Heringen, teils auf der Haldenzufahrt, teils auf Forstwegen. Unmittelbar vor der Halde wendet sich der Lutherweg in einer Spitzkehre nach links und folgt dem Haldenzaun über die ehemalige innerdeutsche Grenze nach Thüringen. Am Beginn eines Hohlweges zweigt rechts ein Weg zur Hornungskuppe (5) ab, auf der einst die Hornungsburg stand. Von dort aus haben die Grafen von Hornsberg die „Kurzen Hessen" überwacht. Der Hohlweg ist ein Stück der Originalabstiegsroute der „Kurzen Hessen" ins Werratal.

1,3 km folgt der Lutherweg dieser Route, immer hart an der ehemaligen innerdeutschen Grenze. Dann macht er einen Schlenker nach links und führt an einem Waldhäuschen vorbei, das sich die Einwohner des thüringischen Lutherwegortes Dankmarshausen nach der Wende im ehemaligen Grenzsperrgebiet aufgebaut haben. Über

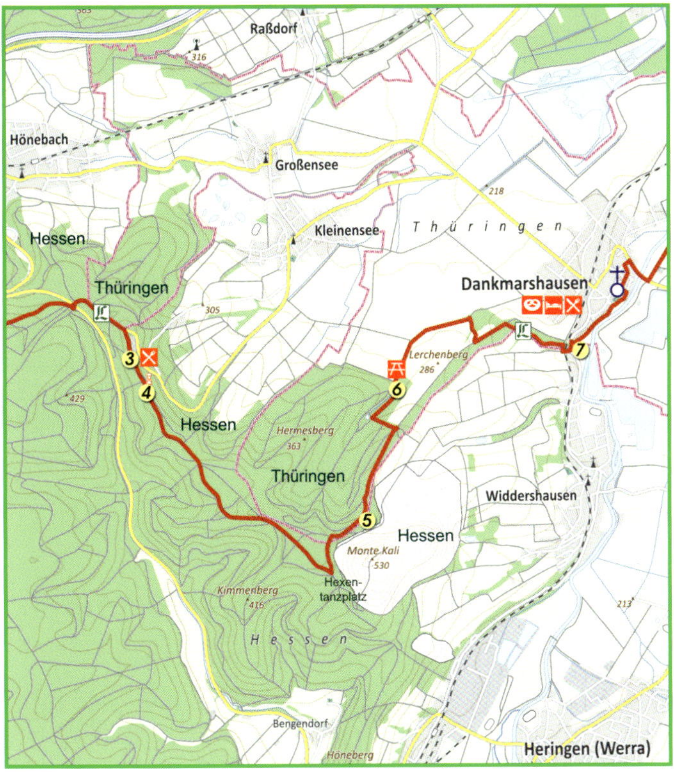

Wirtschaftswege kehrt der Lutherweg wieder zur ehemaligen innerdeutschen Grenze zurück. Bis hinunter ins Tal geht es nun direkt am ehemaligen Todesstreifen entlang. Im Laufe der Jahre hat sich dort ein „Grünes Band“ entwickelt (6). Die Lochbetonplatten des Grenzpatrouillenwegs hat die Gemeinde in diesem Abschnitt entfernt. Zudem hält sie den Weg offen. Im Tal führt der Lutherweg unter dem Damm der Kalibahn hindurch und an einem Grenzdenkmal vorbei (7). Weiter geht's auf einem Werrauferweg, der nach ca. 400 m ins Oberdorf von Dankmarshausen führt. Wer glaubt, dass er es an diesem Tag nicht ohne Beschwerden schafft, bis nach Berka zu kommen, kann in Dankmarshausen übernachten.

Service Infos Dankmarshausen
Übernachtung: Bürgerhaus-Pension, Tel. 0174 471 7587; Hotel „Waldschlösschen“, Tel. 036922-437200
Einkehr: Gasthof „Zum Adler“, Oberdorf 3; Café Bachmann, Weinbergstraße 2
Einkaufen: Bäckerei Kroeckel, Weinbergstr. 1; Raiffeisenbank, Bahnhofstr. 41
Ev. St. Kiliankirche im Oberdorf, Tel. 036921- 96449
Bahnanschluss: Cantus im gut 3 km entfernten Obersuhl

Der Lutherweg führt über die Dankmarshäuser Werrabrücke. Gleich hinter der Brücke geht es links auf einem Wirtschaftsweg in die Werrawiesen hinein. Ca. anderthalb km wandert man am Ufer der Werra entlang. Dann wird ein Graben gequert, über den das salzige Wasser eines großen Kiessees in die Werra fließt (8). Bei der Anlage

des Sees hat man eine Salzwasser führende Schicht angeschnitten. Das Salzwasser stammt, so die Bürgerinitiativen, von der von den Kaliwerken in den Untergrund versenkten Lauge. Am Ufer des Kiessees wächst Queller, eine Pflanze des Nordseewatts.

„Orgel-Engel" in der Kirche von Berka

Ev. Kirche Dippach St. Katharinen, Am Liegenberg, Öffnungszeiten nach Anfrage, Tel. 036922-28350 (9)

Noch ein halben km Werraufer, dann ist Dippach erreicht. Der Lutherweg führt über die Berkaer Straße und die Dorfstraße zum Ortsmittelpunkt. Kurz vor der Kirche wendet man sich nach links und folgt der Straße Schlossplatz zum Friedhof. Dort geht es auf Graswegen und Pfaden steil auf den Hohen Rod hinauf, von dem aus man eine gute Sicht über das Werratal und hinüber zur hessischen Kalihalde hat.

Knapp 2 km weiter ist Berka erreicht. Über die Straße „Am Berg", geht es steil hinunter bis zur Kreuzung mit der Dippacher Straße und der Straße „Hinter der Stadt".

Man folgt links der Dippacher Straße, bis rechts die Schwarze Gasse abzweigt. Auf ihr geht es zum Kirchplatz, wo man halblinks auf die Laurentius-Kirche stößt (10). Der Kirche schräg gegenüber befindet sich das Haus der ehemaligen Gastwirtschaft „Zum Alten Stern" (11).

Hier ist der Kanzler des Hersfelder Abtes mit Luther eingekehrt. Nach einem ordentlichen Mahl verabschiedete man sich, der Kanzler fuhr zurück nach Hersfeld, Luther nach Eisenach.

Heute befindet sich in dem Fachwerkhaus ein kleines Museum. Weitere Infos bei Walter Hohmann und Ulrich Siegfried (Tel. 036922-28345).

Service-Infos Berka
Übernachtung und Einkehr: Gasthof zur Post, Lutherstr. 46, Tel. 036922-28842; Gasthof zum weißen Hirsch mit Pension „Erna", Lutherstr. 43, Tel. 036922-42643
Einkaufen: Bäckerei, Lutherstr. 2; Metzgereien, Werrastr. 4 und Wildecker Str. 15; Supermärkte Wildecker Str. 15 und Werrastr. 4-5; Apotheke Werrastr. 4; VR-Bank, Werrastr. 4
Ev. Laurentius-Kirche, Kirchplatz 3, Tel. 036921-96449.
Bahnanschluss: Cantus im 4 km entfernten Gerstungen (Wanderweg)

18. Etappe

Länge 20 km

Berka - Wartburg

Man verlässt Berkas Altstadt über die Lutherstraße und das „Untertor" (1). Der nächste Ort ist Herda, vor dem aber noch eine Siedlung, Kleingärten sowie ein Gewerbegebiet gequert werden müssen. Noch ein großer Acker, dann ist der Ortsrand von Herda erreicht. Hier stößt man auf die ev. Dorfkirche St. Margarethen. Schräg gegenüber steht das alte Pfarrhaus, ein bemerkenswerter Fachwerkhof mit Buntsandsteintor und Wirtschaftsgebäude (2). Am Tor ist die Jahreszahl 1692 eingemeißelt.

Zur Lutherzeit war Herda ein Zentrum der Täuferbewegung. Fritz Erbe, ein Bauer aus Herda, musste seinen Einsatz für die Täufer mit dem Leben bezahlen. Er wurde in Eisenach inhaftiert und starb nach 15 Jahren Haft in einem Verlies auf der Wartburg. Eine Beschreibung des Martyriums von Erbe findet man im Lutherwegbuch auf S. 96 u. 97.

Der Lutherweg führt über die Fritz-Erbe-Straße in die Dorfmitte und über die Alte Straße (die „kurzen Hessen") wieder zum Dorf hinaus.

Ev. Kirche Herda: Kirchenschlüssel bei Ingrid Sömmer, Hinter der Kirche 2, Tel. 036922-31514

Nächstes Ziel ist das 6 km entfernte Dorf Oberellen. Es geht durch Felder und Wiesen auf den 309 m hohen Lerchenberg. Spätestens hier sollte man sich noch einmal umdrehen und zurück ins Werratal schauen. Mitten in Oberellen, direkt hinter der evangelischen Kirche, steht ein Schloss der Herren von Hanstein (3), die im Zuge der Auflösung des Klosters Reinhardsbrunn in den Besitz des Dorfs (1543) kamen.

Ev. Kirchengemeinden Oberellen: Ev.-lutherische Gemeinde, Friedensteinstr. 46, Tel. 036925-27533; Baptistische Freigemeinde, Kapellenstraße 18, Tel. 036925-61663

Hinter Oberellen geht es noch ein kurzes Stück durch das Tal der Elte, dann beginnt der Anstieg zum Kamm des Thüringer Waldes. Zunächst steigt man relativ steil bergan. Links vom Weg verlaufen mehrere tiefe Rinnen (4). Es sind Geleise der „kurzen Hessen", die die Fuhrwerke mit ihren Bremsstöcken in den Hang gegraben haben. Nach knapp 2 km Anstieg durch Wald und einer kurzen Gefällstrecke erreicht man den Hütschhof, wo man Pilgern eine Herberge anbietet. Hinter dem Hof geht es auf einer schmalen Straße zum Rennsteig.

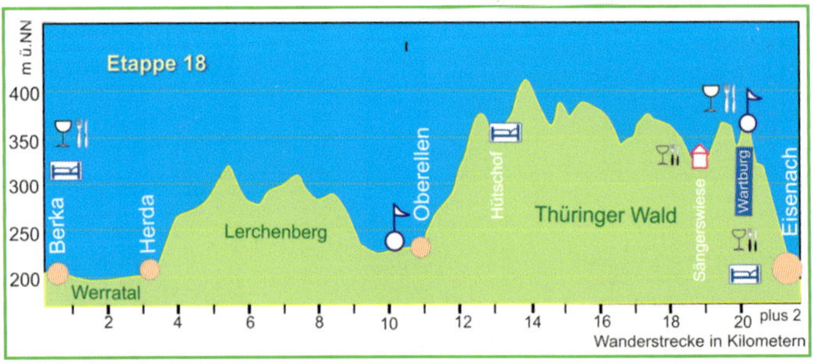

Der Lutherweg folgt dem berühmten Fernwanderweg (rechts) hinunter zur B 84, die hier den Kamm des Thüringer Waldes überwindet. Weiter geht's in Windungen und mehrfachem Auf und Ab über den Gebirgskamm. Nach ca. 4 km trennen sich Rennsteig und Lutherweg wieder. Letzterer führt links zur „Wilden Sau“ (5), einem Sühnekreuz aus dem Geburtsjahr Luthers. Auf dem Steinkreuz ist ein Mann eingemeißelt, der auf einer Wildsau reitet. Ein Jäger sticht auf den Reiter ein. Zur Deutung siehe Lutherwegbuch S. 100.

Die Wartburg

Als nächstes kommt man an der Waldgaststätte „Sängerswiese“ vorbei. Nun ist es nicht mehr weit zur Wartburg. Der Weg führt durch ein großartiges Naturschutzgebiet, ein Totalreservat, in dem seit einigen Jahrzehnten kein Baum gefällt werden darf. Links wird ab und an der Blick auf das Waldmeer des Gebirgskamms frei. Felsen kommen in Sicht, und dann der Blick auf die Wartburg.

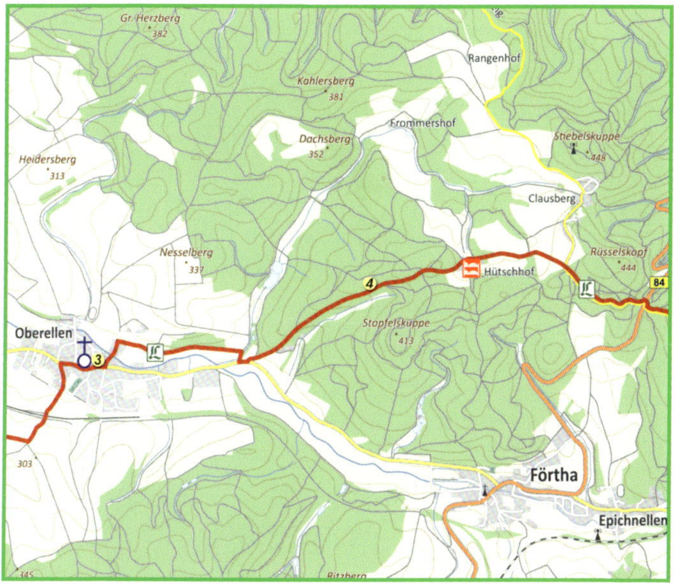

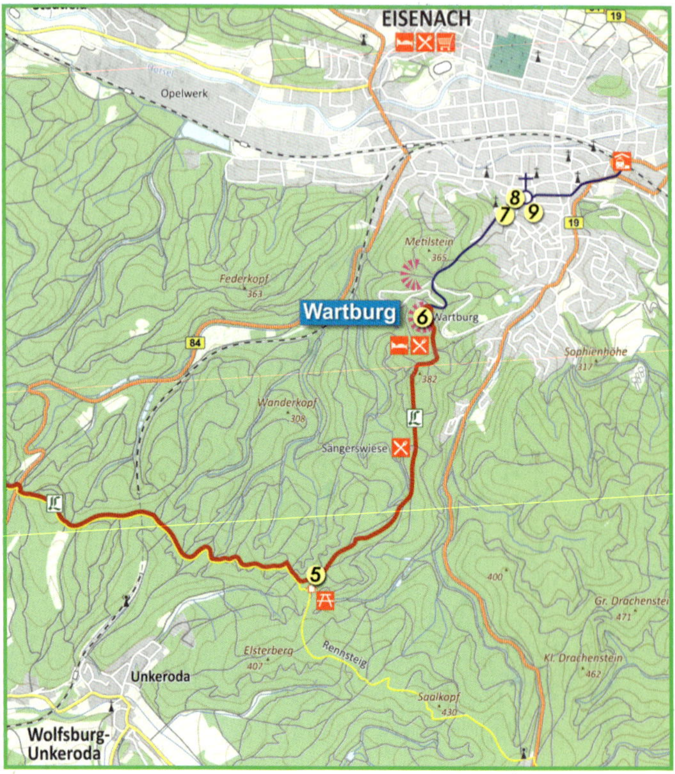

Noch ein felsiger, mit einem Geländer gesicherter Quergang und ein steiler Zickzack-Anstieg, dann steht man vor dem Tor der Burg, in der Luther als Junker Jörg das Neue Testament aus dem griechischen Urtext ins Deutsche übersetzte (6).

Hier, hoch über der Stadt Eisenach, endet der Lutherweg 1521. Der Weg hinunter nach Eisenach und zum Bahnhof ist ausgeschildert. Die für Lutherwegpilger lohnenden Sehenswürdigkeiten (7,8,9) sind am Anfang dieses Führers auf S. 9 dargestellt.

Service-Infos Eisenach
Übernachtung: Vermittlung über Touristinfo, Markt 24, Tel. 03691-79230
Einkaufen: In der Fußgängerzone existieren vielfältige Einkaufsmöglichkeiten.
Kirche: Ev. Georgenkirche auf dem Marktplatz, Tel. 03691-732620
Bahnanschluss: ICE , IC und Cantus an der Strecke Erfurt-Bebra

Pilgern ....
heißt, der Sehnsucht des Herzens folgen, aufbrechen, Gewohntes hinter mir lassen, mich einlassen auf eine neue, persönliche Erfahrung mit Gott, mit mir selbst, mit den Menschen um mich her. Unterwegs kann ich Antworten auf offene Fragen in meinem Leben finden, die Bereicherung und den Halt einer Pilgergemeinschaft erleben, Rückenstärkung und Ermutigung erfahren. In der Schönheit der Schöpfung kann ich Gottes Gegenwart spüren. Am Ziel angekommen, spüre ich Freude darüber, den Weg geschafft zu haben und die Traurigkeit darüber, dass ein jeder Weg ein Ende hat.

Simone Boley

Lutherweg 1521
... Lutherspüren

Lutherweg 1521

Dank für die Unterstützung

Herzlichen Dank für die Unterstützung und
Förderung des Lutherwegs 1521 bei:

HESSEN

LEADER

Stiftung Flughafen Frankfurt/Main für die Region

HESSEN

EVANGELISCHE KIRCHE IN HESSEN UND NASSAU

EVANGELISCHE KIRCHE VON KURHESSEN-WALDECK

ovag Energie

Lions Alsfeld-Lauterbach 40 Jahre

AOK Die Gesundheitskasse.

VR Bank HessenLand eG

Hassia Mineralquellen

Stiftung der Sparkasse Oberhessen

Sparkassen-Kulturstiftung Hessen-Thüringen

Sparkassenstiftung der Wartburg-Region

Sparkasse Gießen

Frankfurter Sparkasse

Stiftung der Sparkasse Grünberg

Sparkassen-Stiftung Groß-Gerau

Sparkasse Laubach-Hungen

Sparkasse Bad Hersfeld-Rotenburg

Sparkasse Langen-Seligenstadt